Jost Hegner

# TRAINING
## FUNDIERT ERKLÄRT
### Handbuch der Trainingslehre

Jost Hegner

# TRAINING
## FUNDIERT ERKLÄRT

### Handbuch der Trainingslehre

Schweizerische Eidgenossenschaft
Confédération suisse
Confederazione Svizzera
Confederaziun svizra

Bundesamt für Sport BASPO

Impressum

4. Auflage 2009
© INGOLDVerlag/BASPO (Bundesamt für Sport Magglingen)
Alle Rechte vorbehalten. Nachdruck, Vervielfältigung jeder Art oder Verbreitung – auch auszugsweise –
nur mit schriftlicher Genehmigung durch INGOLDVerlag/BASPO.

| | |
|---|---|
| Autor | Jost Hegner, Institut für Sportwissenschaft (ISPW), Universität Bern |
| Projektleitung | Peter Wüthrich (BASPO) |
| Produktionsleitung | Daniel Käsermann (BASPO) |
| Verlegerische Beratung | Martin Kaufmann, INGOLDVerlag |
| Fotos | Daniel Käsermann; Peter Battanta, S. 168–171 (BASPO) |
| Gestaltung und Layout | Andrea Hartmann, Daniel Käsermann (BASPO) |
| Grafische Illustrationen | Zentrum elektronische Medien, ausgeführt durch Manuel Cottone, artic media design |
| Lektorat | Christa Grötzinger Strupler (BASPO) |
| Korrektorat | W. Gassmann AG, Biel |
| Druck | Vogt-Schild Druck AG, Derendingen |

ISBN-13: 978-3-03700-101-1
INGOLD-Bestell-Nr. 20.101

Auslieferung:
Ernst Ingold+Co AG, CH-3360 Herzogenbuchsee
Telefon: 062 956 44 44, Fax: 062 956 44 54
E-Mail: info@ingoldag.ch, Internet: www.ingoldag.ch

Um Schwerfälligkeiten im Text zu vermeiden, wurde abwechslungsweise die weibliche und männliche
Form verwendet. Selbstverständlich sind sinngemäss beide Geschlechter gemeint.
Für gesundheitliche Probleme und Schäden bei der Umsetzung der Empfehlungen wird keine Haftung
übernommen.

Mix
Produktgruppe aus vorbildlicher
Waldwirtschaft und anderen kontrollierten
Herkünften
FSC   www.fsc.org   Cert no. SQS-COC-100237
© 1996 Forest Stewardship Council

# Inhalt

**Einleitung** ........... 13

Sport: mehr als eine sinnvolle Freizeitbeschäftigung ........... 14
Sport: von der Basis bis zur Spitze ........... 15

**Leistungen im Sport** ........... 17

Facetten der sportlichen Leistung ........... 18
Voraussetzungen ........... 19
    Endogene Leistungsvoraussetzungen ........... 19
    Exogene Leistungsvoraussetzungen ........... 22
Physikalische und physiologische Aspekte ........... 24
    Arbeit: Kraft × Weg ........... 24
    Leistung: Arbeit pro Zeiteinheit ........... 25
    Energiebedarf: abhängig von der Leistung ........... 27
    Belastung: Umfang, Intensität und Dynamik ........... 28

**Körperliche Grundlagen** ........... 33

Funktionelle Einheiten des Organismus ........... 34
Bewegungs- und Stützsystem: passive und aktive Strukturen ........... 35
    Passive Strukturen: Knochen, Knorpel, Gelenke, Sehnen und Bänder ........... 36
    Aktive Strukturen: Muskulatur ........... 42
Muskelfasern: kleinste funktionelle Einheiten eines Muskels ........... 60
    Kraftpotenzial: abhängig von der Muskelfaserlänge ........... 63
    Muskelfasertypen: langsame und schnelle Muskelfasern ........... 64
    Muskelkater: Folge von Überbeanspruchung ........... 65
Regulations- und Steuerungssysteme: subtile Regiearbeit ........... 66
    Nervensystem: komplexes Kommunikationssystem ........... 66
    Hormonsystem: Regulation der Zellfunktionen ........... 73
Stoffwechsel: Bau, Unterhalt und Energiebereitstellung ........... 74
    Energiestoffwechsel: ATP-Produktion ........... 74
    Stoffwechselbiologische Parameter ........... 76
Globale Organsysteme: Versorgung und Logistik ........... 84
    Atmungssystem: Gasaustausch ........... 84
    Blut: ein fliessendes Organ ........... 86
    Herz und Blutgefässe: leistungsfähiges Transportsystem ........... 87
    Lymphgefässe: Drainagesystem des Gewebes ........... 88
    Verdauungssystem: Aufnahme von Nährstoffen ........... 89
    Filtrations- und Ausscheidungsorgane: Entsorgung von Abbauprodukten ........... 89
    Immunsystem: Unterscheidung zwischen eigen und fremd ........... 89

## Training: planen, durchführen und auswerten … 91

Trainieren: belasten und regenerieren … 92
    Kurzfristige Anpassungen: optimale Betriebsbedingungen … 92
    Adaptationsprozesse: Grundlagen der Leistungsentwicklung … 92
    Superkompensation: Antwort auf Homöostasestörungen … 93
    Trainingsreize: Aktivierung bestimmter Gene … 95
    Trainingsreize: auslösen von Anpassungsprozessen … 98
    Trainingseffekte: Einfluss auf alle involvierten Organe … 98
    Regeneration und Anpassung: beträchtlicher Zeitbedarf … 102
    Leistungseinbruch: Folge von ungenügender Erholung … 103
Trainingsgrundsätze … 104
    Pädagogische Trainingsgrundsätze … 104
    Methodische Trainingsgrundsätze … 104
Training im Kindes- und Jugendalter … 105
Trainingsplanung … 109
    Langfristige Trainingsplanung im Leistungssport … 109
    Mittelfristige Trainingsplanung im Leistungssport … 110
    Trainingstagebuch und Trainingskontrollen … 112
Arten, Inhalte, Methoden und Mittel des Trainings … 113
Parameter der Trainingssteuerung … 114

## Koordination und Technik … 117

Regulation der Motorik … 118
Fähigkeiten und Fertigkeiten … 118
Komponenten der koordinativen Fähigkeiten … 119
Methodische Aspekte des Techniktrainings … 120
    Thesen und Tipps für das Techniktraining … 120
    Kognitiv akzentuierte Formen des Techniktrainings … 121
    Beobachten und beraten im Techniktraining … 122

## Kraft … 125

Erscheinungsformen der Kraft … 126
    Maximalkraft … 127
    Schnellkraft, Explosivkraft und Startkraft … 128
    Reaktivkraft … 130
    Kraftausdauer … 130
Ziele und Effekte des Krafttrainings … 131
Methodische Aspekte des Krafttrainings … 133
    Aufbau im Krafttraining … 133
    Grundsätze für das Krafttraining im Schul-, Gesundheits- und Freizeitsport … 134
    Grundsätze für das Krafttraining im Leistungssport … 134
    Tipps für das Krafttraining … 135
    Tipps für die Gestaltung einer Trainingseinheit … 135

Methoden im Krafttraining ... 137
    Dynamisches und statisches Krafttraining ... 138
    Dynamisch-konzentrisches und dynamisch-exzentrisches Krafttraining ... 138
    Reaktiv-exzentrisches Krafttraining ... 139
    Dynamisch-konzentrisches kontra dynamisch-exzentrisches Krafttraining ... 140
    Plyometrisches Krafttraining ... 141
    Statisches Krafttraining ... 141
    Dynamisches kontra statisches Krafttraining ... 142
    Trainingsmittel im Krafttraining ... 143
Krafttraining: in jedem Alter sinnvoll ... 145
    «Krafttraining» im Kleinkindalter ... 145
    «Krafttraining» im Vorschulalter ... 145
    «Krafttraining» vom 6. bis zum 12. Lebensjahr ... 146
    Krafttraining im Jugendalter ... 147
    Krafttraining in der Adoleszenz und im frühen Erwachsenenalter ... 150
    Krafttraining im Alter von 25 bis 60 Jahren ... 150
    Krafttraining im Seniorenalter ... 150
Krafttraining: Praxisbeispiele ... 152
    Basisprogramm zur Optimierung der Rumpf- und Gelenkstabilität ... 152
    Propriozeptive Übungen zur Optimierung der Stützmotorik ... 156
    Partnerübungen ... 158
    Krafttraining mit dem Gummiband ... 161
    Übungen mit der Langhantel ... 162
    Plyometrische Übungen zur Entwicklung der Explosivkraft ... 168
    Testformen für Explosivkraft ... 170

# Schnelligkeit ... 173

Erscheinungsformen der Schnelligkeit ... 174
    Reaktionsschnelligkeit ... 174
    Beschleunigungsfähigkeit ... 175
    Aktionsschnelligkeit ... 175
    Handlungsschnelligkeit ... 175
Methodische Aspekte des Schnelligkeitstrainings ... 176
    Tipps für das Schnelligkeitstraining ... 177
Methoden im Schnelligkeitstraining ... 177
Trainingsmittel im Schnelligkeitstraining ... 178
Schnelligkeitstraining auch im Gesundheits- und Seniorensport ... 178

# Ausdauer ... 181

Erscheinungsformen der Ausdauer ... 182
    Aerobe Leistungsfähigkeit und aerobe Kapazität ... 186
    Anaerobe Leistungsfähigkeit und anaerobe Kapazität ... 187

Ziele und Effekte des Ausdauertrainings ... 188
    Gesundheitliche Aspekte des Ausdauertrainings ... 188
    Bedeutung der Grundlagenausdauer im Leistungssport ... 189
Methodische Aspekte des Ausdauertrainings ... 192
    Strukturierung des Ausdauertrainings: Grundlagen- und Aufbautraining ... 192
    Grundsätze für das Ausdauertraining im Gesundheitssport ... 194
    Grundsätze für das Ausdauertraining im Leistungssport ... 194
    Tipps für das Ausdauertraining ... 195
Methoden im Ausdauertraining ... 196
    Dauermethoden ... 198
    Intervallmethoden ... 199
    Wiederholungsmethoden ... 201
    Intermittierende Methoden ... 202
    Test- und Wettkampfmethoden ... 203
Belastungsdosierung im Laufsport ... 204
    Pulsregeln und andere Kontrollmöglichkeiten ... 204

## Beweglichkeit     209

Erscheinungsformen der Beweglichkeit ... 210
Disbalance: funktionelle Anpassung oder Fehlentwicklung? ... 211
    Neuromuskuläre Disbalancen ... 211
    Funktionelle Anpassungen ... 212
Methodische Aspekte des Beweglichkeitstrainings ... 212
Methoden im Beweglichkeitstraining ... 213
    Dynamisches Dehnen ... 213
    Statisches Dehnen (Stretching) ... 213
    Tipps für das Dehnen ... 215
Dehnübungen zur Optimierung der Beweglichkeit ... 216
Beweglichkeitstest für die Schule ... 218

## Aufwärmen     221

Aufwärmen: Bestandteil jeder sportlichen Tätigkeit ... 222
Methodische Aspekte des Aufwärmens ... 223
    Allgemeines Aufwärmen ... 223
    Spezielles Aufwärmen ... 223

## Regenerative Massnahmen     225

Regeneration: ebenso wichtig wie die Belastung ... 226
Auslaufen: aktive Einleitung der Regeneration ... 226
Methodische Grundsätze zur Optimierung der Regeneration ... 226

## Leistungsdiagnostische Verfahren ........... **229**

Ziele der Leistungsdiagnostik ........... 230
12-Minuten-Lauftest von COOPER ........... 231
    12-Minuten-Lauftest: Vergleichswerte ........... 231
CONCONI-Lauftest ........... 232
    Praktische Durchführung des CONCONI-Lauftests ........... 233
    Vor- und Nachteile des CONCONI-Lauftests ........... 234
4 × 1000-m-Lauftest ........... 235
    Praktische Durchführung des 4 × 1000-m-Lauftests ........... 235
    Geschwindigkeitsstufen ........... 235
    Auswertung und Interpretation ........... 236
    4 × 1000-m-Lauftest: Resultatblatt ........... 239

## Glossar: natur- und sportwissenschaftliche Begriffe ........... **241**

Glossar: natur- und sportwissenschaftliche Begriffe ........... 242
    Masseinheiten ........... 267

## Verzeichnisse ........... **269**

Verwendete und weiterführende Literatur ........... 270
Stichwörter ........... 272
Abbildungen ........... 276
Tabellen ........... 279

# Vorwort

Wer Sport treibt oder im Sport unterrichtet, wer ernsthaft und regelmässig auf hoch gesteckte Ziele hin trainiert oder als Trainer Athletinnen und Athleten betreut, ist auf Kenntnisse aus der Sportbiologie und der Trainingswissenschaft angewiesen.

Wer weiss, was beim Sporttreiben im Organismus vor sich geht, wer die anatomischen und physiologischen Aspekte sportlicher Aktivitäten kennt, wer weiss, wie die Organe und Organsysteme auf Trainingsreize reagieren, und wer die Bedeutung von Bewegung, Spiel und Sport für die Entwicklung im Kindes- und Jugendalter kennt, hat gute Voraussetzungen, dieses Wissen als Sportler, Lehrer oder Trainer richtig anzuwenden.

Dieses Buch beschränkt sich auf die biologischen und trainingswissenschaftlichen Aspekte des Sports und bedient sich spezifischer Fachwörter, die in einem Glossar kurz erklärt werden. Auf andere interessante Gebiete wie die Sportpsychologie, die Sportpädagogik und die Sportsoziologie wird nicht eingegangen.

Es richtet sich an Fachleute und interessierte Laien, an Studierende sowie an Schülerinnen und Schüler der Sekundarstufe II, an Lehrerinnen im Sport, an Trainer und Athletinnen, an Gesundheits-, Freizeit- und Leistungssportler sowie an Personen, die aus beruflichen oder anderen Gründen am Sport interessiert sind.

Als Dozent am Institut für Sportwissenschaft der Universität Bern und als Fachleiter in der Diplom-Trainerausbildung von Swiss Olympic in Magglingen habe ich Gelegenheit, mich intensiv mit der Theorie und der Praxis des Sports zu beschäftigen. In der Zusammenarbeit mit Studierenden und Kollegen sowie mit Trainerinnen und Trainern habe ich interessante Erfahrungen gesammelt und immer wieder neue Erkenntnisse gewonnen.

Ich danke allen, die mich motiviert, unterstützt und konstruktiv-kritisch begleitet haben: Karin Albrecht, Rolf Altorfer, Othmar Buholzer, Adrian Bürgi, Gerhard Clénin, Achim Conzelmann, Jean-Pierre Egger, Kurt Egger, Rolf Ehrsam, Franz Fischer, Jörg Fuchslocher, Heinz Gmür, Hansueli Grütter, Erich Hanselmann, Hansruedi Hasler, Simone und Nicole Hegner, Hans Hoppeler, Leo Held, Toni Held, Arturo Hotz, Ernst-Peter Huber, Klaus Hübner, Hans Kappeler, Bruno Knutti, Hansruedi Kunz, Bernard Marti, Marcel K. Meier, Stephan Meyer, Heinz Müller, Hanspeter Probst, Uwe Pühse, Daniel Ryser, Heinz Schild, Fritz Schmid, Roland Schütz, Roland Seiler, Ernst Strupler, Michael Vogt, Rolf Weber, Jürgen Weineck und Lukas Zahner. Das Buch wäre nicht entstanden, wenn mich nicht so viele Studentinnen und Studenten am ISPW und Teilnehmerinnen und Teilnehmer der Trainerkurse in Magglingen aufgefordert hätten, den Unterrichts- und Prüfungsstoff in einem Lehrmittel zusammenzufassen.

Ich gebe das erworbene Wissen gerne weiter und hoffe, dass viele davon profitieren können.

Jost Hegner
Bern, im Mai 2006

EINLEITUNG

# Sport: mehr als eine sinnvolle Freizeitbeschäftigung

Unsere Zellen, Gewebe und Organe passen sich den Anforderungen an, welche an sie gestellt werden. Was beansprucht wird, entwickelt sich, was nicht gebraucht wird, bildet sich zurück. Das Anpassungspotenzial wird durch die Gene bestimmt und ist ein wichtiges Kriterium für die Auswahl von Talenten im Sport.

Die Anpassungen sind möglich, weil in unserem Körper ständig Substanzen auf- und abgebaut werden. Unsere Zellen und Organe werden ununterbrochen umgebaut, so dass sie sich den Bedürfnissen weitgehend anpassen können.

Das subtile Gleichgewicht zwischen aufbauenden und abbauenden Prozessen nennen wir Homöostase. Durch (Trainings-)Belastungen kommt es zu Störungen dieses Gleichgewichts (Homöostase-Störungen). Die betroffenen Zellen, Gewebe und Organe beantworten diese unter günstigen Bedingungen durch einen verstärkten Aufbau von Reserven und/oder durch eine Intensivierung der Protein-Synthese. Dadurch werden wir leistungsfähiger und belastbarer.

Die Gesundheit, die Leistungsfähigkeit und die Belastungstoleranz machen einen wichtigen Teil der Lebensqualität aus und können zu einem grossen Teil durch Training entwickelt, gefestigt und erhalten werden. Dafür brauchen wir nicht zu trainieren wie Spitzensportler, aber wir müssen unsere Organfunktionen regelmässig beanspruchen – wir brauchen viel Bewegung und ein moderates, den persönlichen Voraussetzungen angepasstes Training.

Die Erbanlagen sind von Mensch zu Mensch unterschiedlich. Ausnahmen bilden nur die eineiigen Zwillinge. Auch die Reaktionen auf Trainingsreize und auf Bewegungsmangel sind deshalb nicht gleich.

Die Anlagen von Kindern und Jugendlichen können sich nur dann harmonisch entfalten, wenn die körperlichen, geistigen, psychischen und sozialen Fähigkeiten regelmässig beansprucht werden. Ein Schul- und Freizeitsport, der die Bewegungs-, Spiel-, Lern- und Leistungsbedürfnisse der Kinder und Jugendlichen befriedigt, trägt viel zu einer optimalen Entwicklung der Schülerinnen und Schüler bei.

Erwachsene können ihre Leistungsfähigkeit und Belastbarkeit bis ins hohe Seniorenalter erhalten oder steigern, wenn sie die wichtigsten Regeln für ein gesundheitsorientiertes Fitnesstraining befolgen.

Zu wenig Beanspruchung führt zu einem Verlust an Funktionsfähigkeit und Belastbarkeit. Zu viel Belastung überfordert unsere Systeme und ist schädlich. Alles muss deshalb, den individuellen Voraussetzungen entsprechend, richtig dosiert werden. Das optimale Mass findet, wer auf seine Bedürfnisse achtet.

# Sport: von der Basis bis zur Spitze

Im Breitensport stehen die Freude an der Bewegung, am Spiel und am gemeinsamen Erleben sowie die Pflege sozialer Kontakte im Vordergrund.
Es wird nicht planmässig trainiert, und die Leistungsentwicklung wird nicht systematisch evaluiert.

**Breitensport**
**«Erlebnissport»**

Der Schulsport hat in erster Linie erzieherische Funktionen. Er muss zur Persönlichkeitsentwicklung beitragen, indem er die Motorik, die soziale Kompetenz und die psychischen Fähigkeiten der Schülerinnen und Schüler fördert.
Es geht um Körper-, Bewegungs-, Spiel- und Sporterziehung, die individuell optimale Entwicklung aller Organe und Organfunktionen, die Förderung der psychophysischen Leistungsbereitschaft und die Steigerung der Belastbarkeit, um Erziehung durch Sport und Erziehung zum Sport, um Freude und Zufriedenheit und um einen Ausgleich zur sitzenden Tätigkeit der Kinder und Jugendlichen sowie um die Entwicklung eines aktiven Lebensstils.
Durch psychosoziale Erfahrungen im Schulsport und durch Trainingsreize, die den individuellen Voraussetzungen und Bedürfnissen angepasst sind, soll die Entwicklung der physischen, psychischen, mentalen und emotionalen Anlagen der Schülerinnen und Schüler gefördert werden.
Die Lehrerinnen und Lehrer im Sport planen und gestalten ihren Unterricht auf professionelle Art. Die Inhalte werden auf die Bedürfnisse der Schülerinnen und Schüler ausgerichtet und die Belastungen auf die individuellen Voraussetzungen abgestimmt.
Die Entwicklungs-, Lern- und Trainingsprozesse werden systematisch erfasst und evaluiert.

**Schulsport**

Im Gesundheits- und Fitnesssport stehen der Aufbau oder die Wiederherstellung sowie die Erhaltung und Stabilisierung der Gesundheit und der allgemeinen Leistungsfähigkeit im Vordergrund.
Es wird planmässig und nach bestimmten Trainingsgrundsätzen trainiert.
Die Leistungsentwicklung wird durch Tests und Standortbestimmungen mehr oder weniger systematisch erfasst. Die sportartspezifische Leistung ist in der Regel sekundär.

**Gesundheits-**
**und Fitnesssport**

Im Hochleistungssport steht die disziplinspezifische Leistung im Vordergrund.
Die Athletinnen und Athleten versuchen, ihre Potenziale im Hinblick auf sportliche Höchstleistungen vollständig auszuschöpfen. Sie zwingen ihren Organismus durch immer neue Trainingsreize, die Anpassungsreserven zu mobilisieren. Dies setzt eine besonders sorgfältige Planung und eine konsequente Durchführung des Trainings voraus.
Hochleistungstraining erfordert auch eine permanente Beobachtung der körperlichen und psychischen Reaktionen auf die hohe Beanspruchung und eine systematische Evaluation der Leistungsentwicklung (Trainingskontrollen).

**Leistungs-**
**und Hochleistungssport**

# LEISTUNGEN IM SPORT

# Facetten der sportlichen Leistung

Unter einer sportlichen Leistung verstehen wir «das Ergebnis einer sportlichen Handlung (oder die Handlung selber), wenn bestimmte Qualitätskriterien erfüllt sind» (Schnabel/Harre/Borde 1994, S. 41).

Der Massstab für die Bewertung einer Leistung kann entweder durch Normen vorgegeben oder individuell festgelegt werden. Sportliche Leistungen werden in einem Wertesystem erfasst, welches einen Vergleich und, wenn erwünscht, eine Rangierung zulässt.

Wir sprechen von Leistungen

| | |
|---|---|
| im Breitensport und «Erlebnissport» | – wenn innerhalb oder ausserhalb von sportlichen Wettbewerbssituationen selbstgewählte Anforderungen zur Selbstbestätigung und Selbstverwirklichung bewältigt werden. |
| im Schulsport | – wenn die Schülerinnen und Schüler (einzeln oder als Gruppen) durch sportliche Anstrengung bestimmte Ziele erreichen, Ziele, die sie sich (wenn möglich) selber gesetzt haben.<br>– wenn Schülerinnen und Schüler als Team in einem Spiel auf faire Weise Punkte gewinnen.<br>– wenn Schülerinnen und Schüler im Sportunterricht oder im Freizeitsport Fortschritte erzielen. |
| im Gesundheits-, Rehabilitations- und Behindertensport | – wenn sportliche Handlungen Ausdruck des erreichten motorischen oder körperlichen Zustands sind. |
| im Wettkampf des Leistungs- und Hochleistungssports | – wenn bestimmte Weiten oder Höhen erreicht werden.<br>– wenn eine bestimmte Strecke in einer bestimmten Zeit zurückgelegt wird.<br>– wenn bestimmte Punktzahlen und Notenwerte erreicht werden.<br>– wenn Tore erzielt oder gegnerische Tore verhindert werden.<br>– wenn im Spiel ein Gegner auf faire Weise bezwungen und ein Sieg errungen wird.<br>– wenn ein bestimmter Rang erreicht wird.<br>– wenn Fairness über den Wettkampferfolg gestellt wird. |

Wenn wir von Erfolg und Misserfolg sprechen, geht es um die Übereinstimmung der realisierten Leistung mit der Leistungserwartung.

Der erzielte Rangplatz kann, muss aber nicht ausschlaggebend sein: Ich kann eine Niederlage als persönlichen Erfolg werten, wenn ich aufgrund meiner Verfassung keinen Sieg erwarten konnte, und genauso kann ich einen Sieg als persönlichen Misserfolg betrachten, wenn ich gegen einen schwachen Gegner zwar gewinnen, aber nicht das erhoffte Resultat erzielen konnte.

# Voraussetzungen

Jede Leistung im Sport erfordert den Einsatz von vielen verschiedenen Kompetenzen. Wir unterscheiden zwischen endogenen und exogenen Leistungsvoraussetzungen.

| exogen | endogen |
|---|---|
| Wettkampforganisation | **Anlagen:** Belastungstoleranz, Adaptationspotenzial |
| Zuschauer/innen | **Konstitution/Gesundheit** |
| Betreuer/Funktionäre | **Psycho-physische Leistungsbereitschaft** |
| Gegner/Konkurrenz | |
| Medien/Presse | **Konditionelle Fähigkeiten:** Kraft, Ausdauer, Schnelligkeit |
| Witterung | |
| Soziales Umfeld | **Koordinative Fähigkeiten und technische Fertigkeiten** |
| Ausrüstung/Material | |
| Wettkampfanlagen | **Intellektuell-kognitive Fähigkeiten** |
| Trainer/in | **Ernährung** |

→ Leistungen im Sport

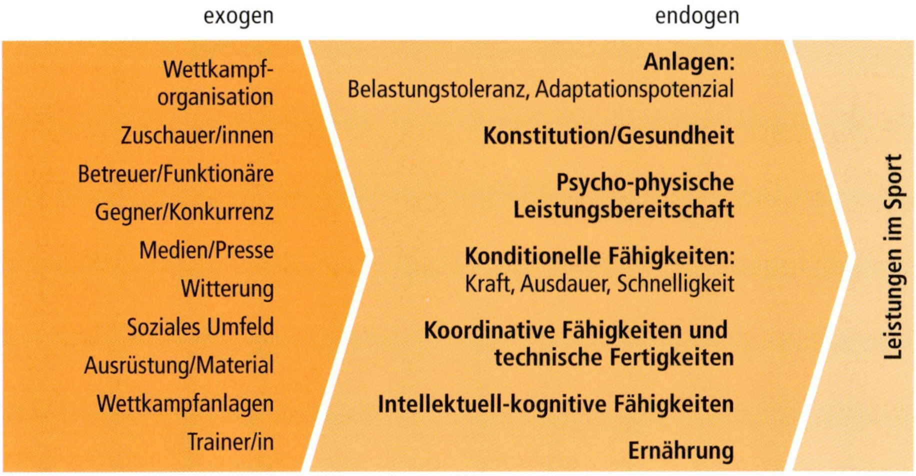

**Abbildung 1**
Komponenten der Leistungen im Sport. Leistungen im Sport werden durch eine Vielzahl von endogenen und exogenen Faktoren beeinflusst. Sie lassen sich teilweise durch Training beeinflussen.

## Endogene Leistungsvoraussetzungen

Endogene Voraussetzungen sind solche, die «im Innern angelegt sind», die von innen kommen. Dazu zählen:
Genetische Voraussetzungen, Alter und Hormonhaushalt, Gesundheits- und Trainingszustand, Flüssigkeits- und Nährstoffbilanz, psychisch-emotionale Kompetenzen, intellektuell-kognitive Kompetenzen, sensomotorisch-koordinativ-technische Kompetenzen und konditionelle Fähigkeiten

– Geschlecht und Hormonhaushalt
– Konstitution (Körperbau und -proportionen, Körpergrösse)
– Gewebe-Eigenschaften (Belastbarkeit und Muskelfaser-Spektrum)
– Gelenkigkeit
– Entwicklungs- und Anpassungspotenzial

**Genetische Voraussetzungen**

– Psychische Stabilität und Flexibilität
– «Wille», Motivierbarkeit und Motivation
– Ehrgeiz, Entscheidungsbereitschaft und Entschlusskraft
– Risikobereitschaft und Mut
– Innovationsfähigkeit und Experimentierbereitschaft
– Leistungs- und Belastungsbereitschaft
– Durchhaltewillen und Durchhaltevermögen
– Fleiss, Zielstrebigkeit und Beharrlichkeit
– Lernbereitschaft und Lernfähigkeit
– Flexibilität (geistige Beweglichkeit)
– Aufmerksamkeitsbereitschaft und Konzentrationsfähigkeit

**Psychisch-emotionale Kompetenzen**

## 20 Leistungen im Sport

- Denkfähigkeit, Innovationsfähigkeit und Kreativität
- Speicherungsfähigkeit (Gedächtnis)
- Abstraktions- und Vorstellungsfähigkeit
- Selbstkontrolle und Selbstbeherrschung
- Interaktionsbereitschaft und Interaktionsfähigkeit
- Kommunikationsbereitschaft und -fähigkeit
- Kooperationsbereitschaft und Kooperationsfähigkeit
- Mentale Stärke, Konflikttoleranz und Konfliktbewältigungsfähigkeit
- Stresstoleranz und Stressbewältigungsfähigkeit
- Frustrationsresistenz und Frustrationstoleranz

**Intellektuell-kognitive Kompetenzen**
- Wahrnehmungs-, Verarbeitungs- und Assimilationsfähigkeit
- Orientierungs- und Antizipationsfähigkeit
- Bewertungs-, Schlussfolgerungs- und Entscheidungsfähigkeit
- Taktische Fähigkeiten

**Sensomotorisch-koordinativ-technische Kompetenzen**
- Gleichgewichtsfähigkeit
- Differenzierungs-, Anpassungs- und Umstellungsfähigkeit
- Reaktionsfähigkeit
- Rhythmisierungsfähigkeit
- Schnelligkeit und Reaktionsfähigkeit
- Lernfähigkeit
- Technische Fertigkeiten

**Konditionelle Fähigkeiten**
- Kraft
- Ausdauer
- Schnelligkeit (kann auch den koordinativen Fähigkeiten zugeordnet werden)
- Beweglichkeit (kann auch den konstitutionellen Eigenschaften zugeordnet werden)

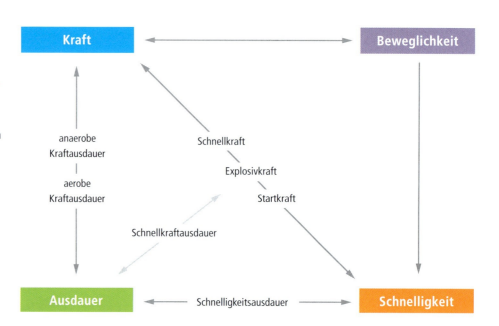

**Abbildung 2**
Konditionelle Fähigkeiten.
Kraft, Ausdauer, Schnelligkeit und Beweglichkeit beeinflussen sich gegenseitig und können nur bedingt isoliert betrachtet werden.

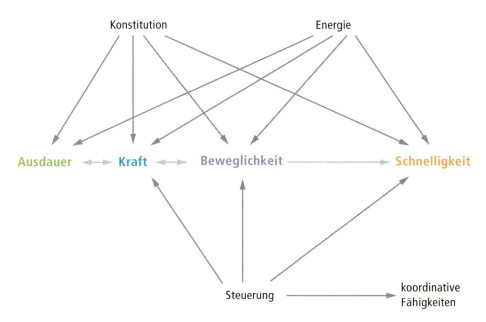

**Abbildung 3**
**Einfluss von Konstitution, Steuerung und Energie auf die Leistungen im Sport.**
Die konditionellen Fähigkeiten und die koordinativen Fähigkeiten werden durch die Konstitution, die Energie sowie die Steuerung (Regulation) definiert.

| | | Sensorisch-nervale Systeme der Informationsaufnahme, -verarbeitung und -speicherung | Neuromuskuläres System | Herz- und Gefässsystem/Immunsystem | Vegetatives Nervensystem/Hormonsystem | Energiestoffwechsel | Bewegungsapparat |
|---|---|---|---|---|---|---|---|
| Psychische Leistungs- und Verhaltenseigenschaften sowie kognitive Fähigkeiten | Intellektuell-kognitive Fähigkeiten Wahrnehmungsfähigkeiten Vorstellungsfähigkeit Motivation emotional-affektive Eigenschaften Temperament Kenntnisse | | | | | | |
| Taktische Fähigkeiten | Fähigkeit – zur Situationswahrnehmung – zur Situationsantizipation – zu schnellen situationsgerechten Entscheidungen | | | | | | |
| Koordinativ-technische Fähigkeiten und Fertigkeiten | Koordinative Fähigkeiten Schnelligkeitsfähigkeiten motorische Fertigkeiten Beweglichkeit | | | | | | |
| Konditionelle (energetische) Fähigkeiten | Kraftfähigkeiten «Ausdauerfähigkeiten»: aerobe und anaerobe Leistungsfähigkeit aerobe und anaerobe Kapazität | | | | | | |
| Gesundheitliche und konstitutionelle Eigenschaften | Eigenschaften des Körperbaus (Masse und Proportionen, mechanische Belastbarkeit) organisches Anpassungspotenzial, organische Belastbarkeit und vegetative Regulationskapazität | | | | | | |

**Tabelle 1**
**Endogene Bedingungen sportlicher Leistungen und Erfolge.**

## Exogene Leistungsvoraussetzungen

Die bisher erwähnten Kompetenzen und Fähigkeiten sind endogener Natur. Im Gegensatz dazu bedeutet exogen «aussen entstehend, von aussen wirkend».

**Exogene Voraussetzungen**

– Das soziale Umfeld:
  Familie, Freundinnen, Partner und Teammitglieder, Konkurrentinnen, Trainer, Physiotherapeutinnen, Betreuer, Coach und Funktionäre
– Medien- und Presseleute:
  Elektronische Medien, Internet, Presse und andere Printmedien
– Jahreszeit, Temperatur, Höhenexposition, Wetter und Witterung
– Wettkampforganisation
– Wettkampfanlagen, Bodenbeschaffenheit, Material und Ausrüstung

**Abbildung 4**
**Kondition.**

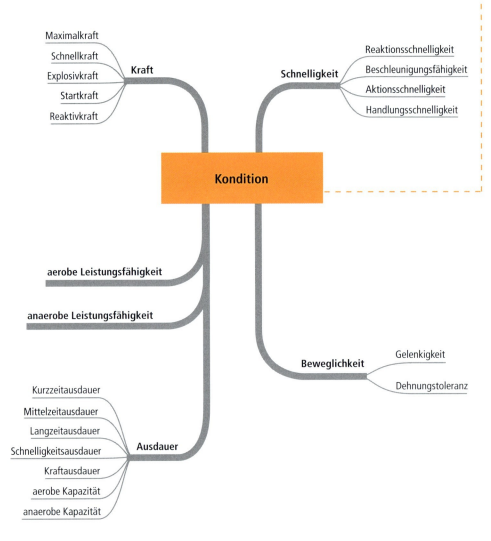

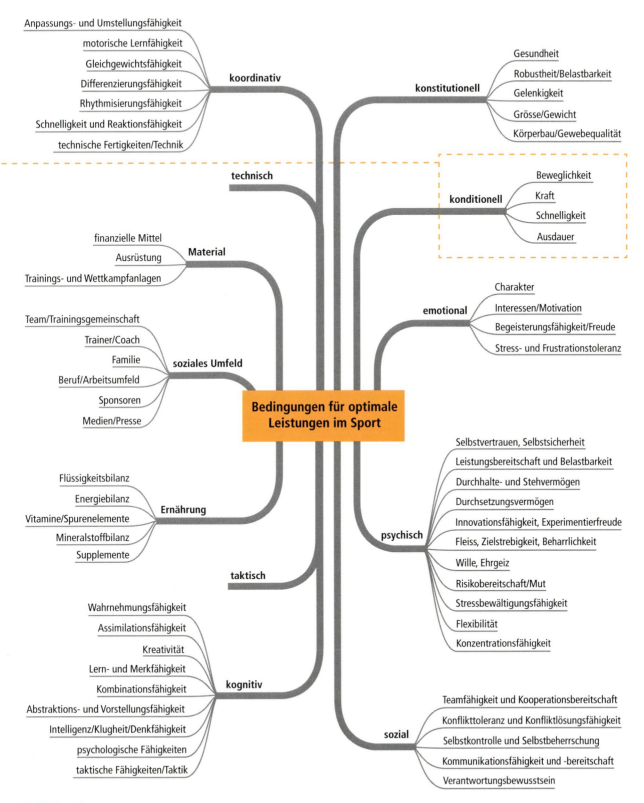

**Abbildung 5**
**Bedingungen für optimale Leistungen im Sport.**

# Physikalische und physiologische Aspekte

Jede Leistung im Sport hat physikalische, physiologische und psychisch-mentale Komponenten. Im Folgenden werden – stark vereinfacht – die physikalischen Komponenten betrachtet.

Wer von Mülenen im Berner Oberland (Talstation Niesenbahn, 693 m ü. M.) auf der Treppe neben dem Bahngeleise auf den Niesen (Bergstation, 2336 m ü. M.) steigt, muss auf einer Strecke von zirka 3500 m eine Höhendifferenz von 1643 m überwinden.

Das bedeutet ein schönes Stück Arbeit. Sie wird von den Muskeln geleistet. Diese sind darauf spezialisiert, chemische Energie in mechanische Energie (körperliche Arbeit) umzuwandeln.

Das Nervensystem reguliert die Aktivität der Muskeln; das Herz und die anderen Organe unterstützen das Nerv-Muskel-System.

**Arbeit: Kraft × Weg**

Die Arbeit, und damit den Energiebedarf für die Überwindung der Höhendifferenz von Mülenen auf den Niesen, können wir mit einer einfachen Formel berechnen. Wir beschränken uns dabei auf die potenzielle Energie; die kinetische Energie, die beim Aufstieg zusätzlich im Spiel ist, wird hier vernachlässigt.

| Arbeit (Energie) = Kraft × Weg | | |
|---|---|---|
| | Kraft (F) | Kraft = Masse × Erdbeschleunigung (Graviationskraft) |
| | | Wir berechnen die Kraft, indem wir die Masse (Körpermasse des Läufers in kg) mit der Erdbeschleunigung multiplizieren. |
| | | Die Erdbeschleunigung (g) beträgt rund 10 m/s². |
| | | Deshalb gilt: |
| | | Kraft = Masse × Beschleunigung ≈ m × 10 m/s². |
| | | Das ergibt die Kraft in Newton (N), die nötig ist, um eine Masse (im Gravitationsfeld der Erde) nach oben zu bewegen. |
| | Weg (s) | Weg bedeutet hier Höhendifferenz in Metern (m). |
| | Arbeit (W) | Arbeit = Kraft (in Newton) × Weg (Höhendifferenz in Metern) |
| | | Die Arbeit wird in Newton-Metern (Nm) oder Joule (J) angegeben. |
| | | 1 Nm = 1 Joule (J); 1000 Nm = 1 Kilo-Joule (kJ). |
| **Beispiel** | Körpermasse | = 70 kg |
| | Weg (Höhendifferenz) | = 1643 m ≈ 1600 m |
| | Kraft | = 70 kg × 10 m/s² = 700 N |
| | Arbeit | = 700 N × 1600 m = 1 120 000 J = 1 120 kJ |
| | Wir könnten die Energie auch in Kalorien (cal) angeben. | |
| | Diese Masseinheit ist aber unpraktisch und veraltet: 1 cal = 4,185 J. | |

Wer den gesamten metabolischen Energiebedarf für die Besteigung des Niesens berechnen will, muss berücksichtigen, dass die Muskulatur beim Laufen und beim Bergsteigen mit einem Wirkungsgrad von etwa 20 % arbeitet; etwa 80 % der umgesetzten Energie wird in Form von Wärme frei.

Der Arbeitsaufwand für den Transport von 70 kg Körpermasse über eine Höhendifferenz von 1600 m beträgt 1120 kJ. Diese werden bei einem Wirkungsgrad von 20 % freigesetzt. Der tatsächliche metabolische Energieaufwand ist fünfmal grösser:
5 × 1120 kJ = 5600 kJ (in kcal: 5600/4,185 ≈ 1340 kcal).

**Tatsächlicher Energiebedarf**

## Leistung: Arbeit pro Zeiteinheit

Wenn wir die Leistung berechnen wollen, die wir bei der Besteigung des Niesens erbringen, müssen wir wissen, in welcher Zeit die Arbeit verrichtet wird.

| Leistung (P) = Arbeit pro Zeiteinheit | | |
|---|---|---|
| | Leistung (P) | = Kraft × Weg/Zeit = F × s/t |
| | | = Kraft × Geschwindigkeit = F × v (v = Weg/Zeit) |
| | | = Arbeit/Zeit = W/t  (W = Kraft × Weg) |
| | Die Masseinheit für die Leistung ist Newton-Meter pro Sekunde (Nm/s) oder Watt; 1 Nm/s = 1 Watt (W). | |
| **Beispiel** | Ein 70 kg schwerer Wanderer steigt von Mülenen über die Treppe auf den Niesen. Er benötigt drei Stunden. | |
| | Arbeit (W) | = 1 120 000 J = 1120 kJ |
| | Zeit (t) | = 3 Stunden (h) = 10 800 Sekunden (s) |
| | Leistung (P) | = Arbeit/Zeit = 1 120 000 J/10 800 s ≈ 104 J/s = 104 W |

Ein Hochleistungssportler kann die gleiche Höhendifferenz in einer Stunde überwinden. Der Rekord wird von Francisco Sanches aus Kolumbien gehalten. Er benötigte 1991 52:22.4. Der Schweizer Arzt und ehemalige OL-Weltmeister Christian Aebersold benötigte 1990 52:26.0. Diese Athleten brauchten etwa dreimal weniger Zeit als ein Freizeitsportler; ihre (physikalische) Leistung ist dreimal grösser.

| **Beispiel** | Rekordlauf Mülenen – Niesen: | |
|---|---|---|
| | Arbeit (W) | 1120 kJ |
| | Zeit (t) | 52:22 min = 3142 s |
| | Leistung (P) | Arbeit/Zeit = 1 120 000 J/3142 s = 356 J/s = 356 W |

Der Rekordhalter erzeugte während 52 Minuten eine Leistung von 356 Watt. Bei 70 kg Körpermasse ergibt das (ohne Berücksichtigung der kinetischen Energie) eine relative Leistung von etwa 5 Watt pro Kilogramm Körpermasse.

Mit der hier beschriebenen physikalischen Betrachtungsweise werden wir natürlich der sportlichen Leistung in ihrer Gesamtheit nur teilweise gerecht, denn jede Leistung hat auch psychisch-emotionale, intellektuell-kognitive und koordinativ-technische Aspekte.

Eine geringe Körpermasse kann von Vorteil sein: Es ist nicht erstaunlich, dass Athletinnen und Athleten, welche in Ausdauer-Sportarten Erfolg haben, meistens relativ grazil sind. Sportlerinnen und Sportler, die ihre Körpermasse aber durch mangelhafte Ernährung und ein gestörtes Essverhalten (Magersucht) reduzieren, gehen ein grosses gesundheitliches Risiko ein.

**Weitere Beispiele**
– Wenn eine Person ein Gewicht von 10 kg (ca. 100 N) in einer Sekunde um 1 m anhebt, vollbringt sie eine Leistung von 100 Watt (100 Nm/s = 100 J/s = 100 Watt).
– Eine 80 kg schwere Person, die 30-mal pro Minute auf einen 0,5 m hohen Kasten steigt, leistet (in der konzentrischen Phase) 200 Watt. 80 kg entsprechen der Gewichtskraft von ca. 800 N; die Person steigt alle zwei Sekunden auf den Kasten und leistet nach der Formel «Kraft×Weg/Zeit»: 800 N × 0,5 m/2 s = 200 Nm/s = 200 Watt; die relative Leistung beträgt in diesem Fall 2,5 Watt pro kg Körpermasse.
– Eine 80 kg schwere Person, die in zehn Minuten zu Fuss auf den Eifelturm (300 m) steigt, leistet 800 N × 300 m/600 s = 400 Nm/s = 400 Watt; die relative Leistung beträgt in diesem Fall 5 Watt pro kg Körpermasse.
– Auch die Leistung eines Radfahrers kann berechnet werden. Dabei sind der Luftwiderstand (CwA-Wert) und die Reibung zu berücksichtigen. Bei einem Stunden-Weltrekord produziert ein Fahrer während einer Stunde eine Leistung von 500 bis 600 Watt. Das sind 6 bis 7 Watt pro kg Körpermasse.
– Ein guter Sprinter zeichnet sich durch die Fähigkeit aus, schnell zu sprinten; er kann in kurzer Zeit sehr viel chemische Energie in mechanische Energie umwandeln. Er glänzt (physikalisch betrachtet) durch «viel Arbeit pro Zeiteinheit», eben durch die Leistung.
– Im sportlichen Wettkampf wird allerdings nicht die Leistung, sondern lediglich die Zeit oder bei Sprüngen die Höhe oder Weite und bei Würfen die Distanz gemessen und beurteilt. Im Schulsport wäre es wünschbar, dass bei der Beurteilung solcher Leistungen der biologische Entwicklungsstand der Schülerinnen und Schüler (Körpergrösse und Körpermasse) berücksichtigt würde.

## Energiebedarf: abhängig von der Leistung

Der Energieverbrauch auf einem Fahrrad-, Ruder- oder Steppergometer kann mit einer einfachen Formel berechnet werden (nach Nuescheler 2001):
Energieverbrauch in kJ = mittlere Leistung in Kilowatt × Anzahl Sekunden/Wirkungsgrad.
Der mittlere Wirkungsgrad auf dem Fahrradergometer beträgt bei einem trainierten Radsportler 0,23.
Wie stark der Energieverbrauch von der Leistung abhängt, wird durch einfache Berechnungen ersichtlich:

| Dauer | Leistung in Watt (Kilowatt) | Energieverbrauch in kJ | Energieverbrauch in kcal | Die Energiemenge entspricht etwa |
|---|---|---|---|---|
| 1 Stunde (3600 s) | lockeres Fahren: 100 Watt (0,1 kW) | 0,1 kW × 3600/0,23 = 1600 kJ | 1600 kJ/4,2 = 370 kcal | 44 g Fett oder 90 g KH |
| | 150 Watt (0,15 kW) | 0,15 kW × 3600/0,23 = 2400 kJ | 2400 kJ/4,2 = 560 kcal | 67 g Fett oder 140 g KH |
| | Stundenweltrekord 49,7 km 450 Watt (0,45 kW) | 0,45 kW × 3600/0,23 = 7000 kJ | 7000 kJ/4,2 = 1700 kcal | 195 g Fett oder 400 g KH |

Tabelle 2
**Energieverbrauch bei unterschiedlicher Belastung auf dem Fahrradergometer.**

| Leistung | Anzahl Stunden für die Umsetzung einer Energiemenge, die einem Kilogramm Fett entspricht 1 kg Fett (8000 kcal = 33 000 kJ) |
|---|---|
| 50 Watt = 0,05 kW entspricht bei Gesundheitssportlerinnen einer Herzfrequenz von etwa 120/min Energieverbrauch: ca. 180 kcal/h = 1600 kJ/h | 45 Stunden |
| 100 Watt = 0,1 kW entspricht bei einem Freizeitsportler einer Herzfrequenz von etwa 120/min Energieverbrauch: ca 370 kcal/h = 1600 kJ/h | 22 Stunden |
| 300 Watt = 0,3 kW entspricht bei Weltklasse-Radfahrern einer Herzfrequenz von etwa 140/min Energieverbrauch: 1100 kcal/h = 4700 kJ/h | 7,3 Stunden |

Tabelle 3
**Zeitbedarf bei unterschiedlicher Leistungsfähigkeit für die Umsetzung einer Energiemenge, die einem Kilogramm Fett entspricht.**

Bei vielen Sportarten wird nicht über längere Zeit eine konstante Leistung erbracht. Ein grosser Teil der körperlichen Arbeit, welche zum Beispiel während eines Fussballspiels verrichtet wird, ist Beschleunigungsarbeit. Sie ist durch Richtungs- und Geschwindigkeitsänderungen sowie durch Antreten und Abbremsen geprägt. Solche Arbeit ist sehr ermüdend und mit einem hohen Energieverbrauch verbunden.

**Tabelle 4**
**Energieverbrauch für diverse Tätigkeiten.**

| Aktivität | Intensität | Energieverbrauch pro kg Körpergewicht pro Stunde | | Energieverbrauch pro Stunde bei 75 kg Körpergewicht | | Zeitbedarf für die Verbrennung von 200 kcal oder 840 kJ |
|---|---|---|---|---|---|---|
| | km/h | kcal | kJ | kcal | kJ | min |
| Wandern | 3 km/h | 2,75 | 11,55 | 206 | 865,2 | 58 min |
| | 4,5 km/h | 2,90 | 12,18 | 218 | 915,6 | 55 min |
| | 6,5 km/h | 4,00 | 16,80 | 300 | 1260 | 40 min |
| Walking | 7 km/h | 5,50 | 23,10 | 413 | 1734,6 | 29 min |
| | 8 km/h | 10,30 | 43,26 | 773 | 3246,6 | 16 min |
| Schwimmen | 1,2 km/h | 4,30 | 18,06 | 323 | 1356,6 | 37 min |
| | 2,8 km/h | 10,30 | 43,26 | 773 | 3246,6 | 16 min |
| Radfahren | 9 km/h | 3,54 | 14,87 | 266 | 1117,2 | 45 min |
| | 15 km/h | 5,38 | 22,60 | 404 | 1696,8 | 30 min |
| | 20 km/h | 8,60 | 36,12 | 645 | 2709 | 19 min |
| | 30 km/h | 12,00 | 50,40 | 900 | 3780 | 13 min |
| | 43 km/h | 15,70 | 65,94 | 1178 | 4947,6 | 10 min |
| Laufen | 9 km/h | 9,50 | 39,90 | 713 | 2994,6 | 17 min |
| | 12 km/h | 10,79 | 45,32 | 809 | 3397,8 | 15 min |
| | 15 km/h | 12,09 | 50,78 | 907 | 3809,4 | 13 min |
| | 17 km/h | 14,30 | 60,06 | 1073 | 4506,6 | 11 min |
| Skilanglauf | 9 km/h | 9,00 | 37,80 | 675 | 2835 | 18 min |
| | 15 km/h | 19,09 | 80,18 | 1432 | 6014,4 | 8 min |
| Staubsaugen | | 4,00 | 16,80 | 300 | 1260 | 40 min |
| Treppensteigen | | 7,00 | 29,40 | 525 | 2205 | 23 min |
| Holzhacken | | 4,10 | 17,22 | 308 | 1293,6 | 39 min |

### Belastung: Umfang, Intensität und Dynamik

Bei jeder körperlichen Arbeit können wir drei Aspekte betrachten: Den Umfang, die Dauer oder das Volumen, die Intensität oder Leistung und die Dynamik oder Kadenz.

**Umfang, Dauer oder Volumen**

Wie lange ist die Strecke, wie lange dauert die Wanderung, der Lauf, das Spiel, das Training, der Wettkampf? Wie viele Wiederholungen und Serien (Sets, Sätze) werden gemacht?
Wenn wir vom Umfang oder Volumen sprechen, meinen wir die Dauer der Beanspruchung oder die Länge der Strecke, die zurückgelegt wird. Wir denken an die Arbeit, welche gesamthaft verrichtet wird.
Der Umfang entspricht der Arbeit im Sinne von Kraft × Weg (Joule). Sie wird durch die Grösse der nutzbaren Energiereserven und/oder durch die Fähigkeit limitiert, die Konsequenzen der Belastung zu ertragen: zentrale Ermüdung, Substratmangel, Sauerstoffdefizit, Laktatanhäufung und Übersäuerung (Azidose).
Eine zentrale Rolle spielt die Fähigkeit, trotz aufkommender Ermüdung (auch im Bereich des zentralen Nervensystems) die Muskeln weiterhin auf hohem Niveau zu aktivieren.

Die Glykogenreserven in den Muskelfasern reichen je nach Intensität der Belastung 40 bis 90 Minuten.
Die Fettreserven sind wesentlich grösser und reichen aus, auch wenn die Belastungen mehrere Stunden dauern. Wenn jedoch die Glykogenreserven erschöpft sind, können die Muskelfasern auch die Fettreserven nicht mehr optimal nutzen.

**Intensität oder Leistung**

Wie hart wird gearbeitet? Mit welchen Gewichten oder gegen welche Widerstände wird trainiert? Wie schnell wird gelaufen, gerudert oder geschwommen? Wie gross ist die (physikalische) Leistung, die erbracht wird? Wie viele Prozente der maximalen Herzfrequenz, der maximalen Sauerstoffaufnahme ($VO_2max$) oder der anaeroben Schwelle werden ausgeschöpft? Mit wie vielen METs (Metabolic Equivalents) wird trainiert?

**Objektive Leistung**

Die (objektive, physikalische) Leistung lässt sich in Watt messen: 1 Joule pro Sekunde (J/s) = 1 Watt (W). Sie ist abhängig von der Menge an chemischer Energie (ATP), die in einer bestimmten Zeit von den Muskelfasern in mechanische Energie umgewandelt wird.
ATP (Adenosin-Tri-Prosphat) ist ein energiereiches Molekül. Die Muskelfasern wandeln einen Teil der chemischen Energie von ATP in mechanische Energie um, indem sie ATP spalten. Dabei entstehen ADP (Adenosin-Di-Phosphat) und eine freie Phosphatgruppe ($P_i$).

Die ATP-Reserven der Muskelfasern sind sehr klein. Es muss deshalb ständig ATP produziert werden. Wenn eine Belastung länger als zwei bis drei Sekunden dauert, wird die Leistung von der Geschwindigkeit bestimmt, mit welcher $ADP + P_i$ wieder zu ATP regeneriert werden (Energiefluss- oder ATP-Bildungsrate).
Je intensiver die Muskeln arbeiten, desto intensiver werden die Prozesse beansprucht, welche der ATP-Produktion dienen.

**Abbildung 6**
Umfang, Intensität und Dynamik einer Belastung.

**Subjektive Leistung**

Die subjektive Leistung äussert sich in der Qualität der Ausführung und ist nicht messbar.

**Dynamik oder Kadenz**

Gibt es im Training, im Spiel oder im Wettkampf Unterbrüche und Pausen? Wechseln intensivere Phasen mit Phasen geringerer Intensität und/oder mit Pausen und Phasen der Erholung ab?
Wenn wir von der Dynamik der Belastung und von der Kadenz sprechen, geht es um die Frage, ob die Beanspruchung kontinuierlich und gleich bleibend (z. B. Marathon), intervallartig unterbrochen (z. B. Orientierungslauf) oder intermittierend (z. B. Fussballspiel mit ständigem «Stop and Go») ist.

**Beziehung zwischen Umfang und Intensität**

Durch die Intensität wird bestimmt, welche Stoffwechselwege für die Energiegewinnung (ATP-Produktion) genutzt werden.

Je geringer die Intensität ist, umso mehr trägt der aerobe Stoffwechsel zur Deckung des Energiebedarfs bei und desto länger können wir die Leistung aufrechterhalten.

Je intensiver die Muskulatur arbeitet, umso grösser ist der Energieumsatz pro Zeiteinheit, desto stärker werden die anaeroben Stoffwechselprozesse beansprucht. Je grösser der Energieumsatz ist, desto weniger lang können wir eine bestimmte Leistung aufrechterhalten.

**Abbildung 7**
**Verhältnis zwischen Umfang und Intensität.**

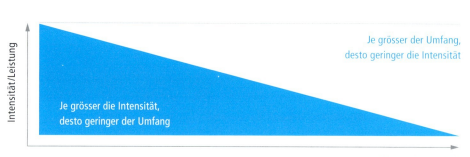

KÖRPERLICHE GRUNDLAGEN

# Funktionelle Einheiten des Organismus

Im Sport müssen die Organe und Organsysteme optimal zusammenarbeiten.
Alle Organe sind beteiligt; im Vordergrund stehen
- das Bewegungs- und Stützsystem mit seinen aktiven und passiven Strukturen;
- die Steuerungs- und Regulationssysteme, welche im Organismus Regie führen;
- die Stoffwechselsysteme, welche für den Bau und den Unterhalt sowie die Energiebereitstellung zuständig sind;
- das Atmungssystem, welches für den Gasaustausch mit der Umgebungsluft zuständig ist;
- das Herz und das Gefässsystem, welches alle Organe mit Sauerstoff und Nährstoffen versorgt;
- das Verdauungssystem, das die eingenommenen Nährstoffe für den Stoffwechsel verfügbar macht;
- die Filtrations- und Ausscheidungssysteme, welche die Abbauprodukte des Stoffwechsels eliminieren;
- das Immunsystem, das körperfremde Substanzen erkennt und unschädlich macht.

**Zellen**

Die Zellen sind die kleinsten funktionellen Einheiten des Organismus.

Jede Körperzelle enthält einen doppelten (diploiden) Chromosomensatz mit der vollständigen genetischen Information, welche durch die Verschmelzung von zwei Keimzellen bei der Zeugung zusammengekommen ist.

Jede Zelle verfügt über ein vollständiges Arsenal an Enzymen (Werkzeuge des Stoffwechsels), welche die biochemischen Prozesse katalysieren und regulieren.

Die meisten Zellen können sich zeitlebens teilen, aber einzelne hochspezialisierte Zellen (Nervenzellen und Muskelfasern) verlieren im Verlaufe der vorgeburtlichen oder frühkindlichen Entwicklung ihre Teilungsfähigkeit.

Von all den lebenswichtigen Bestandteilen der Zelle sind der Zellkern, die Mitochondrien und die Ribosomen von besonders augenfälliger Bedeutung.

| | |
|---|---|
| Zellkern: Informationszentrale | Im Zellkern sind die Informationen für die Herstellung aller Eiweissmoleküle (Enzyme, Funktions- und Struktureiweisse) gespeichert. Die Skelett-Muskelfasern enthalten nicht nur einen, sondern sehr viele Zellkerne. |
| Mitochondrien: Kraftwerke der Zelle | In den Mitochondrien finden die sauerstoffabhängigen (aeroben) Stoffwechselprozesse statt, die «Verbrennung» von Glukose und Lipiden. |
| Ribosomen: Proteinfabriken | In den Ribosomen werden nach den Vorgaben des Zellkerns (genetische Informationen) die Proteine hergestellt. |

**Gewebe**

Gleichartige Zellen bilden im Verbund ein Gewebe. Wir unterscheiden zwischen Epithelgewebe, Binde- und Stützgewebe, Muskelgewebe und Nervengewebe.

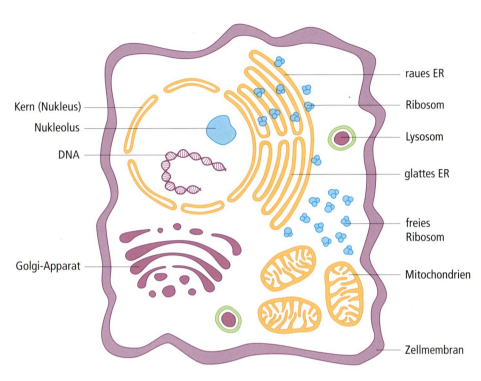

**Abbildung 8**
**Schematische Darstellung einer Körperzelle.**

ER = endoplasmatisches Retikulum

# Bewegungs- und Stützsystem: passive und aktive Strukturen

Der passive Teil besteht aus Binde- und Stützgewebe. Es sind die Knochen- und Knorpelstrukturen, die Sehnen und Bänder sowie die Schleimbeutel und Sehnenscheiden.

**Passive Strukturen**

Der aktive Teil besteht aus der Muskulatur. Jede Muskelfaser ist über Nervenfasern mit dem zentralen Nervensystem verbunden und bildet einen Teil des neuromuskulären Systems.

**Aktive Strukturen**

Das Bewegungs- und Stützsystem erfüllt zahlreiche verschiedene Aufgaben.
– Es gibt dem Körper Form, Halt und Stabilität.
– Es ermöglicht bewusste und unbewusste Haltungen und Bewegungen.
– Es schützt das zentrale Nervensystem (Gehirn und Rückenmark) sowie die Sinnesorgane.
– Es schützt die inneren Organe (Herz, Lungen, Leber, Nieren, Bauchspeicheldrüse, Magen-Darm-Trakt, Gebärmutter und andere).
– Es umschliesst das Knochenmark, welches die Blutzellen produziert.
– Es verrichtet den mechanischen Teil der Atmung.
– Es produziert Wärme zur Aufrechterhaltung der optimalen Betriebstemperatur.
– Es dient als Kalziumspeicher.

Das Bewegungs- und Stützsystem ist trainierbar. Es passt sich den gestellten Anforderungen an. Die Adaptationsprozesse verlaufen jedoch unterschiedlich schnell: Das Binde- und Stützgewebe benötigt dafür wesentlich mehr Zeit als das Muskelgewebe.

Bei einem systematischen Training adaptieren die Muskelfasern innert Tagen bis Wochen, Regenerations- und Anpassungsprozesse im Bereich der passiven Strukturen aber erfordern mehrere Wochen bis Monate.

Bei ausbleibender oder reduzierter Beanspruchung verliert das Bewegungs- und Stützsystem rasch an Substanz. Auch die Belastungstoleranz nimmt schnell ab und muss nach Trainingsunterbrüchen wieder sorgfältig entwickelt und aufgebaut werden. Für die Wiederherstellung der Belastbarkeit ist für jede Woche der Ruhigstellung mindestens ein Monat gezieltes Aufbautraining nötig.

**Passive Strukturen: Knochen, Knorpel, Gelenke, Sehnen und Bänder**

**Knochen: kompakter Knochen und Bälkchenknochen**

Das Skelett ist nach dem Prinzip der Leichtbauweise konstruiert: optimale Festigkeit und Belastbarkeit bei möglichst geringem Materialaufwand.

Die Knochen bestehen aus einer kompakten «Rinde» und einem System von feinen Knochenbälkchen. Diese sind so ausgerichtet, dass die mechanischen Belastungen optimal aufgefangen werden können.

Jeder Knochen ist von einer derben Bindegewebshaut, der Knochenhaut (Periost), umhüllt. Diese schützt den Knochen und ist reich an Blutgefässen und Schmerzrezeptoren.

Schichten aus teilungsfähigen Knorpelzellen (Wachstumsfugen) ermöglichen dem Knochen während des Kindes- und Jugendalters das Längenwachstum. Die Wachstumsfugen bilden empfindliche Schwachstellen am jugendlichen Skelett. Das Längenwachstum ist abgeschlossen, wenn sich die Wachstumsfugen schliessen.

Die Knochen weisen eine komplizierte Mikrostruktur auf, die sich (langfristig) an die Belastungen anpasst, denen das Skelett ausgesetzt ist. Damit die Anpassungen realisiert werden können, wird das Knochenmaterial stetig ab-, auf- und umgebaut.

Bei Jugendlichen überwiegt der Aufbau, und im jungen Erwachsenenalter besteht ein Gleichgewicht zwischen Aufbau und Abbau. Im fortgeschrittenen Erwachsenenalter überwiegen die abbauenden Prozesse. Durch eine optimale Ernährung und ausreichende Belastung kann der Verlust an Knochensubstanz verzögert oder gebremst werden.

Osteoporose (erhöhte Knochenbrüchigkeit) ist eine Zivilisationskrankheit, die ältere Männer und besonders Frauen nach der Menopause betrifft. Sie schränkt die Lebensqualität ein und verursacht sehr hohe Kosten im Gesundheitswesen. Zu einer wirksamen Prävention gegen Osteoporose gehört der Aufbau einer ausreichend grossen Knochenmasse (Peak Bone Mass) im Jugendalter. Durch viel Bewegung, Spiel und Sport sowie eine ausgeglichene Ernährung und den Verzicht auf Nikotin wird der hormonell regulierte Aufbau der Knochenmasse im Kindes- und Jugendalter gefördert.

Mangelhafte Ernährung (Essstörungen) und fehlende Belastungsreize während der Adoleszenz können die Entwicklung der Knochenmasse beeinträchtigen.

Körperliche Grundlagen 37

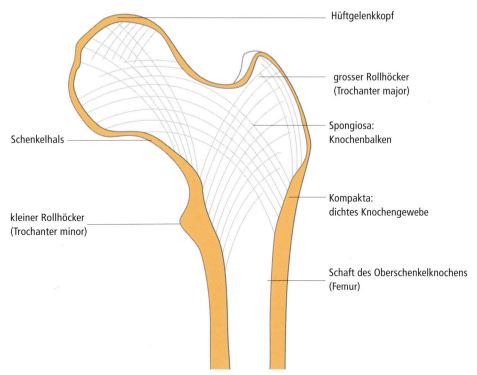

**Abbildung 9**
Oberschenkelknochen mit Schenkelhals und Hüftgelenkkopf.
Die Knochenbälkchen (Spongiosa) sind so ausgerichtet, dass die Belastungen auf den Schenkelhals optimal aufgefangen werden können.

## Knorpel: Faserknorpel, elastischer und hyaliner Knorpel

Knorpelgewebe besteht aus Knorpelzellen (Chondrozyten) und einer wasserhaltigen Grundsubstanz (Matrix). Das Volumen der Knorpelzellen beträgt lediglich 2 bis 3 % des Knorpelvolumens. Die Matrix besteht aus einem Netzwerk aus Bindegewebsfasern (Kollagenfasern) und wasseranziehenden Makromolekülen. Die mechanischen Eigenschaften des Knorpelgewebes, die hohe Druckfestigkeit und die Widerstandsfähigkeit gegen Scherkräfte, werden von der Matrix, insbesondere von den Bindegewebsfasern, geprägt.

Wir kennen drei Arten von Knorpelgewebe:

Faserknorpel bildet die Bandscheiben der Wirbelsäule und die Schambein-Fuge (Schambein-Symphyse). **Faserknorpel**

Elastischer Knorpel bildet das Gerüst der Ohren und der Nasenflügel. **Elastischer Knorpel**

Hyaliner Knorpel überzieht als druckfeste und elastische Kontakt-, Gleit- und Schutzschicht alle Gelenkflächen. **Hyaliner Knorpel**
Auch die Rippenbogen, das Kehlkopfgerüst, die Spangen der Luftröhre und ein Teil der Nasenscheidewand bestehen aus hyalinem Knorpel.
Hyaliner Knorpel vereinigt Materialeigenschaften, die bis heute von keinem industriell hergestellten Werkstoff erreicht werden.
Die Knorpelzellen bilden kleine Gruppen (Chondrone). Sie werden von Kollagenfasern umfasst, welche in dichte Faserbündel übergehen. Ihre Anordnung ist exakt den funktionellen Ansprüchen angepasst.

## Versorgung

Der Gelenkknorpel ist nicht an den Blutkreislauf angeschlossen und besitzt auch keine Lymphgefässe; die Knorpelzellen müssen deshalb von der Synovialmembran aus durch die Gelenkschmiere mit allen lebensnotwendigen Substanzen versorgt werden. Die Versorgungssituation ist relativ schlecht, deshalb ist die Stoffwechselaktivität im Gelenkknorpel gering. Er kann schlecht regenerieren und sich kaum an erhöhte Beanspruchung anpassen.

## Innervation

Der Gelenkknorpel wird nicht sensorisch innerviert. Er ist deshalb nicht schmerzempfindlich und kann bei Beschädigung und Abnützung nicht rechtzeitig «Alarm schlagen».

## Verschleiss

Die Gelenke, hauptsächlich im Bereich der unteren Extremität, sind erheblichen Druckbelastungen (bis 400 kg/cm$^2$) ausgesetzt. Dies kann zu Verschleisserscheinungen und Defekten am Gelenkknorpel führen.

Der Wassergehalt des hyalinen Knorpels beträgt 60 bis 70 % und nimmt im Alter ab. Mit dem Wasserverlust verliert er einen Teil seiner Druckelastizität. Durch degenerative Prozesse kann es zudem zu einem Verlust an Knorpelgrundsubstanz kommen, so dass die Kollagenfasern demaskiert werden.

### Gelenke: Gelenkkopf, Gelenkpfanne und Gelenkkapsel

Gelenke bestehen aus einer Gelenkpfanne und einem Gelenkkopf. Die Gelenkflächen sind von Gelenkknorpel überzogen. Zwischen den spiegelglatten Gelenkflächen liegt ein hauchdünner Zwischenraum, der Gelenkspalt.

Die Gelenke werden von Bändern (passiv) und Muskeln (aktiv) stabilisiert und gesichert.

Eine Hülle aus derbem Bindegewebe und feinem Epithelgewebe (Synovialmembran) umschliesst die Gelenke.

Die Synovialmembran produziert die Gelenkschmiere (Synovialflüssigkeit).

## Synovialflüssigkeit (Gelenkschmiere)

Der Gelenkknorpel wird durch die Synovialflüssigkeit geschmiert und mit allem Notwendigen versorgt. Diese nährstoffreiche Flüssigkeit wird von der inneren Membran der Gelenkkapsel (Synovialmembran) produziert und in den Gelenkspalt abgegeben.

Sie reduziert die Reibung zwischen den Gelenkflächen und enthält alle Substrate, die für den Aufbau und die Gesundheit des Gelenkknorpels notwendig sind.

Damit die Gelenkschmiere die Knorpelzellen erreichen kann, müssen die Gelenke ausgiebig bewegt (mobilisiert) werden. Zudem muss die Synovialflüssigkeit mit ihren Nährstoffen durch Druckbelastung in die Knorpelsubstanz hineingepresst werden.

> **Die Gelenke sollten vor jeder sportlichen Belastung durch entsprechende Massnahmen vorbereitet werden:**
>
> – Durch Mobilisieren der Gelenke (intensives Bewegen im vollen physiologischen Umfang) wird die Produktion von Synovialflüssigkeit intensiviert und die Gelenkschmiere gleichmässig über die Gelenkflächen verteilt.
>
> – Bei Druckbelastung auf den Gelenkknorpel (durch Lauf-, Sprung- und Hüpfübungen) wird die sauerstoff- und nährstoffreiche Synovialflüssigkeit in den Gelenkknorpel eingewalkt.
>
> Gut vorbereitete Gelenkflächen gleiten praktisch ohne Widerstand. Sie sind dicker, belastbarer und resistenter gegen Abnützung als unvorbereitete Knorpelschichten.
>
> Regelmässige Bewegung ist für die Gesundheit des Gelenkknorpels sehr wichtig.

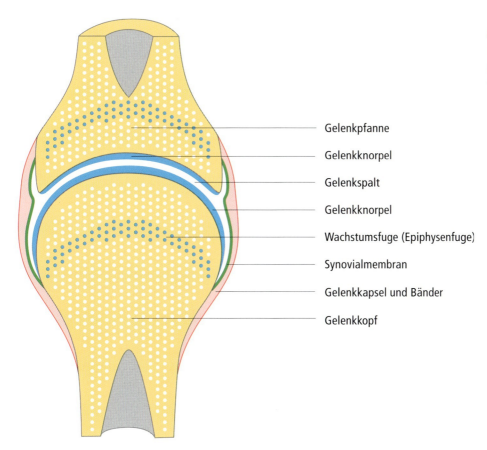

**Abbildung 10**
**Schematische Darstellung eines Scharniergelenks.**

- Gelenkpfanne
- Gelenkknorpel
- Gelenkspalt
- Gelenkknorpel
- Wachstumsfuge (Epiphysenfuge)
- Synovialmembran
- Gelenkkapsel und Bänder
- Gelenkkopf

## Wirbelsäule: Achsenskelett aus beweglichen Teilen

Die Wirbelsäule des Menschen umfasst sieben Hals-, zwölf Brust-, fünf Lenden- und fünf Kreuzwirbel. Sie ist S-förmig geschweift und wird durch Bänder passiv und durch die Rumpfmuskulatur (Rücken- und Bauchmuskulatur) aktiv stabilisiert.

Die fünf Kreuzwirbel sind zusammengewachsen und bilden das Kreuzbein, die Basis der Wirbelsäule, welches über zwei Gelenke (Iliosakralgelenke) mit den Darmbeinen verbunden sind.

Eine optimal regulierte Rumpfstabilität ist eine wichtige Voraussetzung für die Gesundheit der Wirbelsäule, für eine hohe Lebensqualität und für jede sportliche Leistung. Zur Kräftigung der Rumpfmuskeln eignen sich einfache Bodenübungen, Übungen an speziellen Geräten und vor allem Übungen auf instabiler und labiler Unterlage (Gleichgewichtskreisel, Swiss Ball oder Airostep) sowie wassergymnastische Übungen.

**Abbildung 11**
**Menschliche Wirbelsäule.**

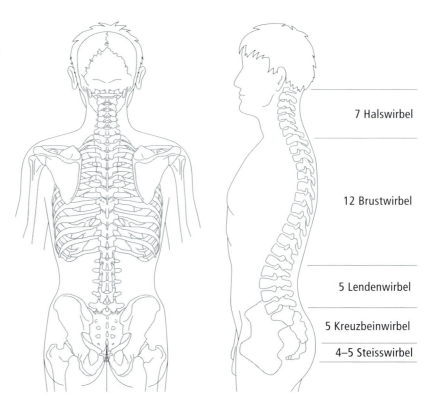

7 Halswirbel

12 Brustwirbel

5 Lendenwirbel

5 Kreuzbeinwirbel

4–5 Steisswirbel

### Wirbel: komplexer Aufbau

Jeder Wirbel besteht aus einem Wirbelkörper, dem Wirbelbogen und den Wirbelfortsätzen. Zwischen den Wirbelkörpern liegen die Bandscheiben.

| | |
|---|---|
| Wirbelkörper | Der Wirbelkörper ist das tragende Element des Wirbels. |
| Bandscheibe | Zwischen den Hals-, Brust- und Lendenwirbeln liegt ein Ring aus Faserknorpel. Er ist aus mehreren Lamellen aufgebaut und umschliesst einen gallertartigen Kern, den Nucleus pulposus. |
| Wirbelbogen | Auf der Rückseite des Wirbelkörpers finden wir den Wirbelbogen. Die Gesamtheit des Wirbelbogens bildet den Rückenmarkkanal. |
| Wirbelfortsätze | Jeder Wirbel weist zwei obere und zwei untere Gelenkfortsätze, zwei Querfortsätze und einen Dornfortsatz auf. |
| Wirbelgelenke | Je zwei benachbarte Wirbel bilden ein Bewegungssegment der Wirbelsäule. Die Wirbel sind miteinander über zwei Wirbelgelenke verbunden. Die beiden unteren Gelenkfortsätze eines Wirbels korrespondieren mit den beiden oberen Gelenkfortsätzen des nächsten Wirbels.<br>Die Wirbelgelenke limitieren die Beweglichkeit der Wirbelsäule und tragen damit zur Stabilisierung bei. In der Halswirbelsäule sind die Gelenke so ausgerichtet, dass die Beweglichkeit sehr wenig eingeschränkt wird. Im Lendenbereich lassen die Wirbelgelenke nur noch ein Beugen und Strecken, jedoch keine Rotation zu. |
| Wirbelfortsätze | Die Querfortsätze und der Dornfortsatz dienen den Rückenmuskeln als Ansatzstellen. |

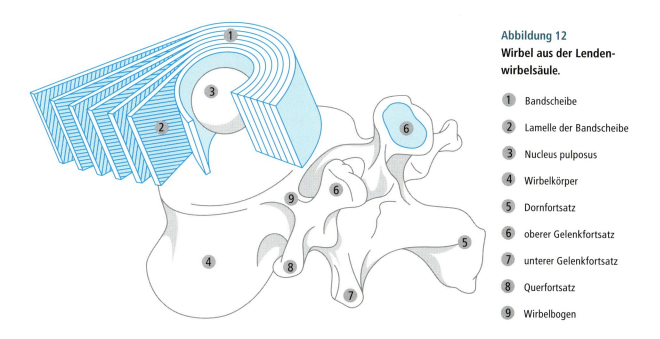

**Abbildung 12**
**Wirbel aus der Lendenwirbelsäule.**

1. Bandscheibe
2. Lamelle der Bandscheibe
3. Nucleus pulposus
4. Wirbelkörper
5. Dornfortsatz
6. oberer Gelenkfortsatz
7. unterer Gelenkfortsatz
8. Querfortsatz
9. Wirbelbogen

## Schwachstellen am Skelett: Grenzen der Belastbarkeit

Die Knochenqualität und die Belastungstoleranz des passiven Bewegungsapparates ist abhängig vom Alter, von der Veranlagung, vom Trainingszustand, vom Hormonhaushalt, von der Ernährungssituation und ganz besonders von der im Jugendalter antrainierten Knochenmasse und -dichte.
Das Bewegungs- und Stützsystem weist einige heikle Schwachstellen auf.

Die Wirbelsäule, vor allem die Wachstumsfugen an den Wirbelkörpern, die Zwischenwirbelscheiben und die Wirbelgelenke, die Gelenke mit ihren Gelenkflächen aus hyalinem Knorpel, die Sehnen und Bänder mit ihren Verankerungen in den Knochen (Apophysen und ihre Wachstumsfugen), die Wachstumsfugen an den Röhrenknochen (Epiphysenfugen), welche im Kindes- und Jugendalter noch nicht geschlossen sind, die Sehnenscheiden und die Schleimbeutel.

**Schwachstellen**

In Bezug auf die Schwachstellen des Bewegungs- und Stützsystems gilt es zu beachten:
– Die Grenzen der Belastbarkeit müssen respektiert werden; die Schwachstellen dürfen auf keinen Fall überbeansprucht werden.
– Die Belastungstoleranz ist von verschiedenen Faktoren abhängig. Innerhalb einer Schulklasse oder einer Trainingsgruppe können grosse Unterschiede bestehen.
– Weil die Schwachstellen teilweise nicht schmerzempfindlich sind (Gelenkknorpel), besteht die Gefahr, dass kleine Schäden (Mikrotraumata) unerkannt bleiben und sich im Laufe der Zeit summieren.
– Die Wachstumsfugen können bei Fehl- und Überbeanspruchung geschädigt werden. Darauf ist insbesondere bei Stütz- und Niedersprüngen und beim Aufheben und Tragen von Lasten zu achten.
– Fehlbelastungen im Alltag (zum Beispiel durch unphysiologische Körperhaltung bei langem Sitzen) und ein Mangel an Beanspruchung können für den Bewegungs- und Stützapparat ebenso schädlich sein wie eine gelegentliche Überbeanspruchung im Sport.

## Aktive Strukturen: Muskulatur

Die Muskulatur ist das grösste Organsystem des Menschen. Sie umfasst beim Säugling etwa 20 % des Körpergewichts. Bei erwachsenen Frauen macht sie etwa 35 % und bei jungen Männern 40 bis 50 % des Körpergewichts aus.

Ab dem 30. Lebensjahr verliert der Mensch pro Jahr etwa 1 % seiner Muskelmasse, wenn er nicht durch regelmässiges Training etwas dagegen unternimmt. Die Grösse der Muskelmasse hat aber einen entscheidenden Einfluss auf die Energiebilanz. Diese Erkenntnis ist wichtig, wenn es darum geht, das ideale Körpergewicht zu erhalten.

Die inneren Organe sowie die Steuerungs- und Regulationssysteme stehen weitgehend im Dienste der Muskulatur.

**Muskelgewebe**

Muskelgewebe ist das auf die Entwicklung von Spannung respektive (Zug-)Kraft spezialisierte Gewebe.

Wir kennen drei Arten von Muskelgeweben: Das quer gestreifte und das glatte Muskelgewebe sowie das Herzmuskelgewebe. Sie erfüllen unterschiedliche Aufgaben und unterscheiden sich in ihren funktionellen Eigenschaften.

**Quergestreifte Muskelzellen und -fasern**

Die Zellen des Herzmuskels und die Fasern der Skelettmuskulatur lassen unter dem Lichtmikroskop eine regelmässige Querstreifung erkennen. Diese beruht auf der geordneten, achsenparallelen Anordnung der kontraktilen Proteinstrukturen (Aktin- und Myosinfilamente).

**Herzmuskelgewebe**

Der Herzmuskel arbeitet im Gegensatz zu den Skelettmuskeln autonom. Die Impulse werden von einem Teil des Herzmuskels (Herzschrittmacher) erzeugt und breiten sich über das Herzmuskelgewebe aus.

**Skelettmuskelgewebe**

Die Skelettmuskeln arbeiten willkürlich und reagieren auf Impulse, welche ihnen durch die Motoneuronen (motorische Nervenfasern) aus dem Rückenmark übermittelt werden.

**Glatte Muskelzellen**

Den Muskelzellen der inneren Organe fehlt die für Herz- und Skelettmuskulatur typische Querstreifung, weil die kontraktilen Proteine (Aktin- und Myosinfilamente) nicht regelmässig angeordnet sind.

Das Gewebe besteht aus spindelförmigen, etwa 50 bis 400 µm langen und etwa 2 bis 10 µm dicken Zellen (1 µm = ein Tausendstel Millimeter). Sie sind mit Kollagenfasern verwoben und bilden ein dichtes Netzwerk.

Die Kontraktionen erfolgen langsamer als im Skelettmuskel, und der Energieaufwand ist wesentlich geringer.

Die glatten Muskelzellen sind teilweise als Schrittmacherzellen spontan aktiv. Die myogene Erregung wird über spezielle Kontaktstellen auf die benachbarten glatten Muskelzellen übertragen.

## Muskelfunktionen: vielfältiger, als man denkt

Die Skelettmuskeln können eine Zugkraft von 30 bis 40 Newton pro Quadratzentimeter Faserquerschnittsfläche erzeugen. Sie dienen der Bewegung und der Statik, übertragen und dämpfen Kräfte und bilden eine Schutzhülle um das Skelett und die inneren Organe.

Bei Ihrer Tätigkeit setzen die Muskeln grosse Mengen an Energie um, welche zu etwa 75 % in Form von Wärme frei wird. Dadurch tragen die Muskeln zur Aufrechterhaltung der Körperkerntemperatur bei.

Bewegung ist eine wichtige Ausdrucksform des Lebens. Über Bewegung wirken wir auf die Umwelt ein, und über Bewegung setzen wir uns mit ihr auseinander. Durch Bewegung in ihrer subtilsten Form übermitteln wir unsere Gedanken und Gefühle, indem wir sprechen, schreiben, musizieren oder uns durch Mimik und Gestik ausdrücken.
Die Muskeln sind die Motoren des Bewegungsapparates. Sie ermöglichen uns Bewegungen, vom kleinsten Lächeln oder Augenzwinkern über das Jonglieren mit Bällen bis zur «Powerhalse» beim Windsurfen.
Die Skelettmuskulatur erfüllt als aktiver Teil des Bewegungs- und Stützsystems primär Halte-, Stütz- und Bewegungsfunktionen.

**Haltung, Statik und Bewegung**

Die einzelnen Muskeln bilden die Glieder der Streck- und Beugschlingen und übertragen, ähnlich wie Zuggurte, Kräfte über die Gelenke hinweg.

**Zuggurten-Funktion und Kraftübertragung**

Die vordere Oberschenkelmuskulatur wirkt beim Gehen, Laufen und Springen als Zugdämpfer: Sie dämpft über das Kniegelenk die Schläge auf das Hüftgelenk, die Wirbelsäule und den Kopf.
In dieser Funktion wird der vierköpfige Oberschenkelmuskel beim Vorfusslaufen durch den dreiköpfigen Wadenmuskel und die Fussmuskulatur unterstützt.

**Dämpfung**

Das Muskelgewebe ist sehr stoffwechselaktiv.
Bei jeder Muskelaktion wird chemische Energie in mechanische Energie umgewandelt, in Spannung, welche über die Sehnen auf die Knochen übertragen wird. Als «Batterie» dient den Muskelfasern ATP, ein Molekül, das Energie speichern kann.
Für die Deckung des Energiebedarfs (Produktion von ATP) ist der Energie-Stoffwechsel zuständig. Je nach Intensität der Beanspruchung werden verschiedene Energiequellen und «Stoffwechselwege» genutzt.

**Stoffwechsel und Energieumwandlung**

Als grösstes Stoffwechselorgan hat die Muskulatur eine wichtige Funktion im Dienste der Temperaturregulation.
70 bis 80 % der im Muskelstoffwechsel umgesetzten Energie wird in Form von Wärme frei.

**Wärmeproduktion**

Das Zwerchfell und die Zwischenrippenmuskulatur sowie ein Teil der Bauchmuskulatur arbeiten als Atemmuskeln; ein Teil der Brust- und Schultermuskulatur kann als Atemhilfsmuskulatur eingesetzt werden.

**Atmung**

Das Erscheinungsbild des Menschen wird durch die Muskulatur wesentlich mitgeprägt.

**Form**

Die Muskeln schützen die Bauchorgane, bilden ein Polster um das Skelett und stabilisieren die Wirbelsäule und die Gelenke.

**Schutz**

Bei dynamischer Beanspruchung mit einem rhythmischen Wechsel von Spannung und Entspannung wird das Blut in den Venen herzwärts getrieben. Die Muskelpumpe optimiert die Blutzirkulation, die Sauerstoffversorgung und den Abtransport der Stoffwechselschlacken.

**Muskelpumpe: Rückfluss des Blutes zum Herzen**

## Statische und dynamische Muskelaktivität: Haltung und Bewegung

Muskeln können statische und dynamische Aktivität entfalten.

**Statische Aktivität**

Bei statischer Aktivität werden die Muskeln gespannt, ohne dass eine sichtbare Verkürzung stattfindet: isometrische Kontraktion.
**Beispiele:** Haltearbeit der Muskulatur bei der Stabilisierung des Rumpfes und der Gelenke beim Stehen, beim Kreuzhang an den Ringen sowie beim Skifahren in der Hocke.

**Dynamisch-konzentrische Aktivität**

Bei dynamisch-konzentrischer Aktivität kommt es zu einer sichtbaren Verkürzung der Muskeln, ein äusserer Widerstand wird überwunden.
**Beispiele:** Klimmzug am Reck, Treppen steigen und Rad fahren sowie Absprung beim Skispringen.

**Dynamisch-exzentrische Aktivität**

Bei dynamisch-exzentrischer Aktivität werden die kontrahierten Muskeln durch eine äussere Kraft gedehnt. Sie können dabei 10 bis 40 % mehr Kraft entwickeln als bei dynamisch-konzentrischer Aktivität.
**Beispiele:** Bremsarbeit beim Bergabwärtsgehen und beim kontrollierten Abstellen einer Last sowie bei der Landung nach einem Niedersprung.

**Abbildung 13**
Statische und dynamische Muskelaktivität.

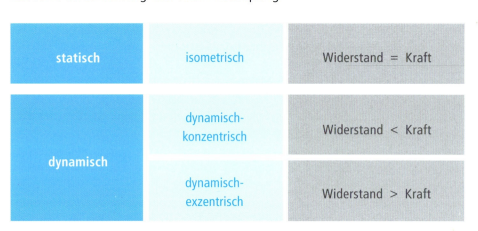

## Agonisten und Antagonisten: gleichwertige Partner

Jedes Gelenk wird von (mindestens) zwei Muskeln kontrolliert.
Die Geschwindigkeit, die Präzision und der Umfang einer Bewegung werden reguliert, indem die Agonisten konzentrisch und die Antagonisten exzentrisch arbeiten.

**Agonisten**

Agonisten sind Muskeln, welche bei einer Bewegung in die Hauptbewegungsrichtung wirken.

**Antagonisten**

Antagonisten sind Muskeln, die gegen die Bewegungsrichtung wirken.
Sie leisten als Gegenspieler der Agonisten einen wichtigen Beitrag zur Realisierung einer kontrollierten Bewegung, indem sie bremsend, dosierend und stabilisierend nachgeben.

**Synergisten**

Synergisten sind Muskeln, welche die Agonisten durch gleichgerichtete Arbeit unterstützen. Sie sind die Assistenten der Hauptmuskeln und engagieren sich unter anderem auch für die Stabilisierung der Wirbelsäule und der Gelenke.

Muskeln, welche sich streckend, beugend oder fixierend an einer Bewegung beteiligen, bilden eine Funktionseinheit.

**Muskelschlingen**

Agonisten und Antagonisten sind gleichberechtigte Partner. Sie wechseln sich in ihren Rollen ständig ab und übernehmen bei der Ziel- und Stützmotorik abwechslungsweise die Führungsrolle: Bei einer aktiven Beugebewegung wirken die Beugemuskeln (Flexoren) als Agonisten, sie führen die Bewegung aus. Die Streckmuskeln (Extensoren) wirken dabei als Antagonisten, sie geben fein dosiert nach und leisten Stabilisierungsarbeit. Bei einer aktiven Streckbewegung sind die Rollen vertauscht.

Wenn Agonisten und Antagonisten gleichermassen (statisch) aktiv sind, heben sich ihre Drehmomente gegenseitig auf, so dass eine Haltung in einer gewünschten Gelenkwinkelstellung stabilisiert wird.

In einem Krafttraining, das auf den funktionellen Gebrauch der Kraftfähigkeiten ausgerichtet ist, werden nicht einzelne Muskeln trainiert, sondern ganze Funktionseinheiten: Beuge- und Streckschlingen werden gemeinsam mit den rumpf- und gelenkstabilisierenden Muskeln so beansprucht, wie sie auch im Alltag und im Sport eingesetzt werden.

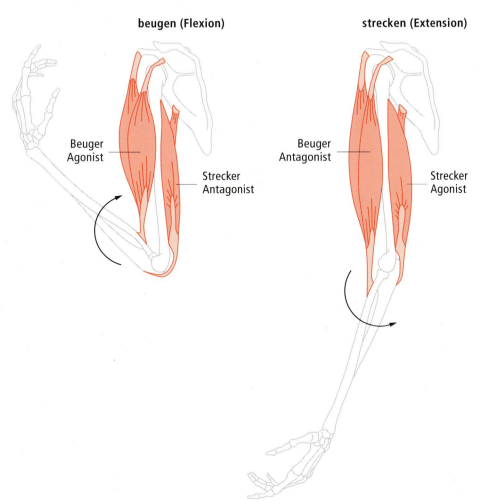

Abbildung 14
**Alternierende Führungsarbeit von Agonisten und Antagonisten.**

## Muskeln: Funktion bestimmt Form

Nach ihrer Hauptfunktion können wir Muskeln unterscheiden, die eher stabilisierende und stützmotorische Funktionen haben, und solche, welche eher der Bewegung und der Zielmotorik dienen.

**Stabilisierende Muskeln: «Stabilisers»**

«Stabilisers» sind gelenknahe, meistens kurze, segmentale, eingelenkige Muskeln.
Sie dienen mehr der Stabilisierung (Wirbelsäule und Gelenke) als der Bewegung, mehr der Stützmotorik als der Zielmotorik.
Sie sind häufig gefiedert und enthalten viele tonisch aktive, ausdauernde, langsame Muskelfasern.
**Beispiele:** Die Rhomboideus-Serratus-Schlinge, welche das Schulterblatt, die Basis der oberen Extremität, fixiert; die Muskeln, welche die Rotatorenmanschette bilden und das Schultergelenk stabilisieren, die segmentalen Muskeln, welche die Wirbelsäule stabilisieren (M. multifidus), die Fusssohlenmuskeln, welche die Fussgewölbe stabilisieren.

**Bewegungsmuskeln «Movers»**

«Movers» sind in der Regel spindelförmige, lang- und parallelfaserige, mehrgelenkige Muskeln.
Sie dienen mehr der Bewegung als der Stabilität.
**Beispiele:** Wadenmuskeln (M. gastrocnemius), Hamstrings (M. biceps femoris und M. semitendinosus sowie M. semimembranosus), der gerade Oberschenkelmuskel (M. rectus femoris), der wichtigste Armbeuger (M. biceps brachii) und der Armstrecker (M. triceps brachii).

Meyer (2003) schlägt (in Anlehnung an Comerford 2001) die folgende Unterteilung der Rumpfmuskulatur vor:

| Stabilisationsmuskeln | | Mobilisationsmuskeln |
|---|---|---|
| Lokales System | Globales System | |
| Lokale/segmentale Stabilisation | Globale Stabilisation | Globale Bewegung |
| **Beispiele:** der horizontal verlaufende Bauchmuskel (M. transversus abdominis) und das komplexe System von vielen feinen Muskeln, welche entlang der Wirbelsäule verlaufen (Mm. multifidi) | **Beispiele:** die inneren und äusseren schrägen Bauchmuskeln (M. obliquus abdominis internus und externus) | **Beispiel:** die geraden Bauchmuskeln (M. rectus abdominis) |
| Kontrollieren die Position der Wirbelsegmente | Kontrollieren Haltungen und Bewegungen | Führen die Bewegungen aus |

Missverhältnisse zwischen dem Zustand der Stabilisatoren einerseits und der Mobilisationsmuskeln andererseits verunmöglichen oft den optimalen Krafteinsatz. Sie können zu Fehl- oder Überbelastungen von Gelenken sowie zu Abnützungen, Verletzungen und Beschwerden führen.
Im Krafttraining für Anfänger wie für Hochleistungssportler müssen die in der Tiefe liegenden Muskeln, welche die Wirbelsäule und die Gelenke stabilisieren, genau so gezielt trainiert werden wie die Bewegungsmuskeln, welche die Zielmotorik bewerkstelligen.
Skelettmuskeln können nach ihrer Form und der Anzahl an Ursprungssehnen sowie nach der Anordnung ihrer Muskelfasern in Bezug auf die Sehne unterschieden werden.

Aufgrund der Faseranordnung unterscheiden wir zwischen spindelförmigen, parallelfaserigen und gefiederten Muskeln.

**Spindelförmige, parallelfaserige und gefiederte Muskeln**

Muskeln, welche zwei oder mehrere Ursprungssehnen und Muskelbäuche mit einer gemeinsamen Ansatzsehne haben, nennen wir zwei- oder mehrköpfige Muskeln.
**Beispiele:** Zweiköpfiger Muskel: Ellbogenbeuger am Oberarm (M. biceps brachii). Dreiköpfige Muskeln: Wadenmuskel (M. triceps surae) und Streckmuskel des Ellbogengelenks (M. triceps brachii). Vierköpfiger Muskel: vordere Oberschenkelmuskulatur (M. quadriceps femoris).

**Zwei- oder mehrköpfige Muskeln**

Eingelenkige Muskeln sind solche, die nur über ein Gelenk ziehen.
**Beispiele:** Der mittlere Kopf des dreiköpfigen Wadenmuskels (M. soleus), die Muskeln der Rotatoren-Manschette, die kurzen Köpfe des dreiköpfigen Oberarmmuskels (M. triceps brachii), die kurzen Köpfe des vierköpfigen Oberschenkelmuskels (m. vastus lateralis, medialis und intermedius).
Muskeln, deren Sehnen über zwei oder mehrere Gelenke ziehen, nennen wir zwei- oder mehrgelenkige Muskeln.
**Beispiele:** Zweigelenkige Muskeln: der gerade Oberschenkelmuskel (M. rectus femoris), die hinteren Oberschenkelmuskeln (Hamstrings) und die langen Wadenmuskeln (M. gastrocnemius).
Mehrgelenkigige Muskeln: Fingerstreck- und Fingerbeugemuskeln, die ihren Ursprung am Unterarm haben.

**Ein-, zwei- oder mehrgelenkige Muskeln**

Der anatomische Querschnitt eines Muskels entspricht der Querschnittsfläche, die sich ergibt, wenn der Muskel im rechten Winkel zu seiner (anatomischen) Verlaufrichtung durchschnitten wird. Bei spindelförmigen, parallelfaserigen Muskeln entspricht der physiologische Querschnitt dem anatomischen Querschnitt. Solche Muskeln dienen meistens in erster Linie der Zielmotorik. Sie arbeiten mit einem grossen Hub und relativ geringer Kraft.

**Anatomischer Querschnitt**

Der physiologische oder funktionelle Querschnitt eines Muskels entspricht der Querschnittsfläche, die sich ergibt, wenn der Muskel im rechten Winkel zur Verlaufrichtung der einzelnen Muskelfasern durchschnitten wird.
Bei einfach und doppelt gefiederten Muskeln ist der physiologische Querschnitt grösser als der anatomische. Solche Muskeln dienen vor allem der Stützmotorik (Statik, Stabilität, Gleichgewicht). Sie arbeiten mit einem geringen Hub und relativ grosser Kraft.

**Physiologischer Querschnitt**

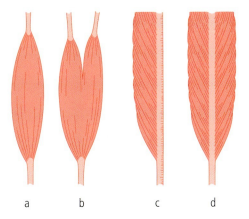

**Abbildung 15**
**Arten von Skelettmuskeln.**
a und b: Spindelförmige Muskeln.
  Die Fasern verlaufen parallel zur Zugrichtung; der anatomische Querschnitt entspricht dem physiologischen.
a: Spindelförmiger, einköpfiger Muskel.
b: Spindelförmiger, zweiköpfiger Muskel.
c und d: Gefiederte Muskeln.
  Die Fasern verlaufen schräg zur Zugrichtung; der physiologische Querschnitt ist grösser als der anatomische.
c: Einfach gefiederter Muskel mit langer Sehne.
d: Doppelt gefiederter Muskel mit langer Sehne.

## Kraftwirkung: Drehmoment

Die Muskeln sind als Motoren des Bewegungs- und Stützsystems darauf spezialisiert, chemische Energie in mechanische Energie umzuwandeln. Sie übertragen ihre Spannung (Kontraktionskraft) über die Sehnen auf die Knochen. Dadurch erzeugen sie an den Gelenken ein Drehmoment. Dieses ist von der Grösse der Kraft und vom Abstand des Muskelansatzes zur Drehachse des Gelenks abhängig.

**Drehmoment**

Die drehende Wirkung einer Kraft wird als Drehmoment bezeichnet.
Ein grosses Drehmoment entsteht, wenn eine grosse Kraft erzeugt wird und die Sehne des entsprechenden Muskels in einem grossen Abstand zur Drehachse des Gelenks ansetzt: Drehmoment = Kraft × Radius; $M = F \times r$.
Wenn ein Muskel aktiv ist und ein Gelenk gebeugt oder gestreckt wird, verändert sich das Drehmoment, weil sich einerseits die Kraft und andererseits der Radius und die Hebelverhältnisse ändern.
Dieser Gegebenheit tragen moderne Kraftmaschinen Rechnung, indem sich das Drehmoment der Maschine dem Drehmoment am Gelenk des Trainierenden anpasst.

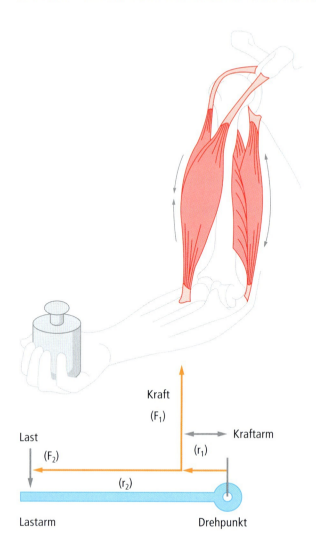

**Abbildung 16**
**Drehmoment = Kraft × Radius;**
**$M = F \times r$.**
**Nach dem Hebelgesetz gilt: $F_1 \times r_1 = F_2 \times r_2$.**

## Muskeln: kontraktile und elastische Eigenschaften

Die Skelettmuskeln bestehen zum grössten Teil aus Muskelgewebe. Mehrere Muskelfasern werden durch feine Bindegewebshüllen zu Muskelfaserbündeln zusammengefasst. Mehrere Muskelfaserbündel bilden einen Muskel, der seinerseits durch eine derbe Bindegewebshülle geschützt wird.

Jede Muskelfaser enthält viele, in der Faserrichtung parallel angeordnete Myofibrillen.

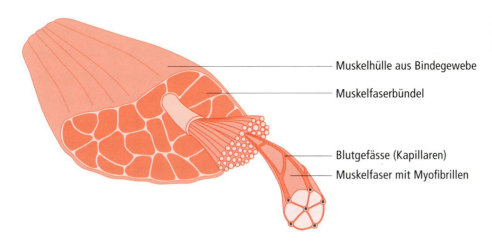

**Abbildung 17**
**Aufbau eines Muskels.**

Ein Muskel mit seinen Bindegewebshüllen und Sehnen bildet einen Muskel-Sehnen-Komplex. Er besteht aus kontraktilen und elastischen Komponenten.

Die Myofilamente (Aktin- und Myosinfilamente) bilden den aktiven Teil der Muskelfasern. Sie liegen bei den Skelettmuskeln streng geordnet in den Myofibrillen.

**Kontraktionsfähige Proteine**

Das Bindegewebe, die Sehnen und Teile des «Muskelfaser-Skeletts» (Zytoskelett mit den Titin-Filamenten) und die Hälse der Myosinköpfe bilden die elastischen Komponenten des Muskel-Sehnen-Komplexes. Sie wirken wie Zugdämpfer und Federn und können Kräfte absorbieren, speichern und wieder freigeben.

**Elastische Komponenten**

Wenn ein Muskel gedehnt wird, werden die elastischen Komponenten gespannt. Auf diese Weise kann potenzielle Energie wie in einer Feder gespeichert werden. Die Elastizität spielt im Sport und bei Alltagsbewegungen eine zentrale Rolle.

Das Verhalten eines Muskels wird immer durch die kontraktilen und elastischen Komponenten gemeinsam geprägt. Damit die Spannungsenergie der elastischen Komponenten genutzt werden kann, braucht es eine Gegenkraft, eine Spannung, einen Tonus. Dieser wird von den kontraktilen Komponenten der Muskelfasern erzeugt.

Das elastische Potenzial eines Muskel-Sehnen-Komplexes bezeichnen wir als Stiffness. Dank einer optimalen Stiffness können wir bei Bedarf einen genügend hohen Tonus erzeugen, die Kontraktionsbereitschaft erhöhen und Zugbelastungen optimal dämpfen.

**Stiffness: elastisches Potenzial**

Das Spannungs- und Elastizitätsverhalten der Muskel-Sehnen-Komplexe wird durch Krafttraining beeinflusst.

Von der in den elastischen Komponenten eines Muskels gespeicherten Spannungsenergie machen wir häufig Gebrauch. Wir verdanken ihr neben der Zugdämpfungsfunktion zwei Tatsachen.

**Weniger Energieaufwand bei exzentrischer Arbeit**
Bei bremsender, exzentrischer Arbeit müssen etwa 70 % weniger (chemische) Energie aufgewendet werden als bei konzentrischer Arbeit: Bergabwärts laufen ist weniger anstrengend als Treppen steigen, weil ein geringerer ATP-Bedarf, eine geringere Stoffwechselaktivität und eine geringere Herz-Kreislauf-Belastung besteht als bei konzentrischer Arbeit.

**Mehr Kraft bei exzentrischer Aktivität**
Bei exzentrischer Arbeit können die Muskeln etwa 10 bis 40 % mehr Kraft entwickeln als bei konzentrischer Arbeit.
**Beispiel:** Bankdrücken mit der Langhantel: Wir können mehr Gewicht «abbremsen» als hochstemmen, und wir können die Hantel noch zwei- oder dreimal ohne Hilfe «abbremsen», auch wenn wir nicht mehr in der Lage sind, diese ohne fremde Hilfe hochzustemmen.

### Rumpfmuskulatur: Bauch- und Rückenmuskeln
Die Rumpfmuskulatur besteht aus einem komplexen System von Bauch-, Rücken- und Beckenbodenmuskeln. Gemeinsam sind diese Muskelsysteme für die Stabilisierung des Rumpfes zuständig.

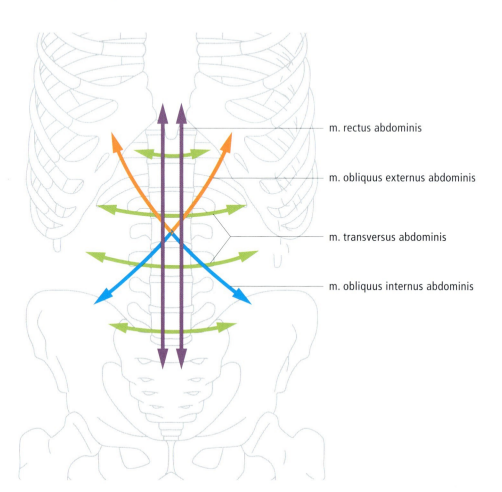

**Abbildung 18**
**Bauchmuskulatur.**

Körperliche Grundlagen 51

Wenn die Stützmotorik gut entwickelt ist, wird die Rumpfmuskulatur bei jeder körperlichen Aktion vor- und mitinnerviert, so dass der Rumpf als Bindeglied zwischen der oberen und unteren Extremität stabilisiert wird. Eine perfekte Rumpfstabilität ist eine wichtige Voraussetzung, um Bewegungen im Sport und im Alltag effizient auszuführen und Fehlbelastungen zu vermieden.
Die Bauch- und Beckenbodenmuskulatur erfüllt zusätzlich eine wichtige Funktion beim forcierten Ausatmen, beim Sprechen und Singen sowie bei der Bauchpresse, die zur optimalen Stabilisierung des Rumpfes beim Heben und Tragen von Lasten eingesetzt wird.

**Bauchmuskulatur**

Die Bauchmuskulatur besteht aus vertikal, horizontal (quer) und schräg verlaufenden Muskeln: gerade Bauchmuskeln (Mm. rectus abdominis), äussere schräge Bauchmuskeln (Mm. obliquus externus), innere schräge Bauchmuskeln (Mm. obliquus internus), quer verlaufender Bauchmuskel (M. transversus abdominis).
Die Stabilität des Rumpfes wird durch eine optimal regulierte Aktivität dieser Muskeln geprägt. Eine herausragende Rolle scheint dabei der M. transversus abdominis zu spielen.

**Gerade Bauchmuskeln**

Die geraden Bauchmuskeln haben ihre Urspünge am Thorax (Brustbein und Rippen) und setzen links und rechts von der Symphyse an den beiden Schambeinen an.
Zusammen mit den grossen Gesässmuskeln regulieren sie die Stellung des Beckens. Beim Rumpfbeugen aus der Rückenlage sind sie dynamisch aktiv und beim Aufsitzen stabilisieren sie den Rumpf, während die Hüft-Lendenmuskeln (Mm. iliopsoas) die Hüftgelenke beugen.

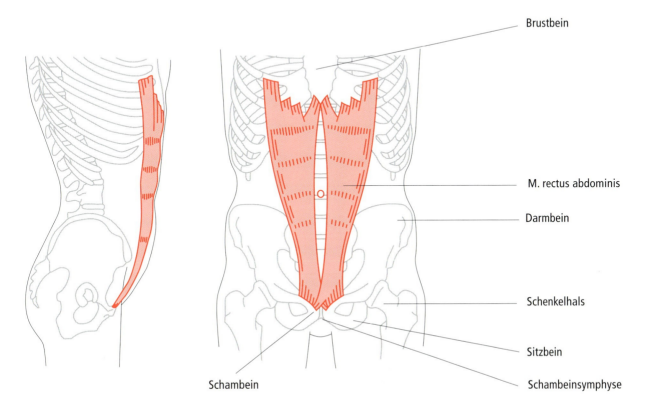

**Abbildung 19**
**Gerade Bauchmuskeln.**

52 Körperliche Grundlagen

**Rückenmuskulatur**

Zur Rückenmuskulatur gehören alle Muskeln, die wir auf der Rückseite des Rumpfes erkennen. Ein Teil davon dient der Stabilisierung und Einstellung des Schulterblattes (M. trapezius, M. rhomboideus und M. levator scapulae). Der breiteste Rückenmuskel (M. latissimus dorsi) zieht vom Becken und der Lendenwirbelsäule zum Oberarm und wirkt auf das Schultergelenk. Der quadratische Lendenmuskel (M. quadratus lumborum) liegt unter diesem und verbindet das Becken mit dem Brustkasten. Er schliesst den Bauchraum nach dorsal ab.

**Abbildung 20**
**Autochthone Rückenmuskulatur: Streckmuskeln der Wirbelsäule.**

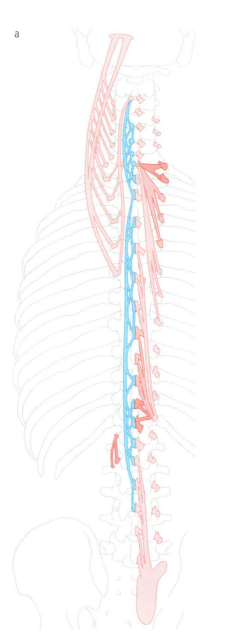
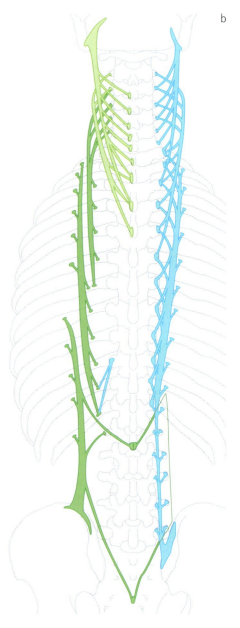

medialer Trakt mit kurzen segmentalen Muskeln    lateraler Trakt mit langen Muskeln

Die Rückenmuskeln, welche der Streckung und Stabilisierung der Wirbelsäule dienen und für die feinen Bewegungen der Wirbelsäule zuständig sind, heissen autochthone Rückenmuskeln. Es sind die «Rückenstrecker» (Mm. erector spinae). Autochthon bedeutet «an Ort und Stelle entstanden».

**Autochthone Rückenmuskeln**

Die autochthone Rückenmuskulatur besteht aus kurzen, längeren und langen Muskeln. Sie bilden ein komplexes System entlang der Wirbelsäule. Der mediale Trakt (a) besteht aus relativ kurzen, segmentalen Muskeln, welche die Quer- und Dornfortsätze der Wirbel miteinander verbinden. Der laterale Trakt (b) besteht aus längeren Muskeln. Sie verbinden das Kreuzbein und die Darmbeine mit den Wirbeln und den Rippen und reichen bis zur Halswirbelsäule und dem Kopf.

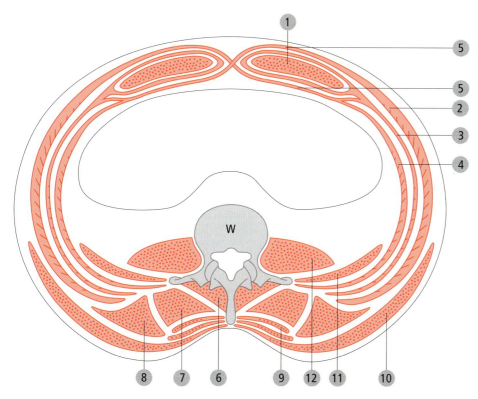

**Abbildung 21**
**Querschnitt durch den Rumpf auf der Höhe der Lendenwirbelsäule.**
**W: Lendenwirbel.**

① gerader Bauchmuskel
 (M. rectus abdominis)

② äusserer schräger Bauchmuskel
 (M. obliquus externus abdominis)

③ innerer schräger Bauchmuskel
 (M. obliquus internus abdominis)

④ quer verlaufender Bauchmuskel
 (M. transversus abdominis)

⑤ Rectus-Scheide: Sehnenplatte (Aponeurose) der Muskeln Nrn. 2, 3 und 4

⑥ – ⑨ Rückenstreckmuskulatur
 (Mm erector spinae):
 6: medialer Trakt
 7, 8 und 9: lateraler Trakt

⑩ breitester Rückenmuskel
 (M. latissimus dorsi)

⑪ quadratischer Lendenmuskel
 (M. quadratus lumborum)

⑫ Hüft-Lendenmuskel
 (M. psoas major, Teil des M. iliopsoas)

54 Körperliche Grundlagen

### Schulter- und Oberarmmuskulatur

Die Schultermuskulatur bildet ein komplexes System, das der Stabilität und der aktiven Beweglichkeit im Schulterbereich dient. Sie setzt sich aus drei Gruppen von Muskeln zusammen:
– Muskeln, welche ihre Ursprünge an der Wirbelsäule und an den Rippen haben und das Schulterblatt beweglich auf dem Thorax fixieren;
– Muskeln, die ihre Ursprünge am Schulterblatt haben und den Gelenkkopf des Oberarmknochens von hinten (dorsal) und von vorne (ventral) umfassen;
– Muskeln, welche ihre Ursprünge an der Wirbelsäule, an den Rippen und am Becken haben und direkt zu den Oberarmknochen ziehen.

Wer im Sport seine Armmuskulatur effizient einsetzen will, muss auch die Muskeln trainieren, welche das Schulterblatt und das Schultergelenk stabilisieren.

**Muskeln, welche den Rumpf mit dem Schulterblatt verbinden**

Die Schulterblätter bilden die Basis der oberen Extremität. Sie stehen (nur) über das Schlüsselbein in knöcherner Verbindung mit dem Brustbein und damit mit dem Rumpf.
Die Stabilität des Schultergürtels wird also hauptsächlich durch die Muskeln gewährleistet, welche von der Wirbelsäule und von den Rippen zum Schulterblatt ziehen.
Der M. trapezius dreht das Schulterblatt, wenn wir den Arm aus der Seithalte in die Hochhalte führen, und er fixiert das Schulterblatt in der richtigen Position, wenn wir zum Beispiel am Barren Stützübungen machen.
Der M. rhomboideus bildet zusammen mit dem M. serratus anterior die Rhomboideus-Serratus-Schlinge. Sie sorgt dafür, dass das Schulterblatt zum Beispiel bei Liegestützen flach auf dem Thorax fixiert bleibt.

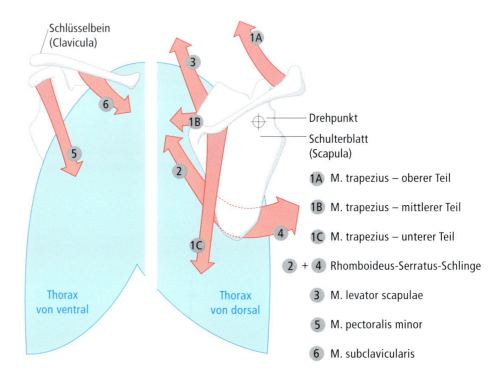

**Abbildung 22**
Muskeln, welche den Schultergürtel stabilisieren.

Der M. levator scapulae sorgt dafür, dass das Schulterblatt beim Tragen von Lasten nicht nach unten gleitet. Ein System aus kurzen, gelenknahen Muskeln dient der Innen- und Aussenrotation des Arms im Schultergelenk. Diese Muskeln haben ihre Ursprünge am Schulterblatt, und ihre Sehnen bilden die Rotatorenmanschette. Sie stabilisieren das Schultergelenk.
Innenrotation: M. subscapularis, M. teres major.
Aussenrotation: M. supraspinatus, M. infraspinatus, M. teres minor.
Der deltaförmige Muskel, welcher mit seinem vorderen, mittleren und hinteren Anteil das Schultergelenk vollständig bedeckt, ist der M. deltoideus. Er hat mit der Stabilität des Schultergelenks nichts zu tun, sondern erfüllt je nach Stellung des Schultergelenks ganz unterschiedliche Bewegungsfunktionen und ist an allen Bewegungen des Schultergelenks beteiligt.

**Muskeln, welche das Schulterblatt mit dem Oberarm verbinden**

Zwei kräftige Muskeln verbinden den Oberarm mit dem Rumpf:
Der M. latissimus dorsii zieht den Arm aus der Hochhalte hinunter. Beim Hangen an einem Reck überträgt er den Zug von den Oberarmen direkt auf das Becken und die Lendenwirbelsäule, so dass die Wirbelsäule nicht einer allzu grossen Zugbelastung ausgesetzt wird.
Der M. pectoralis major zieht den Arm aus der Seithalte nach vorne.

**Muskeln, welche den Rumpf mit dem Oberarm verbinden**

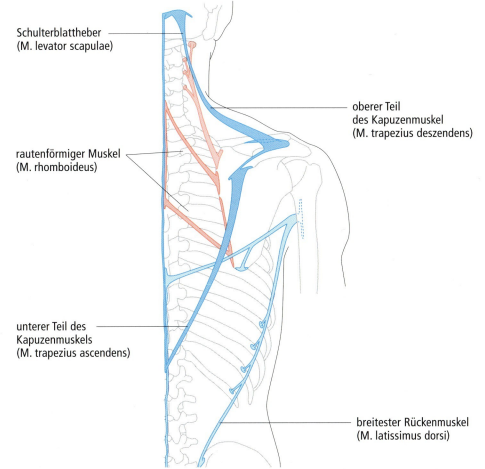

**Abbildung 23**
**Rücken- und Schultermuskulatur.**

**Armstrecker**

Der dreiköpfige Oberarmmuskel (M. triceps brachii) ist der einzige Ellbogenstrecker. Sein langer Kopf entspringt am Schulterblatt und ist zweigelenkig. Er zieht gemeinsam mit dem breitesten Rückenmuskel (M. latissimus dorsi) den Arm aus der Hochhalte nach unten (z. B. in der Zugphase des Crawl-Armzuges).

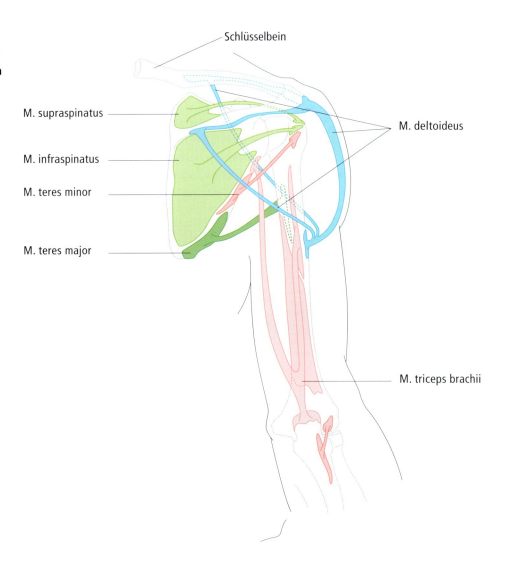

**Abbildung 24**
**Schulter- und Oberarmmuskulatur. Ansicht von hinten (dorsal).**

**Armbeuger**

Der zweiköpfige Oberarmmuskel (M. biceps brachii) ist der kräftigste Beuger im Ellbogengelenk. Seine lange Sehne hat ihren Ursprung am oberen Rand der Gelenkpfanne des Schultergelenks. Mit dieser Sehne trägt der Muskel auch zur Stabilisierung des Schultergelenks bei. Die kurze Sehne entspringt am Rabenschnabelfortsatz des Schulterblattes.
Der M. brachialis ist der zweite wichtige Ellbogenbeuger.

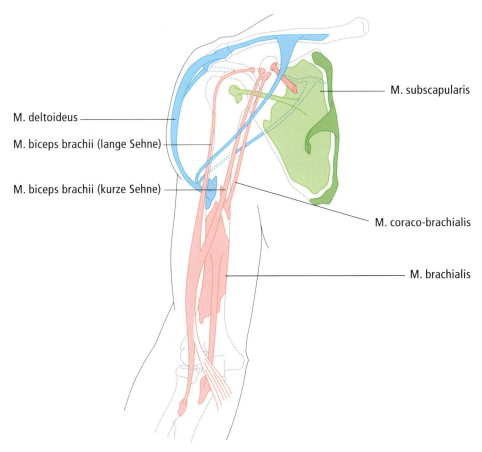

**Abbildung 25**
**Schulter- und Oberarmmuskulatur. Ansicht von vorne (ventral).**

- M. subscapularis
- M. deltoideus
- M. biceps brachii (lange Sehne)
- M. biceps brachii (kurze Sehne)
- M. coraco-brachialis
- M. brachialis

## Hüft- und Oberschenkelmuskulatur

Die vordere Hüft- und Oberschenkelmuskulatur dient der Beugung (Flexion) im Hüftgelenk und der Streckung (Extension) im Kniegelenk.

Der Hüft-Lendenmuskel (M. iliopsoas) ist der wichtigste Hüftbeuger. Er hat seine Ursprünge am Becken und an der Lendenwirbelsäule. Zusammen mit dem kräftigsten Hüftgelenkstrecker, dem grossen Gesässmuskel (M. glutaeus maximus) und den geraden Bauchmuskeln (M. rectus abdominis), reguliert er die Stellung des Beckens.

Der M. iliopsoas hat beim Sitzen nicht die optimale Länge, und er wird bei einigen Sportarten ziemlich einseitig beansprucht, so dass er oft etwas verkürzt wirkt. Wenn dieser kräftige Hüftbeuger verkürzt und der grosse Gesässmuskel zu schwach ist, kann es zu einer Fehlstellung des Beckens und zu einer übermässigen Hohlkreuzhaltung (Lordose im Lendenbereich der Wirbelsäule) kommen.

Der gerade Teil des vierköpfigen Oberschenkelmuskels (der zweigelenkige M. rectus femoris) ist einerseits ein Hüftbeuger und andererseits ein Kniestrecker.

Die andern drei Köpfe des vierköpfigen Oberschenkelmuskels (M. quadriceps femoris) haben ihre Ursprünge am Oberschenkelknochen (Femur) und wirken über die Patellarsehne als kräftige Streckmuskeln auf das Kniegelenk. Sie haben eine grosse Bedeutung für die Stabilität dieses Gelenks. Durch ihre Funktion als Zugdämpfer wird das Hüftgelenk beim Gehen, Laufen, Hüpfen und Springen vor Schlägen weitgehend bewahrt.

*Die vordere Hüft- und Oberschenkelmuskulatur*

**Abbildung 26**
**Hüftbeugemuskulatur und vordere Oberschenkelmuskulatur.**

Ansicht von vorne

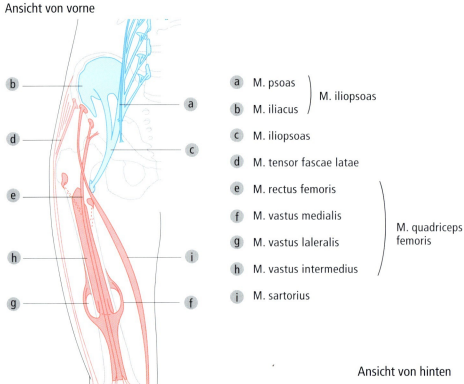

- a  M. psoas ⎫
- b  M. iliacus ⎭ M. iliopsoas
- c  M. iliopsoas
- d  M. tensor fascae latae
- e  M. rectus femoris ⎫
- f  M. vastus medialis ⎪
- g  M. vastus laleralis ⎬ M. quadriceps femoris
- h  M. vastus intermedius ⎭
- i  M. sartorius

**Abbildung 27**
**Gesässmuskulatur und hintere Oberschenkelmuskulatur.**

- a  M. glutaeus maximus
- b  M. glutaeus medius
- c  M. glutaeus minimus
- d  M. obturatorius internus
- e  M. quadratus femoris
- f  M. tractus iliotibialis
- g  M. biceps femoris
- h  M. semimembranosus
- i  M. semitendinosus

Ansicht von hinten

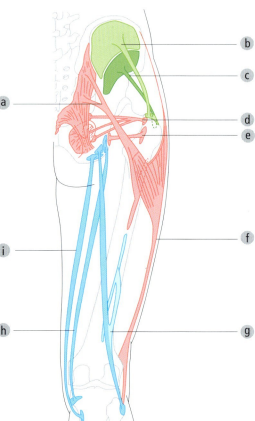

## Hintere Hüft- und Oberschenkelmuskulatur

Die hintere Hüft- und Oberschenkelmuskulatur dient der Streckung (Extension) des Hüftgelenks und (zum Teil) der Beugung (Flexion) des Kniegelenks.
Der wichtigste Strecker des Hüftgelenks ist der grosse Gesässmuskel. Er ermöglicht uns den aufrechten Gang und neigt bei mangelhafter Beanspruchung zur Abschwächung.
Die hinteren Oberschenkelmuskeln (Hamstrings oder ischiocrurale Muskeln) sind zweigelenkig. Sie sind als Strecker des Hüftgelenks und Beuger des Kniegelenks beim Sprinten häufig überfordert, so dass es zu Zerrungen kommt. Die Belastungstoleranz dieser Muskeln muss deshalb durch adäquates Krafttraining sorgfältig entwickelt werden.

## Mittlere und kleine Gesässmuskeln (Abduktoren) und innere Oberschenkelmuskeln (Adduktoren)

Die mittleren und kleinen Gesässmuskeln liegen unter dem grossen Gesässmuskel. Es sind die Abduktoren des Hüftgelenks (Abduktion: wegspreizen des Beins im Hüftgelenk).
Auf der inneren (medialen) Seite der Oberschenkel liegen die Adduktoren des Hüftgelenks. Sie haben ihre Ursprünge am Schambein und ziehen von dort zum Oberschenkelknochen (Femur) und teilweise über das Kniegelenk zum Schienbein (Tibia) (Adduktion: beiziehen des Beins aus der Seithalte).
Die Abduktoren und Adduktoren spielen eine wichtige Rolle bei der Stabilisierung des Hüftgelenks. Sie sind für die Statik des Beckens (Basis der Wirbelsäule) beim Stand auf einem Bein und beim Gehen und Laufen mitverantwortlich.

Ansicht von vorne

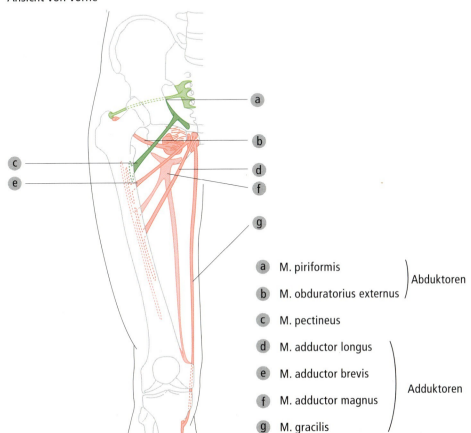

**Abbildung 28**
**Adduktorengruppe des Hüftgelenks.**

a M. piriformis ⎫
b M. obduratorius externus ⎬ Abduktoren
c M. pectineus
d M. adductor longus ⎫
e M. adductor brevis ⎬ Adduktoren
f M. adductor magnus
g M. gracilis ⎭

**Muskulatur und Nervensystem: eine funktionelle Einheit**

Die Muskeln bilden zusammen mit Teilen des zentralen Nervensystems und mit den peripheren zuführenden (afferenten) und wegführenden (efferenten) Nerven eine untrennbare Funktionseinheit: das neuromuskuläre System.

Jede Muskelfaser wird von einem efferenten Nerv (Motoneuron) vom Rückenmark aus innerviert. Fasern, welche von ihrem Nerv getrennt werden, verkümmern.

Die Aktivität der Muskeln wird durch Sensoren permanent überwacht. Die wichtigsten Sensoren sind die Muskelspindeln, welche die Muskellängen kontrollieren, und die Sehnenspindeln (Golgi-Sehnenorgane), welche die Sehnenspannung kontrollieren. Wir nennen diese «Messfühler» Propriozeptoren. Sie sind über afferente Nerven mit dem Rückenmark verbunden.

Jede Haltung und jede Bewegung ist das Resultat einer durch das Nervensystem perfekt koordinierten Zusammenarbeit verschiedenster Muskeln.

# Muskelfasern: kleinste funktionelle Einheiten eines Muskels

Die Skelett-Muskelfasern entstehen während der Embryonalentwicklung durch die Fusion von vielen kleinen Zellen (Myoblasten). Offensichtlich besteht ein definiertes Verhältnis zwischen der Zahl der Kerne und dem Volumen der Muskelfaser. Wenn das Faservolumen als Folge von Krafttraining zunimmt (Hypertrophie), steigt auch die Zahl der Kerne.

Die einzelnen Muskelfasern haben (je nach Trainingszustand) einen Durchmesser von 10 bis 100 Mikrometern (= 1/100 bis 1/10 mm; ein μm = ein Tausendstel Millimeter). Sie können bis etwa zehn Zentimeter lang sein.

**Satellitenzellen**

Jede Muskelfaser ist von einer Hülle (Basallamina) umgeben, welche auch winzige «Muskel-Stammzellen» (Satellitenzellen) einschliesst. Diese erfüllen eine wichtige Funktion, wenn die Muskelfaser lädiert ist und repariert werden muss (zum Beispiel bei Muskelkater).

Die Satellitenzellen können sich teilen und die Muskelfasern mit zusätzlichen Kernen versorgen, wenn das Faservolumen durch Hypertrophie zunimmt.

**Zellkerne**

Die Zellkerne der fusionierten Myoblasten bleiben erhalten, so dass jede Muskelfaser mehrere hundert Zellkerne enthält. Die Zellkerne liegen direkt unter der Fasermembran.

**Myofibrillen**

Die Kontraktionsarbeit wird im Innern der Muskelfasern von den Myofibrillen geleistet.
Jede Muskelfaser enthält viele Myofibrillen. Sie sind schlauchförmig, verlaufen parallel zur Längsachse der Muskelfaser, haben einen Durchmesser von ca. 1 bis 2 μm und erstrecken sich über die ganze Länge der Muskelfasern.
Die Myofibrillen machen etwa 80 % des Faservolumens aus.

**Sarkomere**

Jede Myofibrille besteht aus einer Kette von winzigen Sarkomeren. Es sind die kontraktilen Funktionseinheiten der Myofibrillen. Die Sarkomere sind hintereinander angeordnet und enthalten Zonen, welche das Licht unterschiedlich brechen. Deshalb erscheinen die Myofibrillen unter dem Mikroskop quer gestreift.

Die Sarkomere werden durch die Z-Scheiben begrenzt. Sie haben im Ruhezustand eine Länge von etwa 2,5 µm. In einer Myofibrille von einem Zentimeter Länge sind also etwa 4000 Sarkomere hintereinander angeordnet. Im gedehnten Zustand sind die Sarkomere ca. 3,6 µm und bei maximaler Verkürzung ca. 1,55 µm lang.

Zwischen zwei Z-Scheiben innerhalb der Sarkomere können wir im Elektronenmikroskop die kontraktilen Proteine, die Myofilamente, erkennen. Es sind die Aktin- und Myosinfilamente. Die Kraftproduktion kommt durch die molekulare Wechselwirkung zwischen diesen Filamenten zustande. In einer aktiven Muskelfaser schieben sich diese zwischeneinander, so dass sich die Sarkomere verkürzen. **Myofilamente**

Die dünnen Myofilamente in den Sarkomeren sind die Aktinfilamente. Sie sind in den Z-Scheiben verankert (vergleichbar mit den Borsten einer Zahnbürste). Ein Aktinfilament hat eine Länge von 1 µm und enthält etwa 360 kugelförmige Aktinmoleküle, welche wie Perlen einer verdrehten Perlenkette angeordnet sind. **Aktinfilamente**

In der Mitte der Sarkomere, zwischen den Aktinfilamenten, liegen die (dicken) Myosinfilamente. Sie werden in der Mitte der Sarkomere durch eine Scheibe (M-Scheibe) fixiert. Jedes Myosinfilament besteht aus einem Bündel von Proteinfäden und trägt etwa 500 Myosinköpfe. **Myosinfilamente**

Die Aktin- und Myosinfilamente sind parallel angeordnet: Sechs Aktinfilamente umgeben ein Myosinfilament von der einen Seite und sechs andere von der anderen Seite.
Die Aktin- und Myosinfilamente überlappen sich im Ruhezustand teilweise, so dass die Myosinköpfe mit den Aktinfilamenten interagieren können. **Anordnung der Myofilamente**

Indem die Myosinköpfe mit den Aktinfilamenten interagieren, gleiten die Aktinfilamente zwischen die Myosinfilamente, so dass sich die Sarkomere verkürzen. Durch eine synchrone Verkürzung der in Serie geschalteten Sarkomere kommt es zur Kontraktion der ganzen Faser (Gleit-Filament-Theorie). **Kontraktionsarbeit**

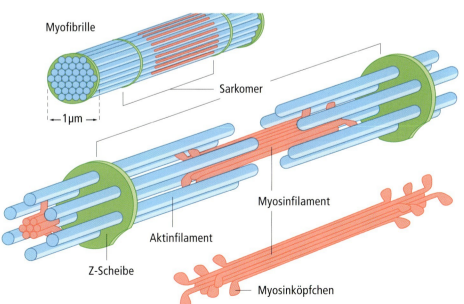

**Abbildung 29**
Sarkomer. Mikroskopischer Ausschnitt aus einer Myofibrille. Die Aktin- und Myosinfilamente überlappen sich teilweise, so dass die Myosinköpfe mit den Aktinfilamenten interagieren können.

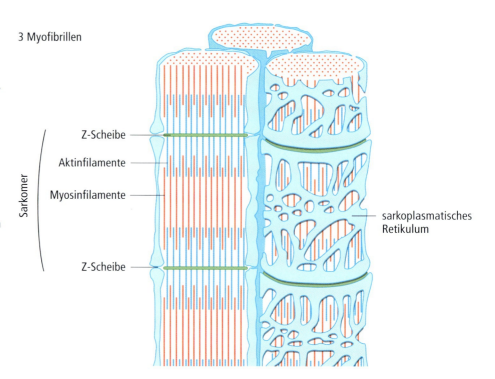

**Abbildung 30**
Mikroskopische Ansicht dreier Myofibrillen in einer Skelettmuskelfaser. Die Myofibrillen erscheinen quer gestreift, weil die kontraktilen Proteine (Aktin- und Myosinfilamente) in der hier dargestellten Weise hintereinander angeordnet sind und sich teilweise überlappen.

| | |
|---|---|
| **Myosin-ATPase** | Jedes Myosinköpfchen trägt ein ATP spaltendes Enzym, die Myosin-ATPase. Die ATPase ist im Ruhezustand nur schwach aktiv. Ihre Aktivität wird aber durch die Interaktion von Aktin und Myosin um das Tausendfache erhöht. In einer aktiven Muskelfaser werden pro Sekunde etwa 10 Millionen ATP-Moleküle gespalten (und durch den Energiestoffwechsel wieder regeneriert). |
| **Sarkoplasmatisches Retikulum** | Jede Myofibrille ist von einem netzartigen System schlauchartiger Zisternen umgeben. Sie werden longitudinale Tubuli (L-Tubuli) genannt und enthalten eine hohe Konzentration an Kalzium-Ionen, welche eine wichtige intrazelluläre Signalfunktion erfüllen: Sie vermitteln die Kontraktionbefehle der Motoneurone an die Myofilamente in den Sarkomeren. |
| **Troponin und Tropomyosin** | Spezielle Eiweissmoleküle, die Tropomyosin- und Troponinmoleküle, sind den Aktinfilamenten angelagert und bilden den Troponin-Tropomyosin-Komplex. Dieser erfüllt wie ein Schalter eine wichtige Funktion bei der Impulsübertragung innerhalb der Myofibrillen: Das Signal, welches durch ein Motoneuron auf eine Muskelfaser gelangt, wird durch Kalzium-Ionen auf die Sarkomere übertragen. In der Folge reagiert der «Schalter» mit den Kalzium-Ionen, und dadurch wird die Muskelfaser-Aktion in Gang gesetzt. |
| **Zytoskelett** | Das Muskelfaser-Skelett wird von fadenförmigen Molekülen gebildet (Titinfilamente, Mikrotubuli und intermediäre Filamente). Die Titinfilamente fixieren die M-Scheibe mit den Myosinfilamenten exakt in der Mitte der Sarkomere zwischen den Z-Scheiben. Sie sorgen dafür, dass die Sarkomere nach einer Dehnung wieder die optimale Länge einnehmen. |
| **Energiereserven für die muskuläre Arbeit** | In den Muskelfasern finden wir kleine Reserven an aktivierten Trägermolekülen (ATP und Kreatinphosphat) sowie grössere Reserven an Zucker (Glykogen) und Lipiden. |

Jede Muskelfaser ist mit den verschiedenen Werkzeugen des Stoffwechsels ausgerüstet. Sie dienen zu einem grossen Teil zur Produktion von ATP.

**Aerober und anaerober Stoffwechsel**

Wie in jeder Körperzelle finden wir auch in den Muskelfasern alle Strukturen und Organellen, welche für die Entwicklungs-, Lebens- und Anpassungsprozesse notwendig sind.

**Organellen und Strukturen der Muskelfasern**

**Kraftpotenzial: abhängig von der Muskelfaserlänge**

Die Myosinköpfe können ihre Arbeit nur verrichten, wenn sich die Aktin- und Myosinfilamente überlappen, so dass sie miteinander interagieren können. Myosinköpfe, die sich an der Interaktion nicht beteiligen (können), tragen nichts zur Entwicklung von Spannung und Muskelkraft bei.

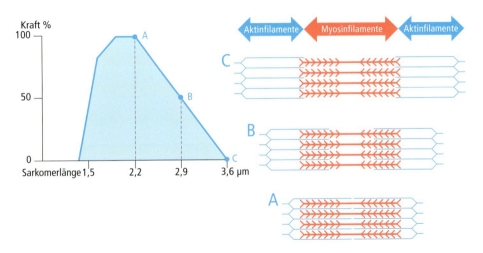

**Abbildung 31**
Abhängigkeit der Kraftbildung von der Länge der Sarkomere.
Schematische Darstellung von Sarkomeren in verschiedenen Zuständen.

A: Optimale Überlappung von Aktin- und Myosinfilamenten.
   Alle Myosinköpfe können mit den Aktinfilamenten interagieren. Der Muskel kann die grösstmögliche Spannung entwickeln.
B: Das Sarkomer wurde gedehnt. Nur die Hälfte der Myosinköpfe liegt im Überlappungsbereich. Es können nur 50 % der maximal möglichen Kraft generiert werden.
C: Das Sarkomer ist überdehnt. Die Aktin- und Myosinfilamente überlappen sich nicht, und die Myosinköpfe können nicht mit den Aktinfilamenten interagieren. Es kann keine «aktive» Kraft generiert werden. Aber im gedehnten Zustand sind die elastischen Elemente der Muskel-Sehnen-Komplexe gespannt, so dass auch in diesem Zustand eine Spannung vorhanden und eine Verkürzung möglich ist.

### Muskelfasertypen: langsame und schnelle Muskelfasern

Wir unterscheiden zwischen langsamen und schnellen Muskelfasertypen.
– Sie unterscheiden sich in Bezug auf die chemische Zusammensetzung der Myosinköpfe und zeigen deshalb ein unterschiedliches Kontraktionsverhalten.
– Sie werden von Motoneuronen mit unterschiedlichen Aktivierungsschwellen innerviert und können deshalb selektiv rekrutiert werden.
– Sie sind unterschiedlich mit Enzymen ausgerüstet und unterscheiden sich deshalb auch in Bezug auf den Energiestoffwechsel und auf die Ermüdungsresistenz.

Die Muskelfasertypen werden entsprechend ihren kontraktilen und metabolischen Eigenschaften für unterschiedliche Zwecke eingesetzt.

Die Muskelfasern sind zu funktionsspezifischen Anpassungen fähig: Schnelle Typ-II-Fasern scheinen sich bei regelmässigem Dauerleistungstraining in langsame, ausdauernde Typ-I-Fasern zu verwandeln. Eine Umwandlung von langsamen Typ-I-Fasern zu schnellen Typ-II-Fasern konnte aber bisher nicht nachgewiesen werden.

Etwas vereinfachend können wir die Eigenschaften der Muskelfaser-Typen wie folgt beschreiben:

| Typ-I-Fasern/Slow-Twitch-Fasern (ST-Fasern) «rote Muskelfasern» | Typ-II-Fasern/Fast-Twitch-Fasern (FT-Fasern) «weisse Muskelfasern» |
|---|---|
| – sind dünne, langsam kontrahierende und ermüdungsresistente Muskelfasern. | – sind schnelle Fasern, die relativ rasch ermüden. |
| – enthalten grösstenteils langsames Myosin. | – enthalten grösstenteils schnelles Myosin. |
| – enthalten viel Myoglobin und eine grosse Mitochondrienmasse (teilweise trainingsbedingt) und sind spezialisiert auf die ATP-Produktion mit Hilfe der aeroben Glykogen- und Fettverwertung. | – weisen eine grosse Aktivität der Enzyme des anaeroben Stoffwechsels auf und können ATP sehr rasch und effizient durch den glykolytischen, anaerob-laktaziden Stoffwechsel bereitstellen. |
| – verfügen über relativ wenig glykolytische Kapazität und produzieren deshalb wenig Laktat, können aber Laktat aus dem Blut aufnehmen und zur Energiegewinnung nutzen. | – produzieren bei ihrer Tätigkeit Laktat, welches ins Blut diffundiert und von den ST-Fasern, vom Herzmuskel und von der Leber aufgenommen und als «Brennstoff» verwertet wird. |
| – werden von kleinen, relativ langsamen Motoneuronen innerviert, welche eine tiefe Innervationsschwelle haben. | – werden von grossen, schnellen Motoneuronen innerviert, welche eine hohe Innervationsschwelle haben. |
| – werden zu einem höheren Prozentsatz in Muskeln gefunden, welche tonischen Charakter haben und häufig statische Aufgaben erfüllen. | – werden zu einem höheren Prozentsatz in Muskeln gefunden, welche phasischen Charakter haben und vorwiegend dynamische Aufgaben erfüllen. |

Die grössten und schnellsten motorischen Einheiten werden rekrutiert, wenn wir mehr als 90 % der Maximalkraft einsetzen. Wenn wir ihre strukturellen und funktionellen Eigenschaften entwickeln und erhalten wollen, müssen wir im Krafttraining mit grossen Widerständen und sehr hoher Kontraktionsgeschwindigkeit (explosiv) arbeiten.

## Muskelkater: Folge von Überbeanspruchung

Muskelkater ist ein Phänomen, mit dem die meisten Menschen vertraut sind, ohne dass sie sich allzu viele Gedanken über die Hintergründe machen.
Wir wissen: Muskelkater ist eine Folge von Überbeanspruchung bei ungewohnter und intensiver Bremsarbeit.

Wenn ein kontrahierter Muskel gedehnt wird, indem er ungewohnte exzentrische Arbeit (z. B. Bremsarbeit beim Bergabwärtsgehen und bei Niedersprüngen) verrichten muss, kann es zu einer Überbeanspruchung einzelner Muskelfasern kommen. Es entstehen mikroskopisch kleine Schäden (Mikrotrauma) an den Myofibrillen. **Ursachen**

Die Defekte verursachen eine Entzündung. Die damit verbundenen Symptome (Schwellung, erhöhte Durchblutungsrate und Erwärmung sowie Schmerzen und Verspannungen im betroffenen Gewebebezirk) nennen wir Muskelkater. **Symptome**
Die Schmerzen treten 12 bis 24 Stunden nach der Belastung auf.

Die Läsionen an den Muskelfasern und die Funktionseinbusse sind in den meisten Fällen reversibel. **Reparatur**
Bei geringem Umfang des Schadens wird dieser durch die betroffenen Muskelfasern repariert, und die erwähnten Symptome bleiben mehr oder weniger aus.
Bei starkem Muskelkater kann der Heilungsprozess mehrere Tage bis Wochen beanspruchen: Die Myofibrillen in den betroffenen Muskelfasern werden abgebaut. Durch die Teilung und Infiltration von Satellitenzellen wird der Reparaturprozess ermöglicht.
Satellitenzellen sind winzige myogene Zellen, die den Muskelfasern angelagert sind. Sie sind unter normalen Bedingungen inaktiv und scheinen ein Leben lang darauf zu warten, sich zu teilen und Schäden an den Muskelfasern zu reparieren (nach Werning 2003 in der Zeitschrift Therapeutische Umschau 7/2003, S. 383–388).

Durch ein vernünftig dosiertes, langfristig angelegtes Training, subtile Angewöhnung an exzentrische Belastungen und durch ein sorgfältiges Tonisieren der Muskulatur vor der Beanspruchung kann Muskelkater vorgebeugt werden. **Prävention**

Massage, Wärme oder leichte Bewegungen scheinen lediglich eine schmerzlindernde Wirkung zu haben. **Therapie**
Durch Stretching nach der Belastung, welche den Muskelkater verursacht hat, kann der Schaden an den Myofibrillen nicht rückgängig gemacht werden.
Die Milchsäure, die in früheren Jahren für Muskelkater verantwortlich gemacht wurde, hat damit nichts zu tun. Im Moment, wenn die Symptome schmerzhaft bewusst werden, ist die Milchsäure längstens aus den Muskeln verschwunden.
Muskelkater ist keine Voraussetzung für die Auslösung von Trainingswirkungen an den Muskelfasern. In Sportarten, wo die Belastungen extrem hoch und allenfalls ungewohnt sind, lässt sich aber eine gelegentliche Überbeanspruchung und in der Folge Muskelkater nur schwer vermeiden.

# Regulations- und Steuerungssysteme: subtile Regiearbeit

Zu den Regulations- und Steuerungssystemen zählen wir das Nervensystem und das endokrine System (Hormonsystem).

### Nervensystem: komplexes Kommunikationssystem

**Nervensystem**

Das Nervensystem ist ein komplexes Informationsverarbeitungs- und Kommunikationssystem. Es hat zentrale und periphere Komponenten. Das zentrale Nervensystem umfasst das Gehirn und das Rückenmark. Das periphere Nervensystem besteht aus Gruppen von Neuronen (Ganglien) und aus peripheren Nervenbahnen, die vom Gehirn und vom Rückenmark ausgehen.
Das Nervensystem besteht aus einem somatischen und einem vegetativen Teil.

**Zentraler Teil: ZNS**

Gehirn und Rückenmark bilden das zentrale Nervensystem (ZNS). Es ist die Informations-, Speicherungs-, Kontroll- und Regulationszentrale. Es nimmt Informationen aus dem Körper und aus der Umwelt auf, verarbeitet, assimiliert und speichert sie, und es stellt dem Organismus bei Bedarf die notwendigen Informationen zur Verfügung.
Im ZNS werden die Wahrnehmungen und Gefühle generiert, die Entschlüsse gefasst, die Programme für die Steuerung entwickelt und die motorischen Handlungen ausgelöst.
Das ZNS steht in einem ständigen Dialog mit der Peripherie, mit den Sinnesorganen (Exterozeptoren) und den Messfühlern (Propriozeptoren) in den Muskeln, Sehnen und Gelenken.
Es koordiniert, kontrolliert und reguliert die Aktivität der Muskulatur im Dienste der Ziel- und der Stützmotorik.

**Peripherer Teil: PNS**

Die peripheren Ganglien und die afferenten und efferenten Nervenbahnen (Hirn- und Spinalnerven) bilden das periphere Nervensystem.
Die afferenten Bahnen leiten Informationen aus der Peripherie zum ZNS, und die efferenten bringen Impulse aus dem ZNS an die Peripherie.

**Signaltransport**

Das Nervensystem transportiert seine Signale mittels elektrischer Impulse (Aktionspotenziale) entlang den Nervenbahnen.
Die Erregungsübertragung von einer Nervenfaser auf andere Nervenfasern wie auch von den Nervenfasern auf die Muskelfasern erfolgt an den Kontaktstellen (Synapsen) durch chemische Substanzen (Neurotransmitter).

### Somatisches Nervensystem: kognitive Prozesse und Sensomotorik

Im somatischen Nervensystem laufen die kognitiven Prozesse ab. Es dient der nur teilweise bewussten Aufnahme, Verarbeitung, Speicherung und Nutzung von Informationen und deren Umsetzung in sensomotorische Aktivitäten.

**Kontrolle der Motorik**

Eine wichtige Funktion des somatischen Nervensystems ist die Kontrolle der Motorik durch die Regulierung der Muskelaktivität. Gute Regiearbeit erfordert einen permanenten Dialog zwischen dem ZNS und dem Bewegungsapparat.

Unsere Bewegungen enthalten stets statische und dynamische Komponenten. Dies erfordert eine gut koordinierte Zusammenarbeit aller beteiligten Muskeln, der Agonisten und der Antagonisten.

Die beabsichtigten und mehr oder weniger bewusst gesteuerten motorischen Handlungen, die nach aussen gerichtet sind (Zielmotorik), werden von unbewusst ablaufenden Prozessen im Nerv-Muskel-System begleitet. Diese dienen der Erhaltung der Statik und der Sicherung des Gleichgewichts (Stützmotorik).

Bei der Bewegungsregulation stützt sich unser Organismus auf Programme, die im ZNS gespeichert sind. Es sind Programme, die zum Teil angeboren sind, zum grössten Teil aber gelernt werden (müssen).

Die Sinnesorgane und verschiedene Sensoren in den Muskeln, Sehnen und Gelenken sowie in der Haut liefern dem ZNS die Referenzwerte für die Feinregulierung der Muskelaktivität.

Auf der Grundlage des permanenten Feedbacks aus dem Bewegungsapparat werden die Bewegungsmuster und -programme ständig den äusseren und inneren Gegebenheiten angepasst.

Reflexe, welche über einfache Schaltungen im Rückenmark automatisch ablaufen, spielen bei der Regulation der Muskelaktivität und der Bewegungskontrolle eine wichtige Rolle.

## Vegetatives Nervensystem: Regulation der Organfunktionen

Das vegetative Nervensystem ist autonom, interagiert jedoch permanent mit dem somatischen Nervensystem. Seine Kerne und Ganglien liegen teils innerhalb und teils ausserhalb des ZNS.

Das vegetative Nervensystem innerviert die glatte Muskulatur des Verdauungstraktes und der Blutgefässe, das Herz, die Drüsen und alle anderen inneren Organe. Es reguliert die lebenswichtigen vegetativen Funktionen und besorgt die Einstellung der Organaktivitäten auf Belastung oder auf Erholung und Regeneration.

Wir unterscheiden zwischen einem sympathischen und einem parasympathischen Untersystem. Das sympathische Untersystem stellt den Organismus auf Leistung und das parasympathische auf Ruhe und Erholung ein.

Durch die Vermittlung über das Hormonsystem beeinflusst das vegetative Nervensystem auch die Aktivität der Enzyme und damit den Stoffwechsel.

## Nervenfaser: kleinste funktionelle Einheit des Nervensystems

Die Nervenfasern sind die kleinsten funktionellen Einheiten des Nervensystems. Sie bestehen aus einem Zellkörper, den Dendriten und einem Axon. Im zentralen Nervensystem steht jede Nervenzelle mit hunderten oder sogar tausenden von anderen Nervenzellen in synaptischer Verbindung.

Der Zellkörper enthält den Zellkern und einen grossen Teil der Zellorganellen. **Zellkörper**
Die Mitochondriendichte deutet darauf hin, dass hier ein grosser Energiebedarf besteht und dass eine entsprechend hohe Stoffwechselaktivität herrscht.

Die wurzelähnlichen Fortsätze am Zellkörper heissen Dendriten. Diese sind wie die Membran des Zellkörpers dicht von Synapsen bedeckt. Hier werden die Signale anderer Nervenzellen empfangen. **Dendriten**

Über das Axon senden die Nervenfasern (Neuronen) ihre Impulse an weitere Neuronen oder an andere Signalempfänger wie zum Beispiel die Muskelfasern. **Axon**

**Abbildung 32**
Schematische Darstellung eines Motoneurons.

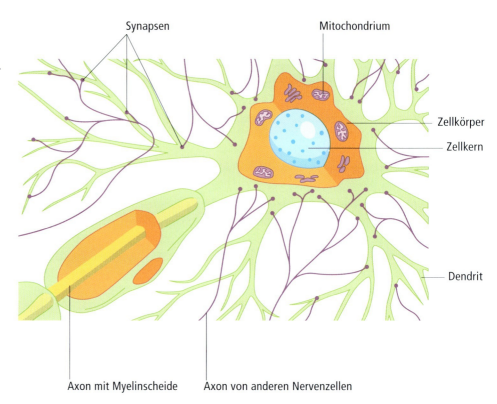

### Rezeptoren: Eingangspforten zum zentralen Nervensystem

Die Aktivität der Skelettmuskeln wird durch das zentrale Nervensystem (ZNS) genau kontrolliert. Für die Regulation der Muskelaktivität ist es auf präzise Informationen aus dem Bewegungs- und Stützsystem sowie der Haut und der Umgebung angewiesen.

**Propriozeptoren: Muskelspindeln, Golgi-Sehnenorgane und Gelenkrezeptoren**

Der Mensch verfügt in seinem Bewegungsapparat über Messfühler (Rezeptoren), welche mechanische Reize in Aktionspotenziale (Erregungen) übersetzen können.
Die Muskelspindeln kontrollieren die Muskellängen und reagieren auf die kleinsten Veränderungen und Abweichungen von den Sollwerten, die vom ZNS vorgegeben werden. Die Muskelspindeln werden vom ZNS über die ablaufenden Bewegungsprogramme informiert, und ihre Empfindlichkeit wird ständig den Bedürfnissen angepasst (Gamma-Innervation).
Die Golgi-Sehnenorgane kontrollieren die Spannung in den Sehnen und reagieren auf entsprechende Veränderungen.
Die Gelenkrezeptoren kontrollieren die Stellung und Stabilität der Gelenke.

**Exterozeptoren**

Auch die Exterozeptoren (Sinnesorgane wie das Auge, das Ohr, die Gleichgewichtsorgane, der Geruchs- und der Geschmackssinn) funktionieren so, dass optische, mechanische oder chemische Reize von spezifischen Rezeptorzellen «empfangen» und in elektrische Impulse (nervöse Erregungen, Aktionspotenziale) übersetzt werden.

**Rezeptoren der Haut**

In der Haut dienen vor allem die Druck- und Vibrationsrezeptoren sowie die Tastkörperchen der Informationsaufnahme.

Im ZNS werden die eintreffenden Erregungen empfangen und in einem komplexen Prozess zu Wahrnehmungen und Empfindungen verarbeitet, so dass in unserem Kopf die Bilder entstehen, die wir uns von der Welt machen.

An jedem Prozess der Informationsaufnahme, -verarbeitung und -speicherung (kognitive Prozesse) sind bereits vorhandene, bewusste und unbewusste Gedächtnisinhalte beteiligt. Die Wahrnehmung wird deshalb immer durch Erwartungen gesteuert und subjektiv gefärbt. Sie ist nie objektiv.

Afferente Nervenfasern leiten die von den Rezeptoren in den Muskeln, Sehnen und Gelenken gebildeten Erregungen (Aktionspotenziale) zum zentralen Nervensystem. Hier werden die Informationen verarbeitet und die Befehle an die Muskeln redigiert.
Efferente Nerven (Motoneurone) tragen die Befehle aus dem Rückenmark zu den Muskeln.

**Feedback-System**

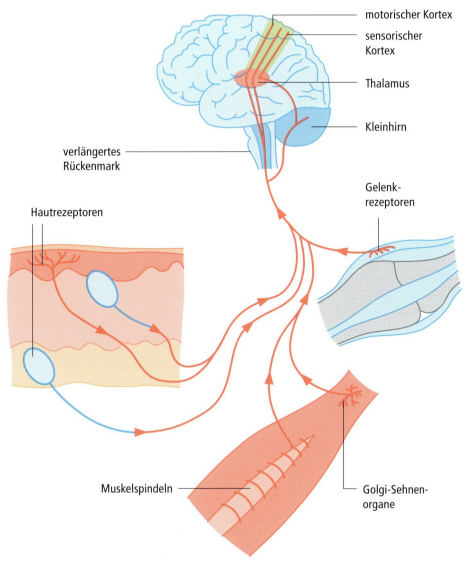

**Abbildung 33**
**Feedback-Systeme der Motorik.**

## Synapsen: Übertragung von Signalen

Über die Synapsen werden die Signale im Nervensystem von einem Neuron auf andere Neurone übertragen. Jede Synapse besteht aus dem synaptischen Endköpfchen des Axons, dem synaptischen Spalt und der postsynaptischen Membran.

Die Übertragung erfolgt durch chemische Substanzen (Neurotransmitter), welche in kleinen Bläschen (Vesikel) im synaptischen Endköpfchen des Axons gespeichert sind.

Neurotransmitter werden an der präsynaptischen Membran des «Senderneurons» in den synaptischen Spalt ausgeschieden, reagieren auf der postsynaptischen Membran mit den Rezeptoren des «Empfängerneurons». Auf diese Weise können sie dort eine Erregung auslösen (erregende Synapsen) oder die Bildung einer Erregung unterdrücken (hemmende Synapsen).

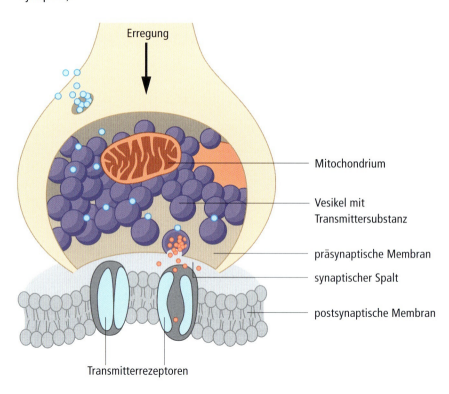

**Abbildung 34**
Schematische Darstellung einer Synapse.

**Erregende Synapsen** — An den erregenden Synapsen werden durch die Interaktion der Rezeptoren mit der Transmittersubstanz Aktionspotenziale erzeugt, welche dann weitergeleitet werden.

**Hemmende Synapsen** — An den hemmenden Synapsen wird durch die Interaktion der Rezeptoren mit der Transmittersubstanz die Bildung eines Aktionspotenzials erschwert oder unterdrückt.

**Lernprozesse** — Lernprozesse führen zu spezifischen Veränderungen an den involvierten Synapsen. Diese werden «durchlässiger» und effizienter.

## Motorische Einheit: kleinste funktionelle Einheit des Nerv-Muskel-Systems

Die Skelettmuskulatur und das Nervensystem bilden eine funktionelle Einheit.
Keine Muskelfaser kontrahiert sich, ohne dass vom zentralen Nervensystem ein entsprechender Impuls vorliegt.

Die Zellkörper der motorischen Nervenfasern (Motoneurone) liegen im Rückenmark. Ihre Axone reichen von dort bis zu den zugehörigen Muskelfasern.
Die motorischen Einheiten (ME) bestehen aus einem Motoneuron mit seinem Axon und den von diesem bedienten Muskelfasern.

Motorische Einheiten umfassen von etwa zehn (in den Augenmuskeln) bis über tausend Muskelfasern (in den grossen Muskeln der unteren Extremität). Das Innervationsverhältnis bewegt sich also zwischen 1:10 bis 1:1000. Je grösser das Innervationsverhältnis ist, desto grösser ist der Zuwachs an Kraft, der entsteht, wenn bei einer Kontraktion eine zusätzliche Einheit zugeschaltet wird.
Die motorischen Einheiten sind in Bezug auf die Muskelfasertypen homogen: Es gibt Einheiten mit langsamen Typ-I-Fasern und solche mit schnellen Typ-II-Fasern.

**Innervationsverhältnis**

Die langsamen ME dienen zur Verrichtung von feinmotorischen Aktionen und von Alltagsaktivitäten.

**Langsame motorische Einheiten**

Die schnellen ME sind in der Regel grösser und werden bei Aktionen eingesetzt, welche sehr schnell ablaufen und/oder viel Kraft erfordern. Die schnellsten ME werden aktiviert, wenn wir den Muskeln bei explosivem Krafteinsatz die grösstmögliche Leistung abfordern, z.B. bei Sprüngen und beim plyometrischen Training.

**Schnelle motorische Einheiten**

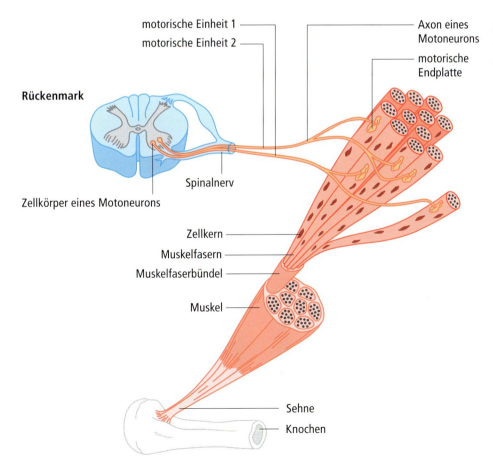

**Abbildung 35**
**Schematische Darstellung einer motorischen Einheit.**

72 Körperliche Grundlagen

### Stützmotorik: Grundlage der Zielmotorik

Das reflex- und programmgesteuerte, mehr oder weniger willkürliche Bewegungsverhalten wird durch Ziel- und Stützmotorik geprägt.

**Zielmotorik**

Die Zielmotorik umfasst alle neuromuskulären Aktivitäten, die sich als (beabsichtigte, gezielte) Bewegungen nach aussen richten.

**Stützmotorik**

Die Stützmotorik umfasst alle neuromuskulären Aktivitäten, welche für die Statik und für die Stellung des Körpers im Raum verantwortlich sind.
Die Stützmotorik sorgt für die Stabilität der Wirbelsäule und der Gelenke sowie für die Sicherung des Gleichgewichts. Sie ist eine wichtige Voraussetzung für jede Zielmotorik.
Jedes Koordinations- und Techniktraining und das anwendungsorientierte, koordinativ anspruchsvolle Krafttraining fördern sowohl die Stützmotorik wie die Zielmotorik.

### Einfache Reflexe: subtile Tonusregulation

Reflexe sind stereotype Antworten auf Reize. Sie beruhen auf fest verschalteten Verknüpfungen von afferenten und efferenten Nervenfasern im Rückenmark.

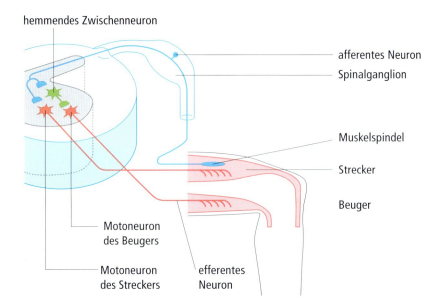

**Abbildung 36**
Schematische Darstellung eines einfachen monosynaptischen Reflexes.

**Einfache Reflexe: monosynaptisch**

Die einfachen monosynaptischen Reflexe dienen der Tonusregulation.
Beim Dehnungsreflex liegt der Signal gebende Rezeptor in der Muskulatur (Muskelspindel). Er reagiert auf Veränderungen der Muskellänge, insbesondere auf kleinste Abweichungen des Ist-Wertes vom Soll-Wert.
Die von den Muskelspindeln erzeugte Erregung wird über eine afferente Nervenfaser zum Rückenmark geleitet. Hier wird sie direkt (monosynaptisch) auf eine motorische Nervenfaser (Motoneuron) übertragen. Das Motoneuron löst im Muskel, von welchem die Erregung ausgegangen ist, eine Kontraktion aus.

Über ein hemmendes Zwischenneuron im Rückenmark wird verhindert, dass das Motoneuron des Antagonisten ebenfalls aktiv wird.
Der Dehnungsreflex sorgt als monosynaptischer Eigenreflex dafür, dass die Muskeln in jeder Situation die richtige Länge und den richtigen Tonus haben (Tonusregulation).

Die Schutzreflexe sind komplexe polysynaptische Fremdreflexe, an denen verschiedene Muskelgruppen beteiligt sind.
**Beispiele:** Augenschliessreflex und Schutzreflexe, wenn wir auf einen Reissnagel treten oder eine heisse Herdplatte berühren.

**Komplexe Reflexe: polysynaptisch**

## Hormonsystem: Regulation der Zellfunktionen

Das Hormonsystem reguliert gemeinsam mit dem vegetativen Nervensystem die Aktivität der Zellen, Organe und Organsysteme. Es übermittelt seine chemischen Signale zum grossen Teil über die Blutbahn an die Zielorgane und beeinflusst die genetische Aktivität und den Stoffwechsel der Zellen.
Die hormonellen Signale können von allen Zellen registriert und umgesetzt werden, welche über die entsprechenden «Empfänger» (Hormonrezeptoren) verfügen.

Eine Reihe von Hormonen wird in speziellen Hormondrüsen (endokrine Drüsen) gebildet. Die bekanntesten endokrinen Drüsen sind die Hypophyse (Vorder- und Hinterlappen), die Schilddrüse, die Nebenschilddrüsen, die Bauchspeicheldrüse (Pankreas) und die Nebennieren (Nebennierenmark und -rinde) sowie die männlichen und weiblichen Keimdrüsen und die Plazenta.
Die Drüsenhormone erreichen ihre Zielzellen über die Blutbahn.

**Drüsenhormone**

Im Gegensatz zu den Drüsenhormonen werden die Gewebshormone von Zellen synthetisiert, welche in verschiedenen Geweben verstreut sind.
Die Gewebshormone erreichen ihre Zielzellen über die Blutbahn oder wirken direkt auf benachbarte Zellen. Bestimmte Gewebshormone lösen in den hormonproduzierenden Zellen selber bestimmte Prozesse aus.
Spezielle Gewebshormone sind die Zytokine. Sie werden von verschiedensten Zellen freigesetzt und regulieren das Wachstum, die Differenzierung und die Funktionen ihrer Zielzellen.

**Gewebshormone**

Das Hormonsystem ist hierarchisch organisiert. Die Hormonproduktion und -ausschüttung wird durch Rückkoppelungsprozesse reguliert. Eingriffe in diese Regelkreissysteme durch Zufuhr von Hormonen können schwerwiegende gesundheitliche Probleme zur Folge haben.

**Regelkreise**

# Stoffwechsel:
# Bau, Unterhalt und Energiebereitstellung

Stoffwechselprozesse bilden die Lebensgrundlage jeder einzelnen Zelle und des ganzen Organismus. Wir unterscheiden zwischen dem Bau- und dem Betriebs- oder Energiestoffwechsel.

**Baustoffwechsel**

Durch den Baustoffwechsel werden körperfremde Stoffe in körpereigene Substanzen umgewandelt: Pflanzliche und tierische Eiweisse (Proteine), die wir durch die Nahrung aufnehmen, werden im Verdauungstrakt in Aminosäuren zerlegt. Sie gelangen über die Blutbahnen in die Zellen und werden hier zur Biosynthese von menschlichen Eiweissen verwendet.
Damit dient der Baustoffwechsel dem Aufbau und Unterhalt der Zellen, Gewebe und Organe. Dank dem Baustoffwechsel kann der Organismus wachsen, sich entwickeln und den sich verändernden Bedingungen (z. B. im Training) anpassen.

**Betriebs- oder Energiestoffwechsel**

Über den Energiestoffwechsel wird Energie für die verschiedenartigen Leistungen der Zellen generiert: Er dient der Herstellung von ATP, welches für alle energieverbrauchenden Prozesse im Organismus nötig ist.

### Energiestoffwechsel: ATP-Produktion

$ATP \rightarrow ADP + P_i + Energie$

Alle Zellen benötigen für ihre Arbeit chemische Energie in Form von ATP.
ATP ist eine energiereiche Phosphatverbindung, welche gebraucht wird, wenn im Organismus Prozesse ablaufen, die Energie benötigen.
Wenn ein ATP-Molekül einen Teil seiner Energie abgibt, zerfällt es zu ADP (Adenosin-Di-Phosphat) und einer freien Phosphatgruppe ($P_i$).
Die Energie für die Herstellung von ATP (aus ADP + $P_i$) liefert der Energiestoffwechsel, indem Nährstoffe (hauptsächlich Glukose und Lipide) abgebaut werden.
Die Muskulatur spaltet bei ihrer Arbeit kiloweise ATP (etwa 30 kg pro Tag). Der grösste Teil der freigesetzten Energie wird für die Arbeit der Myosinköpfe und für den Transport von Kalzium-Ionen durch die Membrane des sarkoplasmatischen Reticulums verwendet.
Jede Muskelfaser ist für die Wiederaufbereitung dieser energiereichen Phosphatverbindung selber verantwortlich. Trainierte und leistungsfähige Muskelfasern sind für die ATP-Produktion besonders gut ausgerüstet.

**ATP-Vorrat reicht für wenige Sekunden**

Jede Muskelfaser verfügt über ein kleines ATP-Depot. Je intensiver sie arbeitet, desto schneller wird ATP gespalten. Das ATP-Depot darf jedoch niemals entleert werden, weil sonst die Muskelfaser zugrunde geht.

**Kreatinphosphat kann ein $P_i$ auf ADP übertragen**

Jede Muskelfaser verfügt auch über einen kleinen Vorrat an Kreatinphosphat (KrP).
Sobald ATP-Moleküle gespalten werden, geben Kreatinphosphat-Moleküle ihre Phosphatgruppen an die ADP-Moleküle ab, so dass praktisch ohne Verzögerung wieder ATP entsteht.

$ADP + Kreatinphosphat \rightarrow ATP + Kreatin$

Das Kreatinphosphat-System dient also zur extrem schnellen Wiederaufbereitung von ATP. Es ist hocheffizient, zuverlässig und jederzeit verfügbar.

Das für die Übertragung von Phosphatgruppen zuständige Enzym heisst Kreatinkinase.
Der Kreatinphosphat-Speicher kann bei extrem hohen Belastungen (Sprint) weitgehend entleert werden.

Der Kreatinphosphat-Speicher wird bei moderaten Belastungen laufend wieder aufgefüllt, indem von ATP, das in den Mitochondrien produziert wird, Phosphatgruppen auf Kreatin übertragen werden. Insofern dient Kreatin als zuverlässiges Transportmittel für Phosphatgruppen von den Mitochondrien zu den Myosinköpfen.

**ATP + Kreatin →
ADP + Kreatinphosphat**

In den Zellen wird ständig Glukose und Fett abgebaut, um Energie für die ATP-Produktion zu gewinnen. Die Auswahl der benutzten Brennstoffe (die Substratselektion) ist abhängig von der Intensität der Belastung.
Im Ruhezustand und bei geringer Beanspruchung der Muskulatur dient in erster Linie der Fettsäure-Abbau (Beta-Oxidation) zur ATP-Gewinnung.
Fette sind Trigliceride und bestehen aus einem Glycerinmolekül und drei Fettsäuren. Sie sind die wichtigsten Energielieferanten bei Ruhe und geringer körperlicher Arbeit und werden in den Muskelfasern und im Fettgewebe gespeichert.
Die Fette werden zunächst in Glyzerin und freie Fettsäuren zerlegt und dann in den Mitochondrien mit Hilfe von Sauerstoff zu den Stoffwechsel-Endprodukten $CO_2$ und $H_2O$ abgebaut.
Bei der Beta-Oxidation wird relativ viel Energie frei, aber die ATP-Bildungsrate ist gering; es wird wesentlich langsamer ATP produziert als beim Glukoseabbau, dafür sind die Fettreserven nahezu unerschöpflich.

**Fettreserven decken den
Energiegrundbedarf**

Eine hohe Muskelaktivität erfordert eine hohe ATP-Bildungsrate (Energieflussrate). Bei intensiver Beanspruchung der Muskelfasern vermag der Fettabbau den Energiebedarf nicht zu decken, weil die ATP-Bildungsrate bei der Beta-Oxidation zu gering ist.
Je höher die Belastung ist, desto mehr trägt deshalb der Glukose-Abbau zur Deckung des Energiebedarfs bei. Das Glukosesystem dient also zur sehr schnellen Wiederaufbereitung von ATP.
Glukose: $C_6H_{12}O_6$ ist ein Kohlehydrat. Glykogen ist die Speicherform der Glukose: $(C_6H_{12}O_6)_n$.
Glukose wird zunächst in einer Folge von Stoffwechselschritten ohne Beteiligung von Sauerstoff zu Brenztraubensäure (Pyruvat) abgebaut. Dieser Prozess heisst (anaerobe) Glykolyse und läuft sehr schnell ab: Die ATP-Bildungsrate ist etwa viermal grösser als bei der Beta-Oxidation (Fettsäure-Abbau).
Die Glykolyse kann bei hoher Belastung den Energiebedarf für kurze Zeit zu einem grossen Teil decken. Als Stoffwechsel-Zwischenprodukt entsteht Pyruvat. Dieses wird in den Mitochondrien grösstenteils zu aktivierter Essigsäure umgewandelt und mit Hilfe von Sauerstoff zu den Stoffwechsel-Endprodukten $CO_2$ und $H_2O$ abgebaut.
Der sauerstoffunabhängige (anaerobe) Glukoseabbau, die Glykolyse, ist also die Vorstufe der sauerstoffabhängigen (aeroben) ATP-Produktion in den Mitochondrien.
Der aerobe Glukoseabbau liefert pro Sekunde etwa doppelt so viel ATP wie die Beta-Oxidation.

**Glukosesystem:
schnelle Energie**

Pyruvat, das von den Mitochondrien nicht aufgenommen wird, nimmt $H^+$-Ionen auf und wird dadurch zu Laktat (Milchsäure) umgewandelt. Dieses gelangt teilweise ins Blut und wird vom Herzmuskel und von den langsamen Fasern der Skelettmuskulatur aufgenommen und zur Energiegewinnung genutzt. Auch die Leber beteiligt sich an der Laktatelimination, indem sie Laktat aufnimmt und zu Glukose aufbereitet.

**Laktat**

## Stoffwechselbiologische Parameter

Die aerobe Schwelle, die anaerobe Schwelle, der MAXLASS und die maximale Sauerstoffaufnahme sind die am meisten verwendeten Parameter der sportmedizinischen Leistungsdiagnostik.

**Aerobe Schwelle**

Bei geringer Belastung wird das bei der anaeroben Glykolyse gebildete Pyruvat praktisch vollumfänglich von den Mitochondrien aufgenommen und (aerob) abgebaut. Es entsteht praktisch kein Laktat.

Der Grenzwert dieser «rein oxidativen Energiebereitstellung» entspricht der aeroben Schwelle. Hier wird die höchste relative Fettverbrennungsrate erreicht. Die Herzfrequenz liegt bei 70 bis 80 % der maximalen Frequenz und die Sauerstoffaufnahme bei 65 bis 75 % von $VO_2$max.

**Laktat-Steadystate**

Bei moderater Belastung kann der Organismus das produzierte Laktat laufend abbauen: Es besteht ein Gleichgewicht zwischen Laktatproduktion und Laktatelimination (Laktat-Steadystate).

**MAXLASS Anaerobe Schwelle**

Bei einer bestimmten Belastung diffundiert genau so viel Laktat ins Blut, wie gerade noch eliminiert werden kann. Diesen Zustand, bei dem die maximale Eliminationsrate vollständig ausgeschöpft wird, nennen wir maximalen Laktat-Steadystate (MAXLASS) oder «anaerobe Schwelle» (AS).

Die Herzfrequenz liegt bei 85 bis 95 % der maximalen Frequenz und die Sauerstoffaufnahme bei 80 bis 90 % von $VO_2$max.

Leistungen im Bereich der anaeroben Schwelle (95 bis 100 % AS) können wir während etwa 20 Minuten aufrechterhalten, ohne dass das Laktat im Blut (um mehr als etwa 1 mmol/l) zunimmt.

Wird die AS überschritten, beginnt sich das Laktat im Blut anzuhäufen, und es entsteht eine Azidose (Übersäuerung).

Durch Dauerleistungstraining kann die anaerobe Schwelle verschoben werden: Trainierte können höhere Leistungen erbringen, ohne dass die anaerobe Schwelle oder der MAXLASS überschritten wird: Sie können schneller laufen, ohne Laktat zu akkumulieren.

**$VO_2$**

Zwischen der Leistung und dem Sauerstoffbedarf ($O_2$-Bedarf) besteht (bei konzentrischer Arbeit) eine lineare Beziehung: Je grösser die Leistung ist, die von den Muskeln erbracht wird, desto grösser ist der $O_2$-Bedarf, und je mehr Sauerstoff unsere Muskelfasern aufnehmen können, desto schneller können wir laufen, schwimmen oder Rad fahren, ohne dass die anaerobe Glykolyse übermässig aktiviert und Laktat gebildet wird.

Wer viel Sauerstoff aufnehmen kann, kann eine höhere Leistung erbringen, ohne eine Sauerstoffschuld einzugehen und «sauer» zu werden.

Die Sauerstoffaufnahme wird in Litern pro Minute (absoluter Wert) oder in Millilitern pro Minute pro Kilogramm Körpermasse (relativer Wert) angegeben.

Die Sauerstoffaufnahme kann berechnet werden:

$VO_2$ = Herzminuten-Volumen (HMV) × arterio-venöse-$O_2$-Differenz.

**$VO_2$max, $VO_2$peak «oxidative Kapazität»**

Die Sauerstoffmenge, die wir bei maximaler Belastung aufnehmen, ist die $VO_2$max (maximale Sauerstoffaufnahme).

Mit Labortests (Spiroergometrie) lässt sich die Sauerstoffaufnahme messen. Bei vollständiger Ausbelastung eines Probanden entspricht das Messresultat dem $VO_2$peak (höchstmög-

liche Sauerstoffaufnahme bei der entsprechenden Aktivität). Je nach Art der Belastung (auf dem Fahrrad-, Handkurbel- oder Ruderergometer oder auf dem Laufband) werden unterschiedliche $VO_2$peaks erreicht. Der höchste Wert entspricht der $VO_2$max.
$VO_2$max und $VO_2$peak sind von der Art der Belastung und der Grösse der involvierten Muskelmasse abhängig und werden von verschiedenen physiologischen Parametern limitiert.

| | |
|---|---|
| Diffusionskapazität in den Lungen | Grösse der Oberfläche der Alveolen sowie Vitalkapazität und Ventilationsvolumen (Grösse der Lungen und Leistungsfähigkeit der Atemmuskulatur) |
| Sauerstoff-Transportkapazität des Blutes | Blutmenge und Hämoglobinmenge/Hämatokrit |
| Pumpkapazität des Herzens | Herz-Minuten-Volumen (HMV) (Herzschlag-Volumen × Herzschlag-Frequenz) |
| Diffusionskapazität in der Muskulatur | Dichte des Kapillarnetzes und Myoglobingehalt der Muskelfasern |
| Leistungsfähigkeit der Muskelfasern | Mitochondrienvolumen |

$VO_2$max ist zu einem grossen Teil genetisch definiert. Durch Training kann sie innerhalb eines Jahres um 10 bis 20 % und durch ein systematisches Training über mehrere Jahre um 20 bis 50 % erhöht werden.
Erfolgreiche Ausdauersportler haben eine $VO_2$max von über 80 ml/min/kg. Zudem liegt ihre anaerobe Schwelle bei 90 bis 95 % $VO_2$max, so dass sie mit über 90 % der $VO_2$max während Stunden laufen, schwimmen oder Rad fahren können.
Untrainierte haben im Durchschnitt eine $VO_2$max von etwa 40 ml/min/kg. Die anaerobe Schwelle liegt bei ihnen weit unterhalb der $VO_2$max. Deshalb kommen sie schon an ihre Grenzen, wenn sie 50 bis 60 % der $VO_2$max nutzen.

Der Hämatokrit ist ein Mass für den Anteil der Blutkörperchen am Blutvolumen (in Volumen-Prozenten).
Normalwert: etwa 42; durch Höhentraining sind Werte von etwa 50 erreichbar. Durch Doping (Blutdoping und EPO) wird in Ausdauersportarten oft versucht, den Hämatokrit zu erhöhen.
Beim «Blutdoping» wird einem Athleten Blut entnommen und dann vor einem wichtigen Wettkampf wieder zugeführt.
EPO ist das Hormon, welches die Bildung von roten Blutkörperchen (im Knochenmark) reguliert. Die EPO-Produktion und -Ausschüttung kann durch Höhentraining stimuliert werden. EPO kann gentechnisch hergestellt werden und wird bei Blutarmut als Medikament eingesetzt.
Ein Hämatokrit von über 50 erhöht das gesundheitliche Risiko, weil die Fliesseigenschaften des Blutes ungünstig beeinflusst werden.

**Hämatokrit**

### Energiebedarf: ATP-Bildungsrate limitiert die Leistung

Den Muskelfasern stehen für die ATP-Produktion mehrere Möglichkeiten zur Verfügung. Sie werden stets gemeinsam genutzt.

**Tabelle 5** ATP-Bildung durch unterschiedliche chemische Prozesse in den Muskelfasern.

| Prozesse | Substrate | Vorteile / Nachteile |
|---|---|---|
| anaerob-alaktazide ATP-Gewinnung | ADP + ADP → ATP + AMP<br>ADP + KrP → ATP + Kr | grösstmögliche ATP-Bildungs- und Energieflussrate |
| anaerob-laktazide ATP-Gewinnung | Energiegewinnung für die ATP-Produktion aus ADP + $P_i$ durch die anaerobe Glykolyse | hohe ATP-Bildungsrate; es wird Laktat produziert und bei andauernder Belastung über längere Zeit akkumuliert |
| aerobe ATP-Gewinnung | Energiegewinnung für die ATP-Produktion aus ADP + $P_i$ durch die sauerstoffabhängige «Verbrennung» | sehr gutes Kosten-Nutzen-Verhältnis bei vollständigem Abbau der Substrate zu $CO_2$ und $H_2O$ |
|  | Abbau von Glukose | relativ hohe ATP-Bildungsrate; die Glykogenspeicher reichen je nach Intensität 40 bis 90 Minuten |
|  | Abbau von Fetten (Beta-Oxidation) | relativ tiefe ATP-Bildungsrate; die Lipidspeicher reichen für Stunden bis Tage |

**Tabelle 6** Beitrag zur Deckung des Energiebedarfs bei unterschiedlichen Belastungen.

|  | aerobe Phosphorylierung | | anaerob-laktazide Phosphorylierung | anaerob alaktazide Phosphorylierung |
|---|---|---|---|---|
|  | Betaoxidation (Fettabbau) | aerober Glukosestoffwechsel | anaerobe Glykolyse | Kreatinphosphat |
| 24-Stunden-Lauf | 88 % | Muskelglykogen 10 %<br>Leberglykogen 2 % | nicht messbar | nicht messbar |
| Doppelmarathon | 60 % | Muskelglykogen 35 %<br>Leberglykogen 5 % | nicht messbar | nicht messbar |
| Marathon | 20 % | Muskelglykogen 75 %<br>Leberglykogen 5 % | nicht messbar | nicht messbar |
| 10000 m | nicht messbar | 95 – 97 % | 3 – 5 % | nicht messbar |
| 5000 m | nicht messbar | 85 – 90 % | 10 – 15 % | nicht messbar |
| 1500 m | nicht messbar | 75 % | 25 % | nicht messbar |
| 800 m | nicht messbar | 50 % | 50 % | nicht messbar |
| 400 m | nicht messbar | 25 % | 60 – 65 % | 10 – 15 % |
| 200 m | nicht messbar | 10 % | 65 % | 25 % |
| 100 m | nicht messbar |  | 50 % | 50 % |

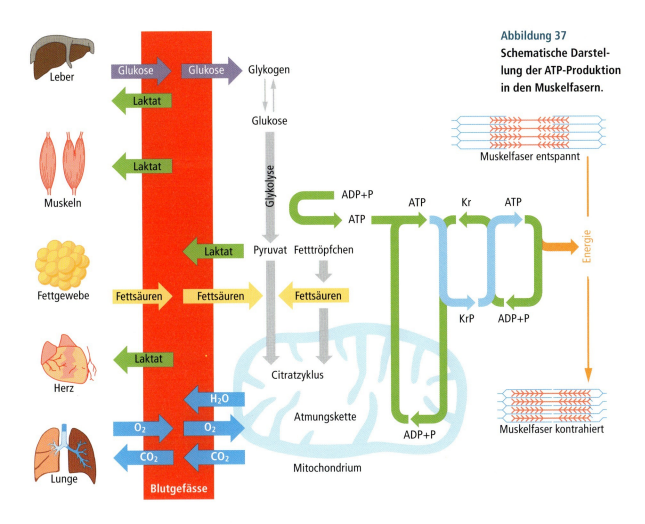

**Abbildung 37**
**Schematische Darstellung der ATP-Produktion in den Muskelfasern.**

ATP ist die einzige, direkt verwertbare Energie bei der Muskelkontraktion. Sobald ATP gespalten wird (ATP→ ADP + P$_i$), werden die Prozesse in Gang gesetzt, welche garantieren, dass sich der ATP-Speicher nicht entleert:
KrP: Kreatinphosphat-Moleküle übertragen ihre Phosphatgruppen mit Hilfe eines Enzyms auf ADP (KrP + ADP → ATP + Kr).
Der KrP-Vorrat ist klein aber die ATP-Bildungsrate ist bei dieser Art der ATP-Produktion maximal. In den Mitochondrien wird ständig neues Kreatinphosphat produziert: ATP + Kr → ADP + KrP.

**Anaerob-alaktazide Energie**

Anaerob-laktazide Energie: Glukose wird anaerob (ohne Verwendung von Sauerstoff) zu Pyruvat (und Laktat) abgebaut. Pro mol Glukose können netto 2 mol ATP gewonnen werden. Die ATP-Bildungsrate ist sehr hoch, und es wird Milchsäure produziert, welche bei längerer intensiver Beanspruchung der anaeroben Glykolyse im Blut angehäuft wird.

**Anaerob-laktazide Energie**

Aerobe Energie: Pyruvat und Fettsäuren werden zu aktivierter Essigsäure umgewandelt und unter Verwendung von Sauerstoff zu $CO_2$ und $H_2O$ abgebaut.
Pro mol Glukose können 36 mol ATP gewonnen werden.
Die Glykogen-Reserven reichen je nach Intensität der Belastung etwa 50 bis 90 Minuten. Die Fettreserven sind nahezu unerschöpflich.

**Aerobe Energie**

**ATP-Bildungsrate**

Der ATP-Bedarf ist von der Intensität der Muskelfaseraktivität abhängig. Je mehr ATP pro Zeiteinheit verbraucht wird, desto stärker wird der Energiestoffwechsel beansprucht und desto mehr müssen die Stoffwechselprozesse aktiviert werden, welche eine hohe ATP-Bildungsrate garantieren.

Die ATP-Bildungsrate ist bei der Glukose-Oxidation etwa zweimal so gross wie bei der Fett-Oxidation. Zudem wird bei der Fett-Oxidation mehr Sauerstoff benötigt als bei der Glukoseverwertung.

**Abbildung 38**
**Energieumsatz pro Stunde und kg Körpermasse bei verschiedenen Tätigkeiten.**

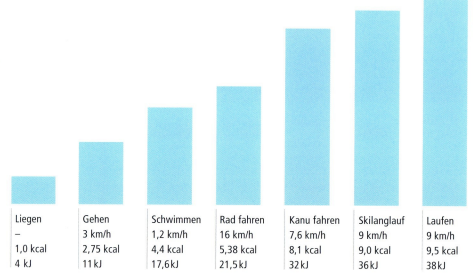

| Liegen | Gehen | Schwimmen | Rad fahren | Kanu fahren | Skilanglauf | Laufen |
|---|---|---|---|---|---|---|
| – | 3 km/h | 1,2 km/h | 16 km/h | 7,6 km/h | 9 km/h | 9 km/h |
| 1,0 kcal | 2,75 kcal | 4,4 kcal | 5,38 kcal | 8,1 kcal | 9,0 kcal | 9,5 kcal |
| 4 kJ | 11 kJ | 17,6 kJ | 21,5 kJ | 32 kJ | 36 kJ | 38 kJ |

### Enzymaktivität: leistungsbestimmend und trainierbar

Durch ein systematisches Training kommt es unter anderem zu strukturellen und funktionellen Anpassungen in den Muskelfasern, so dass die Voraussetzungen für eine ökonomische ATP-Produktion verbessert werden. Zwischen untrainierten Muskelfasern und Muskelfasern, die auf aerobe oder anaerobe Leistungsfähigkeit trainiert sind, bestehen deutliche Unterschiede in Bezug auf die Enzym- und Stoffwechselaktivität, die Sauerstoffversorgung und -verwendung und die Substratdepots.

**Untrainierte Muskelfasern**

Untrainierte Muskelfasern verfügen über eine kleine Mitochondrienmasse und kleine Glykogen- und Fettreserven. Die Kapillardichte ist gering, die Sauerstoffversorgung ist ungenügend, und der aerobe Stoffwechsel ist nicht leistungsfähig.

Bei erhöhtem ATP-Bedarf vermögen die Mitochondrien das anfallende Pyruvat nicht «vollumfänglich» aufzunehmen und schon bei relativ geringer Leistung wird eine Sauerstoffschuld eingegangen. Dabei wird Laktat produziert und angehäuft. Es besteht weder eine gute aerobe noch eine gute anaerobe Leistungsfähigkeit.

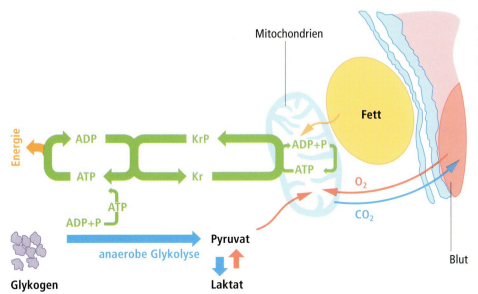

**Abbildung 39**
Stoffwechselsituation in einer untrainierten Muskelfaser.

Auf aerobe Leistungsfähigkeit trainierte Muskelfasern verfügen über eine grosse Mitochondrien-Masse und über grosse Glykogen- und Fettreserven. Zudem werden sie durch ein dichtes Kapillarnetz sehr gut mit Sauerstoff versorgt.
Bei erhöhtem ATP-Bedarf wird die ATP-Produktion in den Mitochondrien intensiviert.
Das bei der Glykolyse anfallende Pyruvat kann auch bei hoher Beanspruchung der Muskelfasern von den Mitochondrien grösstenteils aufgenommen und zur Energiegewinnung genutzt werden.
Der Fettsäure-Stoffwechsel deckt einen erheblichen Teil des Energiebedarfs.
Die Muskelfasern können aus dem Blut neben Glukose und Lipiden auch Laktat aufnehmen und verwerten.
Auch bei hoher Leistung wird der Energiebedarf weitgehend durch den aeroben Stoffwechsel gedeckt: Es besteht eine hervorragende aerobe Leistungsfähigkeit.

**Auf aerobe Leistungsfähigkeit trainierte Muskelfasern**

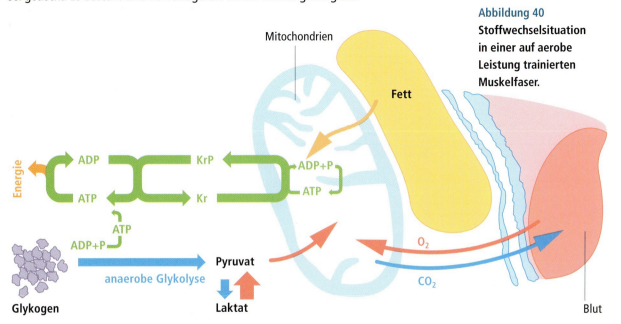

**Abbildung 40**
Stoffwechselsituation in einer auf aerobe Leistung trainierten Muskelfaser.

**Auf anaerobe Leistungsfähigkeit trainierte Muskelfasern**

Auf anaerobe Leistungsfähigkeit trainierte Muskelfasern verfügen über eine kleine Mitochondrien-Masse und über relativ grosse Glykogendepots, aber kleine Fettreserven.
Die Bedingungen für die aerobe (sauerstoffabhängige) Energieproduktion sind relativ ungünstig: Bei erhöhtem ATP-Bedarf wird die anaerobe Glykolyse intensiviert, und es wird in kurzer Zeit viel Pyruvat produziert.
Die Aufnahmefähigkeit der Mitochondrien für Pyruvat ist gering. Es wird ein grosser Teil des Pyruvats zu Laktat umgewandelt.
Die Muskelfasern können kurzfristig sehr viel Leistung abgeben, sie arbeiten aber relativ unökonomisch und ermüden rasch: Es besteht eine gute anaerobe Leistungsfähigkeit, aber eine geringe Ermüdungsresistenz.

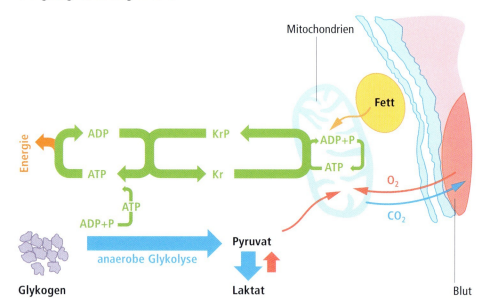

**Abbildung 41**
Stoffwechselsituation in einer auf anaerobe Leistung trainierten Muskelfaser.

### Substratselektion: abhängig von der Intensität der Belastung

Die Wahl der Substrate für die Wiederaufbereitung von ADP + $P_i$ zu ATP hängt von der Intensität der Beanspruchung ab: Je grösser die Intensität ist, desto schneller wird ATP verbraucht und desto höher muss die ATP-Bildungsrate sein. Die Prozesse aber, welche eine sehr hohe ATP-Bildungsrate ermöglichen, können nur über kurze Dauer beansprucht werden. Je länger eine Belastung dauert, desto mehr muss deshalb die Intensität (Leistung) reduziert werden.

Bis zu einem Intensitätsbereich von 50 bis 60 % der maximalen Sauerstoffaufnahme wird der Energiebedarf hauptsächlich durch die «Fettverbrennung» (Beta-Oxidation) gedeckt. Fett hat eine doppelt so hohe Energiedichte wie Glykogen und ist deshalb das ideale Substrat für die Speicherung von Energie. Wenn wir Fett als nahezu unerschöpfliche Energiequelle nutzen, können wir lange, aber nicht sehr schnell laufen, Velo fahren oder schwimmen. Aber wenn der Fettstoffwechsel den Energiebedarf deckt, ist die ATP-Bildungsrate relativ gering, und es muss mehr Sauerstoff aufgenommen werden, als wenn die gleiche ATP- oder Energiemenge durch die «Glykogenverbrennung» gewonnen wird.

Das sind die Gründe, weshalb bei höherer Intensität der aerobe Glukoseabbau immer wichtiger wird, und schliesslich muss bei sehr hoher Intensität die anaerobe Glykolyse immer stärker aktiviert werden.

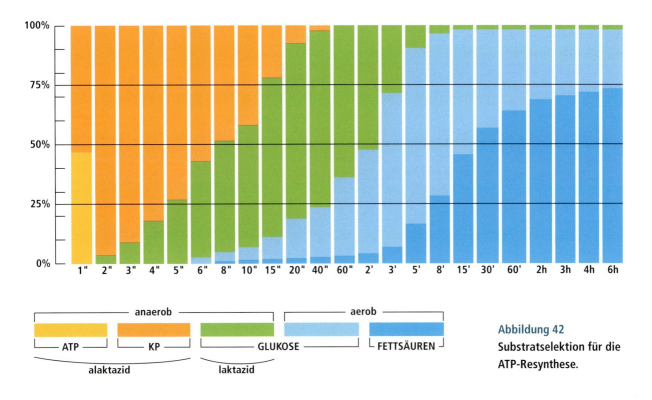

**Abbildung 42**
Substratselektion für die ATP-Resynthese.

Je intensiver und kürzer die Belastung ist, desto wichtiger ist der Beitrag der anaeroben Prozesse zur ATP-Gewinnung. Je geringer die Intensität ist, desto länger kann eine Belastung aufrechterhalten werden und desto wichtiger werden die aeroben Prozesse zur ATP-Gewinnung.

Maximale Leistungen (Sprints) sind nur über extrem kurze Zeit möglich. Bei solchen Leistungen steht das Kreatinphosphat (KrP) für die Wiederaufbereitung von ATP im Vordergrund.

**Bei maximalen Leistungen**

Submaximale Leistungen können einige Sekunden bis etwa zwei Minuten aufrechterhalten werden.
Bei solchen Leistungen deckt die anaerobe Glykolyse einen erheblichen Teil des Energiebedarfs. Dabei entsteht Laktat, das ins Blut gelangt. Obwohl auch ständig Laktat abgebaut wird, kann der Organismus das Gleichgewicht (Steadystate) zwischen Laktatproduktion und -elimination nicht aufrechterhalten: Laktat akkumuliert im Blut und führt zu einer «Übersäuerung» (Azidose).

**Bei submaximalen Leistungen**

Geringe Leistungen können mehrere Minuten bis Stunden aufrechterhalten werden.
Bei solchen Leistungen wird der Energiebedarf grösstenteils durch den aeroben Stoffwechsel gedeckt, also durch die sauerstoffabhängige «Verbrennung» von Glukose und Fettsäuren. Auch jetzt entsteht Laktat, aber dieses wird fortlaufend abgebaut, so dass es nicht zu einer Akkumulation kommt. Es besteht ein Gleichgewicht zwischen Laktatproduktion und Laktatelimination (Laktat-Steadystate).

**Bei geringeren Leistungen**

# 84 Körperliche Grundlagen

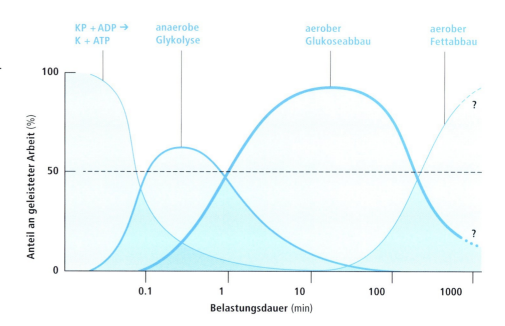

**Abbildung 43**
ATP-bildende Systeme in der Muskelfaser: Kreatinphosphat, Glukose und Fett.

Alle vier Wege zur Deckung des ATP-Bedarfs werden stets gleichzeitig genutzt. Welcher von ihnen aber im Vordergrund steht, hängt von der Intensität und der Dauer der Belastung ab.

# Globale Organsysteme: Versorgung und Logistik

### Atmungssystem: Gasaustausch

Die Zellen brauchen für die Energiegewinnung Sauerstoff. Von der Luft, die uns umgibt, zu den Zellen und Muskelfasern ist ein relativ langer Weg. Deshalb brauchen wir ein leistungsfähiges Transportsystem für die Zulieferung von Sauerstoff ($O_2$) und für den Abtransport von Kohlendioxid ($CO_2$), das als Endprodukt des aeroben Stoffwechsels in unserem Organismus entsteht.

**Äussere Atmung**

In den Lungen findet die äussere Atmung statt.
Die Belüftung der Lungen bringt den Sauerstoff in die Lungenbläschen (Alveolen) an den letzten Verzweigungen der Luftröhren. Durch Diffusion gelangt hier der Sauerstoff ins Blut, während das Kohlendioxid vom Blut an die Luft abgegeben wird. Der Sauerstoff wird vom Hämoglobin in den roten Blutkörperchen gebunden und gelangt über den Blutkreislauf zu den Körperzellen.
Die Grösse der Fläche aller Alveolen in den beiden Lungen ist ein limitierender Faktor für den Gasaustausch.

**Innere Atmung**

Den Gasaustausch im Gewebe, die Aufnahme und Verwertung von $O_2$ durch die Zellen und die Abgabe von $CO_2$ ans Blut nennen wir Gewebeatmung oder innere Atmung.

## Die Atmungsorgane

Die Luftröhre verzweigt sich in die Stammbronchien, diese verzweigen sich in die Bronchien, welche sich nach vielen weiteren Verzweigungen in die Bronchiolen aufteilen. Insgesamt kommt es zu etwa vierundsechzig Verzweigungen und dann enden die Luftwege in etwa 264 Lungenbläschen (Alveolen).   **Luftwege**

In beiden Lungen zusammen ergibt die aufaddierte Oberfläche der Alveolen die Fläche eines Tennisplatzes (etwa 200 m²). Diese Fläche steht für den Gasaustausch zur Verfügung.   **Alveolen**
Die Alveolen sind von einem Netz von Kapillaren umgeben, so dass hier die Atemgase entlang einem Diffusionsgefälle ausgetauscht werden können: Sauerstoff diffundiert aus der eingeatmeten Luft ins Blut, und Kohlendioxid diffundiert aus dem Blut in die Ausatmungsluft.

Luft, welche eingeatmet wird, aber nicht in die Alveolen gelangt, nimmt nicht am Gasaustausch teil (Totraum-Volumen). Beim Ein- und Ausatmen wird das Totraum-Volumen hin- und hergeschoben. Je grösser der Anteil des Totraum-Volumens am Ventilations-Volumen ist, desto weniger effizient ist die Atmung: Tiefes Atmen mit einem grossen Atemzugvolumen ist ökonomischer als oberflächliches Atmen.   **Totraumvolumen**
Wer beim Tauchen einen Schnorchel benützt, vergrössert das Totraum-Volumen. Das ist einer der Gründe, weshalb ein Schnorchel nicht beliebig lang sein darf. Unter Wasser ist zudem der Druck auf den Thorax so gross, dass das Einatmen über den Schnorchel auch in geringer Tauchtiefe erschwert oder unmöglich wird.

## Messwerte der Atmung

In der laborgebundenen Leistungsdiagnostik (Spiroergometrie) werden neben der Sauerstoffaufnahme ($VO_2$) und der maximalen Sauerstoffaufnahme ($VO_2max$) auch das Atemzugvolumen, das Atemminutenvolumen und das Atemäquivalent ermittelt.

Das Atemzugvolumen beträgt in Ruhe etwa 0,5 l. Es nimmt bei Belastung zu und im Grenzbereich der Belastung wieder ab.   **Atemzugvolumen (AZV)**

Das Atemminutenvolumen beträgt in Ruhe bei einer Atemfrequenz von rund zwölf Atemzügen pro Minute etwa 6 bis 8 l. Es kann bei Untrainierten auf 100 bis 125 l/min und bei Spitzenathleten auf über 200 l/min gesteigert werden.   **Atemminutenvolumen (AMV)**
Bei moderater Belastung wird das AMV hauptsächlich durch eine Vergrösserung des AZV gesteigert. Im Grenzbereich der Belastung steigt die Atemfrequenz drastisch an, ohne dass es noch zu einer deutlichen Erhöhung des AMV kommt. Je höher die Belastung, desto mehr nimmt die Ökonomie der Atmung ab.

Das Atemäquivalent ist ein Mass für die Ökonomie der Atmung: Verhältnis von AMV (l/min) zur Sauerstoffaufnahme ($VO_2$ in l/min): $AÄ = AMV/VO_2$. In Ruhe beträgt es etwa 25:1. (Zur Aufnahme von 1 l Sauerstoff müssen 25 l Luft ventiliert werden.)   **Atemäquivalent (AÄ)**
Mit Beginn einer (moderaten) Belastung wird die Atmung ökonomischer und das Atemäquivalent kleiner. Bei etwa 50 % $VO_2max$ wird bei Ausdauertrainierten der tiefste Wert (etwa 20) erreicht. Diesen Wert bezeichnen wir als «Punkt des optimalen Wirkungsgrades der Atmung». Oberhalb dieses Punktes nimmt der Wirkungsgrad der Atmung ab und das Atemäquivalent steigt, bis es im Grenzbereich der körperlichen Leistungsfähigkeit einen Wert von 30 bis 35 erreicht.

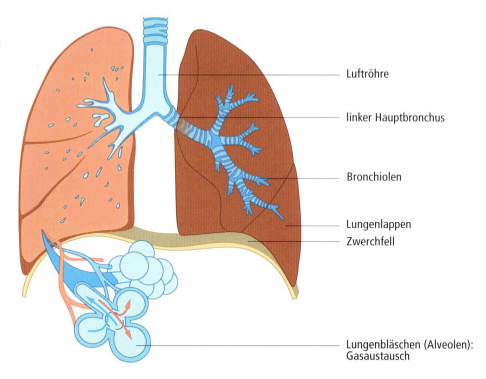

**Abbildung 44**
Lunge: Gasaustausch auf 200 m².

Luftröhre
linker Hauptbronchus
Bronchiolen
Lungenlappen
Zwerchfell
Lungenbläschen (Alveolen): Gasaustausch

### Atemtraining

Die Lungen scheinen nicht auf Trainingsreize zu reagieren. Bei Erwachsenen konnten jedenfalls bisher keine trainingsbedingten Effekte am Lungengewebe und keine Vergrösserung der Gasaustauschfläche nachgewiesen werden.

Wenn das Anpassungspotenzial der übrigen Gewebe und Organe (Muskeln, Blut, Herz- und Gefässsystem) ausgeschöpft ist, limitieren deshalb die Lungen die Sauerstoffaufnahme und damit die aerobe Leistungsfähigkeit.

Durch Atemtraining (zum Beispiel mit dem Spirotiger®) kann hingegen die Leistungsfähigkeit der Atmungsmuskulatur vergrössert werden, so dass das Ventilationsvolumen (Atemzug- und Atemminutenvolumen) erhöht wird.

### Blut: ein fliessendes Organ

Eine zentrale Aufgabe des Blutes ist der Transport der Atemgase.

Die roten Blutkörperchen transportieren den Sauerstoff von den Lungen zu den Muskelfasern und zu allen übrigen Körperzellen.

Das Blut übernimmt im Gewebe das Kohlendioxid, welches dort als Endprodukt des oxidativen Stoffwechsels entsteht, und transportiert es zu den Lungen.

Bestimmte Blutbestandteile sind für die Stabilisierung des Säure-Basen-Gleichgewichts im Blut (pH = 7,4) verantwortlich (Pufferung).

Neben den Atemgasen werden im Blut auch Nährstoffe und Stoffwechselprodukte sowie andere lebenswichtige Güter transportiert: die hormonellen Signale, die Zellen und Antikörper des Immunsystems, die Blutplättchen und andere Substanzen, welche den Wundverschluss ermöglichen.

Ein erwachsener Mensch hat etwa 5 bis 7 l Blut.

## Herz und Blutgefässe: leistungsfähiges Transportsystem

Das Gefässsystem bildet die Transportwege für die Versorgungsgüter in unserem Organismus. Die End- und Zwischenprodukte des Stoffwechsels gelangen über das Gefässsystem für die Wiederaufbereitung zur Leber oder für die Ausscheidung und Entsorgung zu den Nieren. Zudem erfüllt das Gefässsystem eine wichtige Aufgabe im Rahmen der Temperaturregulation. Es sorgt für einen abgestuften Temperaturausgleich, indem das Blut bei körperlicher Belastung Wärme aus dem Körperinneren und aus der Muskulatur an die Körperoberfläche transportiert.

Die Gefässe, welche das Blut vom Herzen weg transportieren, heissen Arterien. Sie verzweigen sich in die Arteriolen, welche das Blut in die Kapillaren befördern. In den Kapillaren findet der Gasaustausch statt. Von hier sammelt sich das Blut in den Venen, um zurück zum Herzen zu gelangen.

*Gefässsystem*

Das Herz besteht aus zwei Pumpen mit je einem Vorhof und einer Kammer. Die rechte Herzkammer versorgt den Lungenkreislauf und die linke, kräftiger ausgebildete Herzkammer den Körperkreislauf.

Die Muskelwände des Herzens (Myokard) werden durch die Herzkranzgefässe (Koronargefässe) versorgt. Die Koronararterien entspringen der Hauptschlagader (Aorta) gleich beim Ausgang des Herzens, wo sich die Taschenklappen befinden. Es handelt sich dabei um Endarterien: Wenn eine solche bei einem Herzinfarkt undurchlässig wird, wird der ganze Versorgungsbezirk nicht mehr durchblutet.

Das Herz pumpt in Ruhe etwa 5 bis 6 l Blut pro Minute in den Körperkreislauf und die gleiche Menge in den Lungenkreislauf. Die Förderleistung setzt sich zusammen aus dem Schlagvolumen (SV) und der Herzfrequenz (Hf). Das Herz-Minuten-Volumen (HMV = SV × Hf) kann bei einem Untrainierten auf etwa 22 und bei einem Trainierten auf etwa 40 l gesteigert werden.

*Herz*

Das Herz reagiert auf Ausdauertraining mit strukturellen und funktionellen Anpassungen: Es kommt zu einer Zunahme des Schlagvolumens und zu einer verbesserten Regulation der Schlagfrequenz. Das Ruhe-Schlagvolumen kann sich langfristig von 70 auf 90 bis 110 Milliliter (ml) erhöhen. Bei maximaler Belastung erreicht das Schlagvolumen bei trainierten Personen über 200 ml, während ein untrainiertes Herz höchstens etwa 110 ml befördern kann. Das Herz eines untrainierten gesunden Mannes wiegt 250 bis 300 g oder etwa 4,8 g pro Kilogramm Körpermasse. Ein Sportlerherz wiegt bei einem Volumen von 1500 ml 350 bis 500 g oder etwa 8 g pro Kilogramm Körpermasse.

Ein trainiertes Herz arbeitet in Ruhe mit einer grösseren Restblutmenge als das Herz eines Untrainierten: Am Ende der Systole (Austreibungsphase) bleibt mehr Blut im Herzen zurück. Bei Belastung kann das Schlagvolumen sprunghaft ansteigen, indem ein grosser Teil dieser Schlagvolumen-Reserve in Umlauf gesetzt wird.

Die trainingsbedingten Veränderungen am Herzen bilden sich zurück, wenn die Trainingsbelastungen ausbleiben.

*Trainingseffekte am Herzen*

Die maximale Herzfrequenz liegt bei Kindern und Jugendlichen bei etwa 210 bis 220 Schlägen pro Minute. Im Erwachsenenalter nimmt sie pro Lebensdekade um sechs bis zehn Schläge ab. Die individuellen Unterschiede sind gross, so dass es keine zuverlässige und allgemein gültige Faustregel zur Bestimmung der maximalen Frequenz geben kann.

*Maximale Herzfrequenz*

**Lungenkreislauf**

Das sauerstoffarme (venöse) Blut gelangt aus der rechten Herzkammer über die Lungenarterien zu den Lungenflügeln. In den Lungenbläschen (Alveolen) nimmt es Sauerstoff auf und gibt Kohlendioxid ab.
Das sauerstoffreiche (arterielle) Blut gelangt aus den Lungen über die Lungenvenen in den linken Vorhof des Herzens.

**Körperkreislauf**

Vom linken Vorhof kommt das Blut in die linke Herzkammer, von hier wird es in die Aorta gepumpt. Über grosse und kleine Arterien und Arteriolen gelangt es in die Versorgungsgebiete im Kopf, im Rumpf und in den Extremitäten.
Hier fliesst das Blut durch die Kapillaren, wo der Gasaustausch stattfindet: Der Sauerstoff diffundiert aus dem Blut ins Gewebe und das Kohlendioxid aus dem Gewebe ins Blut.
Aus den Kapillaren gelangt das sauerstoffarme (venöse) Blut über die Venolen in die Venen und schliesslich über die obere oder untere Hohlvene zurück in den rechten Vorhof.

**Blutverteilung**

Während unter Ruhebedingungen der grösste Teil des Blutes durch die inneren Organe fliesst, kommt es unter Belastung zu einer kompletten Umverteilung, so dass etwa 80 % des Herz-Minuten-Volumens durch die Muskulatur strömen.

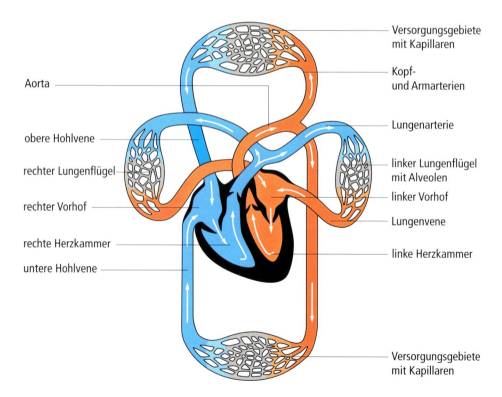

**Abbildung 45**
**Blutkreislauf.**

### Lymphgefässe: Drainagesystem des Gewebes

Das Lymphsystem bildet neben dem Blutkreislauf ein zusätzliches Gefässsystem. Es wirkt als Drainagesystem und nimmt im Gewebe Flüssigkeit aus dem extrazellulären Raum auf, um diese über die obere Hohlvene dem Blut zuzuführen.

Das Lymphgefässsystem spielt auch eine wichtige Rolle bei der Infektionsabwehr: In die Lymphbahnen sind aktive Filter (Lymphknoten) eingebaut, welche Krankheitserreger zurückhalten, abbauen und unschädlich machen können.
Im Dünndarm absorbieren die Lymphgefässe die Fette.
Die in den Lymphknoten gereinigte Flüssigkeit (Lymphe) wird der oberen Hohlvene zugeleitet und gelangt damit ins Blut.

## Verdauungssystem: Aufnahme von Nährstoffen

Der Magen-Darm-Trakt dient der Aufnahme von Bau- und Betriebsstoffen sowie von Wasser und anderen Substanzen, welche für den Muskelstoffwechsel und alle anderen biochemischen Prozesse im Organismus notwendig sind.
Durch Enzyme, welche im Magen und in der Bauchspeicheldrüse produziert werden, werden die Nahrungsmittel in ihre Bestandteile zerlegt und für die Absorption (Aufnahme) aufbereitet.
Im Dünndarm werden die Nährstoffe absorbiert.
Die Kohlehydrate und Aminosäuren werden direkt in die Blutbahn abgegeben und gelangen über die Pfortader in die Leber.
Die Fette werden von den Lymphgefässen absorbiert. Weil sie nicht wasserlöslich sind, müssen sie für den Transport speziell aufbereitet und an Transportmoleküle gebunden werden.

## Filtrations- und Ausscheidungsorgane: Entsorgung von Abbauprodukten

Die beiden Nieren sind die wichtigsten Ausscheidungsorgane. Sie beteiligen sich aktiv an der Regulation des Wasser- und Elektrolythaushalts. **Nieren**
Die Nieren pressen pro Tag etwa 180 l Flüssigkeit (Primärharn) aus dem Blut. Der grösste Teil wird wieder resorbiert und dem Kreislauf zugeführt, so dass schliesslich nur etwa 1 1/2 l Urin ausgeschieden werden.
Die Aktivität der Nieren bei der Resorption des Wassers wird durch Hormone reguliert.
Die Nieren produzieren überdies zwei Hormone: Renin ist an der Blutdruckregulation beteiligt, Erythropoietin (EPO) fördert die Bildung von roten Blutkörperchen im Knochenmark.

Die Leber erfüllt wichtige Aufgaben im Eiweiss-, Kohlehydrat- und Fettstoffwechsel. **Leber**
Über die Pfortader wird ihr das Blut mit den Nährstoffen aus dem Verdauungstrakt zugeleitet. Sie entgiftet und beseitigt schädliche Substanzen wie Alkohol und Rückstände von Medikamenten.
Die Leber produziert die Galle, welche die Fetttropfen des Darminhalts zerkleinert (emulgiert), so dass die Enzyme für die Fettverdauung (Lipasen) ihre Wirkung entfalten können.
Die Leber speichert Glykogen und hält dieses für die Regulation des Blutzuckerspiegels bereit.

## Immunsystem: Unterscheidung zwischen eigen und fremd

Der Organismus verfügt über mehrere Systeme, welche der Erkennung und Abwehr von Fremdem (z. B. von Krankheitserregern) dienen.

# TRAINING: PLANEN, DURCHFÜHREN UND AUSWERTEN

# Trainieren: belasten und regenerieren

Der Begriff Training ist vielschichtig und wird unterschiedlich verwendet.

**Training**

Training ist ein zielgerichteter, komplexer Handlungsprozess, mit dem man versucht, intellektuell-kognitive, sozial-affektive, sensomotorisch-koordinativ-technische und/oder konditionelle Fähigkeiten zu entwickeln.
Zum Trainingsbegriff im engeren Sinne gehört eine lang-, mittel- und kurzfristige Planung, eine sorgfältige Kontrolle und Protokollierung sowie eine regelmässige Evaluation der Leistungsentwicklung.
Im Leistungssport geht es immer um die Erhöhung der Belastungstoleranz und die Entwicklung optimaler Leistungsvoraussetzungen, um die Ausschöpfung von Entwicklungspotenzialen und die Fähigkeit, die bestmögliche Leistung in Bewährungssituationen zu erbringen.

### Kurzfristige Anpassungen: optimale Betriebsbedingungen

Der Organismus reguliert seine Betriebsbedingungen sehr subtil, so dass alle Organe und Organsysteme im Dienste des Ganzen funktionieren können.
Für die Regulation der lebenserhaltenden Zustandsgrössen sind mehrere Systeme zuständig:
– das vegetative Nervensystem;
– das endokrine System (Hormonsystem);
– die physiologischen Puffersysteme.
Die drei Systeme arbeiten eng zusammen. Gemeinsam sorgen sie dafür, dass alle lebenswichtigen und leistungsbestimmenden Funktionen optimal reguliert werden: Körperkerntemperatur, Sauerstoffversorgung der Organe, Blutdruck, Stoffwechselaktivität, Blutzuckerspiegel sowie der pH-Wert des Blutes und anderer Körperflüssigkeiten.
Dank der Regulationsfähigkeit kann sich der Organismus im Rahmen bestimmter Grenzen kurzfristig den Anforderungen anpassen. Zu Beginn einer Belastung werden die Organfunktionen auf Leistung und nach der Belastung auf Ruhe und Regeneration eingestellt.
Dies geschieht in einem komplexen interaktiven Prozess.

### Adaptationsprozesse: Grundlagen der Leistungsentwicklung

Der Organismus kann sich im Rahmen der genetisch festgelegten Grenzen mittel- und langfristig an die Anforderungen, die durch die Umwelt und das Training an ihn gestellt werden, anpassen. Die Anpassungen finden ausschliesslich in den beanspruchten Zellen, Muskelfasern, Geweben und Organen statt.
Wir unterscheiden zwischen strukturellen und funktionellen sowie lokalen und systemischen Anpassungen.

**Strukturelle Anpassungen**

Strukturelle Anpassungen bedeuten eine Zunahme an Masse und Grösse.
**Beispiele:** Der Muskelfaserquerschnitt nimmt zu, die Sehnen und Bänder werden massiver, die Knochenmasse wird dichter, das Herzvolumen wird grösser, und es bilden sich zusätzliche Kapillaren.

**Funktionelle Anpassungen** führen zu einer Optimierung bestimmter Funktionen. **Funktionelle Anpassungen**
**Beispiele:** Bestimmte Organfunktionen werden den Bedürfnissen des Organismus besser angepasst und die Umstellung von Ruhe auf Arbeit oder von Arbeit auf Ruhe, Erholung und Regeneration erfolgt schneller und leichter, gewisse Stoffwechselprozesse laufen reibungsloser ab, Nervensignale werden schneller transportiert und übertragen. Informationen werden effizienter verarbeitet, gespeichert und abgerufen, die Muskelaktivität wird subtiler koordiniert, so dass Bewegungsabläufe fliessender, schneller und ausdrucksvoller realisiert werden können.

**Lokale Anpassungen** sind strukturelle und funktionelle Veränderungen in den Muskeln, welche trainiert werden. **Lokale Anpassungen**
**Beispiele:** Es werden mehr Kapillaren gebildet, die Glykogen- und Fettspeicher werden vergrössert, die Myoglobinmenge im Blut und die Mitochondrienmasse in den Muskelfasern werden erhöht, und die Enzymaktivität nimmt zu.

**Systemische Anpassungen** sind strukturelle und funktionelle Veränderungen, die dem ganzen Organismus dienen. **Systemische Anpassungen**
**Beispiele:** Die Transportkapazität für Sauerstoff nimmt zu: grösseres Blutvolumen, mehr Hämoglobin und ein höherer Hämatokritwert, grösseres Herz-Minuten-Volumen aufgrund eines grösseren Schlagvolumens.
Die Organfunktionen werden durch das vegetative Nervensystem und das Hormonsystem optimal reguliert.

Die Trainingsreize müssen sorgfältig ausgewählt und dosiert werden. Zu schwache Reize nützen nichts, zu starke können schädlich sein. Nur richtig dosierte, überschwellige Reize lösen die Prozesse aus, die für die Entwicklung und Erhaltung der Belastungstoleranz und der Leistungsfähigkeit notwendig sind.
Alle Anpassungen finden während der Erholungsphase statt. Wir müssen dem Organismus dafür genügend Zeit geben und die Adaptationsprozesse durch regenerative Massnahmen unterstützen: Belastung und Erholung müssen aufeinander abgestimmt werden.

## Superkompensation: Antwort auf Homöostasestörungen

Die Gewebe in unserem Organismus befinden sich in einem ununterbrochenen Auf- und Abbau. Bei veränderten Bedingungen werden sie ständig umgebaut und den Bedürfnissen angepasst.

Unter normalen Umständen besteht ein perfekt reguliertes Gleichgewicht zwischen aufbauenden (anabolen) und abbauenden (katabolen) Prozessen. Wir nennen dieses Gleichgewicht Homöostase. **Homöostase**
**Beispiele:** Die roten Blutkörperchen haben eine Lebensdauer von etwa 120 Tagen. Pro Minute werden im Knochenmark etwa 150 Millionen Blutkörperchen produziert, und ebenso viele werden abgebaut.

Die durchschnittliche Lebensdauer von Proteinen beträgt 3 bis 15 Tage, und der Protein-Turnover umfasst pro Tag 3 bis 6% des aktiven Gewebes.

Die kurzen Halbwertszeiten bedeuten für den Körper einen riesigen Aufwand, aber sie ermöglichen schnelle Anpassungen an veränderte Bedingungen und Trainingsbelastungen.

**Homöostasestörung**

Durch überschwellige Beanspruchung von Zell-, Gewebe- und Organfunktionen, wie sie im Training auftreten, wird die Homöostase kurzfristig gestört. Es kommt vorübergehend zu einem verstärkten Abbau, und die Energiereserven, insbesondere die Glykogenspeicher, werden entleert.

**Kompensation und Superkompensation**

Die Homöostasestörung provoziert die Zellen zur Erhöhung der Biosyntheserate. Dadurch wird der verstärkte Abbau im Rahmen eines Trainings in der Regenerationsphase durch einen intensiveren Aufbau wettgemacht, der Substratverlust wird kompensiert und unter günstigen Bedingungen überkompensiert.

In der Trainingslehre spricht man von Superkompensation. Im Rahmen einer solchen legen die Muskelfasern zum Beispiel grössere Glykogen- und Fettdepots an.

Durch Superkompensationseffekte wird der Organismus belastbarer, leistungsfähiger und resistenter gegen Ermüdung, so dass er bei einer nächsten, ähnlichen Belastung weniger rasch in einen Engpass gerät. Sie bilden sich aber nach kurzer Zeit zurück, wenn nicht innert nützlicher Frist neue Trainingsreize gesetzt werden.

**Regenerationsphase**

Die Dauer der Regenerationsphase hängt vom Trainingsreiz und vom individuellen Leistungsniveau ab.

Durch regenerative Massnahmen können wir dem Organismus die Anpassung an erhöhte Belastungsanforderungen erleichtern.

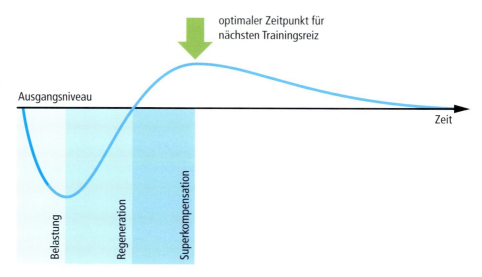

**Abbildung 46**
Schematische Darstellung der Superkompensation.

**Summation der Trainingseffekte**

Jeder überschwellige Trainingsreiz hinterlässt einen kleinen Trainingseffekt. Durch die Summierung von mehreren Effekten kommt es zu einer Steigerung der Leistungsfähigkeit und der Belastungstoleranz.

Wenn wir also eine bestimmte Leistungsfähigkeit erhalten wollen oder eine Leistungsverbesserung anstreben, müssen wir die Trainingsreize regelmässig wiederholen. Wir müssen auf Kontinuität achten, auf längere Trainingsunterbrüche verzichten und die Belastungen variieren und sukzessive steigern.

Die grössten Fortschritte werden erzielt, wenn wieder trainiert wird, sobald die Erholung vom vorangehenden Trainingsreiz abgeschlossen ist.

Das Modell der Superkompensation erklärt vor allem das Phänomen der Glykogenspeicherung in den Muskelfasern und in der Leber. Ein grosser Teil der Adaptationsprozesse verläuft aber auf komplexe Art und lässt sich mit diesem Modell nicht begründen.

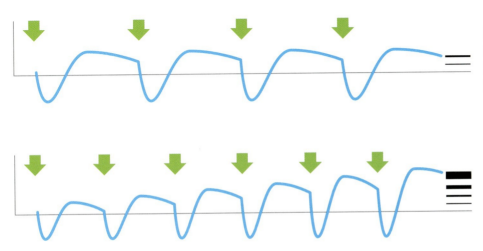

Abbildung 47
**Schematische Darstellung der Summation von Trainingseffekten.**

**Trainingsreize: Aktivierung bestimmter Gene**

Die psychisch-emotionalen, intellektuell-kognitiven, koordinativ-technischen und ganz besonders die physisch-konditionellen Fähigkeiten und Kompetenzen werden durch die Gene beeinflusst. Sie können durch Lernen, Üben und Trainieren in bestimmten Grenzen entwickelt werden.

Die Gene bestimmen auch weitgehend das Anpassungs- und Entwicklungspotenzial sowie die Konstitution (Körpergrösse und Statur, Robustheit und Belastbarkeit, Muskelfasermosaik und Gelenkigkeit).

In der Auseinandersetzung mit den Herausforderungen der Umwelt entwickeln sich die Eigenschaften und Fähigkeiten, die uns durch die Vererbung zuteil wurden. Jeder Mensch ist trainierbar, aber nicht jeder hat die Voraussetzungen zum Hochleistungs- und Spitzensportler. Eine Zunahme der Leistungsfähigkeit und der physischen Belastungstoleranz beruht in den meisten Fällen auf einer Intensivierung der Genexpression und der Proteinsynthese.

Durch Trainingsreize regen wir bestimmte Gene zu einer erhöhten Aktivität an. Wir sprechen von überschwelligen Trainingsreizen, wenn durch sie die «richtigen» Gene aktiviert und wenn in der Folge die entsprechenden Proteine aufgebaut werden.

Eine zentrale Rolle spielen die Regulatorgene, deren Produkte im Zellkern ganze Kaskaden von Aktivitäten auslösen können.

**Erbgut (DNA)**   Das Erbgut befindet sich im Zellkern und enthält alle Informationen, welche die Zellen für die Herstellung der Proteine aus Aminosäuren benötigen. Es besteht aus DNA (Desoxyribonukleinsäuren), die sich aus winzigen Bausteinen (Nukleotiden) zusammensetzt. Jedes Nukleotid enthält eine von vier spezifischen Basen (Adenin, Cytosin, Guanin und Thymin). Das sind die vier «Buchstaben», aus denen die genetische Schrift aufgebaut ist. Für die Speicherung der ganzen genetischen Information kommt die Natur mit diesen vier «Buchstaben» aus, die auf der DNA linear angeordnet sind.

Für die Herstellung eines Proteins, zum Beispiel eines Enzyms, wird ein bestimmter Abschnitt der DNA (ein Gen) im Zellkern abgelesen und auf eine «mRNA-Matrize» kopiert. Diese Matrize gelangt ins Zytoplasma und wird dort von den Ribosomen als Vorlage für die Proteinsynthese verwendet.

Jeder Zellkern enthält einen vollständigen Chromosomensatz mit sämtlichen Genen, die wir von den Eltern geerbt haben. Auf den 46 Chromosomen der menschlichen Erbsubstanz befinden sich etwa 30 000 Gene.

**Gen**   Nach der klassischen Definition der Genetik gilt: Ein Gen ist ein Teil der Erbsubstanz, ein DNA-Abschnitt, der die Information für den Bau einer Aminosäurekette enthält. Jedes Gen hat einen bestimmten Platz auf einem der 46 Chromosomen des menschlichen Erbguts.

**Genprodukt**   Genprodukte sind Aminosäureketten (Proteine oder Teile von Proteinen wie z. B. von Enzymen oder von Transport- und Strukturproteinen).

Die moderne Biologie zeigt, dass in den menschlichen Zellen durch das Splitting (Teilen und Zusammenfügen von mRNA-Segmenten) etwa $5 \times 10^5$ verschiedene Proteine und $10^9$ bis $10^{12}$ verschiedene Antikörper hergestellt werden können.

**Genexpression**   Genexpression bedeutet, dass der Informationsgehalt eines Gens abgelesen und in die Sprache der Proteine übersetzt wird. Alle Differenzierungen und Anpassungen der Zellen beruhen darauf, dass die genetische Information selektiv umgesetzt wird.

Die Genexpression umfasst die Transkription, die RNA-Prozessierung (Splitting) und die Translation.

Transkription: Die Genexpression beginnt im Zellkern mit der Transkription. Die Information eines bestimmten DNA-Abschnitts wird auf ein Transportmolekül (messenger RiboNukleinSäure: mRNA) übertragen. Es wird eine Kopie in Form von Prä-mRNA (Prä-Boten-RNA) erstellt.

Splitting und RNA-Prozessierung: Bevor die Information den Zellkern verlässt, wird sie hier noch bearbeitet. Die Prä-mRNA wird durch Editing-Enzyme gesplittet, rearrangiert und modifiziert und gelangt dann durch die Kernporen ins Zytoplasma.

Translation: Der dritte Schritt der Genexpression ist die Translation. Sie findet in der Zellflüssigkeit (Zytosol) statt.

Der Informationsgehalt der mRNA wird von den Ribosomen abgelesen und umgesetzt. Die Aminosäuren werden der genetischen Information entsprechend in der richtigen Reihenfolge fehlerfrei zu einer Aminosäurekette (Polypeptid) zusammengefügt. Aus der Aminosäurekette entsteht ein Protein.

Eine Steigerung der Transkriptionsrate führt zu einer Steigerung der Proteinsyntheserate.

Die Antwort des Organismus auf überschwellige Beanspruchung im Training oder auf Nichtbeanspruchung des vorhandenen Leistungspotenzials im Alltag können wir deshalb wie folgt auf den Punkt bringen:

| | |
|---|---|
| Regelmässiges Training = erhöhte Beanspruchung | «Up-Regulierung der Genexpression» (Steigerung der Proteinsyntheserate) |
| Kein Training = mangelnde Beanspruchung | «Down-Regulierung der Genexpression» (Drosselung der Proteinsyntheserate) |

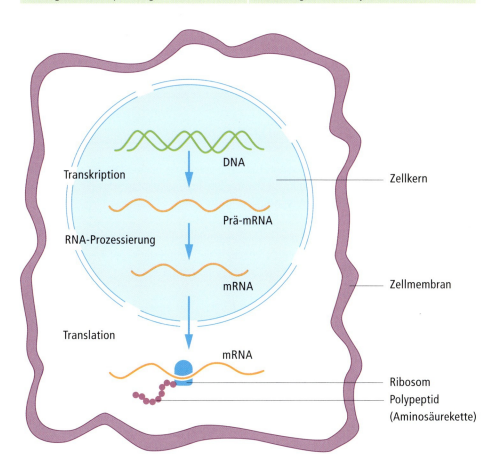

**Abbildung 48**
Erhöhung der Genexpression durch Trainingsreize.

## Proteine: Umsetzung der genetischen Information

Je aktiver die Gene sind, je höher ihre Expressionsrate in einer Zelle ist, desto mehr Proteine werden hergestellt.

Proteine bestehen aus 20 verschiedenen Bausteinen, den Aminosäuren (AS), und werden in unseren Zellen ununterbrochen auf- und wieder abgebaut.
Die Syntheserate wird ständig dem Bedarf angepasst. Durch intensive Beanspruchung (z. B. im Training) werden die Zellen zu einer erhöhten Syntheserate angeregt.
Die Proteine sind für die Umsetzung der genetischen Informationen zuständig und kommen in verschiedensten Formen vor.
Sie spielen eine lebenswichtige und leistungsbestimmende Rolle:
Motorproteine wie die Aktin- und Myosinfilamente leisten in den Muskelfasern die Arbeit, indem sie biochemische Energie in biomechanische Energie umwandeln.
Enzyme sind als Werkzeuge des Stoffwechsels an allen biochemischen Zellaktivitäten beteiligt.
Transportproteine binden und transportieren bestimmte Ionen oder Moleküle.

**Beispiel:** Das Hämoglobin in den roten Blutkörperchen, welches in den Lungenbläschen Sauerstoff aufnimmt, um diesen zu den Geweben zu transportieren.

Rezeptorproteine sitzen auf der Zellmembran oder im Zellinnern. Sie empfangen Signale und leiten diese an die entsprechenden Instanzen innerhalb der Zelle weiter. Strukturproteine geben den Zellen und Geweben eine mechanische Stütze.

**Beispiel:** Die kollagenen Bindegewebsfasern, die für die Stabilität des Bewegungsapparates wichtig sind.

Genregulatorproteine binden sich an bestimmten Stellen an die DNA, um die Aktivität bestimmter Gene zu regulieren. Sie sind die Produkte von Regulatorgenen.

### Trainingsreize: auslösen von Anpassungsprozessen

Bei allen Entwicklungs- und Anpassungsprozessen spielt die Regulation der Genaktivität eine zentrale Rolle. Durch eine subtile Dosierung der Expressionsrate wird die Produktion von Proteinen exakt dem Bedarf angepasst.

**Genotyp**

Der Genotyp entspricht der Summe der ererbten genetischen Informationen.
Die Erbanlagen sind zuständig für die Bereitschaft des Organismus, auf Trainingsreize zu reagieren, sie legen den Rahmen, das Entwicklungs- und Anpassungspotenzial fest.

**Phänotyp**

Der Phänotyp entspricht dem, was aus uns wird, indem wir unsere körperlichen, geistigen und emotionalen Anlagen beanspruchen, indem wir lernen, üben und trainieren. Durch die Auseinandersetzung mit der Umwelt werden unsere angeborenen Fähigkeiten und Eigenschaften modifiziert und entwickelt.

Jeder Mensch hat ein anderes Mosaik von Erbeigenschaften – eine Ausnahme bilden nur die eineiigen Zwillinge. Deshalb reagiert jeder auf die Trainingsreize auf seine Art. Das Entwicklungs- und Anpassungspotenzial ist unterschiedlich, jeder Mensch ist bis zu einem bestimmten Grad trainierbar, aber nicht jeder kann Weltmeister werden…

Auch das Anpassungspotenzial der einzelnen Organsysteme eines Individuums ist unterschiedlich. Um beispielsweise in einer Ausdauersportart erfolgreich zu sein, braucht es neben dem Trainingsfleiss auch günstige Voraussetzungen in Bezug auf den Energiestoffwechsel und auf das Herz-Kreislauf-System, eine entsprechende psycho-physische Belastbarkeit und ein überdurchschnittliches Anpassungs- und Entwicklungspotenzial.

### Trainingseffekte: Einfluss auf alle involvierten Organe

Die Effekte des Trainings sind sehr vielfältig.

**Trainingseffekte am Nerv-Muskel-System**

Aufbau und Erhaltung der Kraftfähigkeiten durch funktionelle Anpassungen (Steuerung und Energiebereitstellung) und durch strukturelle Anpassungen (Muskelfaserquerschnitt).
– Entwicklung und Erhaltung einer optimalen neuromuskulären Koordination.
– Entwicklung und Erhaltung eines leistungsfähigen Energiestoffwechsels (grössere Mitochondrienmasse).
– Entwicklung einer optimalen Sauerstoff- und Substratversorgung (zusätzliche Kapillaren in den Skelettmuskeln).

| Trainingseffekte: von vielen Faktoren beeinflusst | |
|---|---|
| Endogene, nicht beeinflussbare Faktoren | Veranlagung (Genotyp)<br>Alter, Geschlecht, Hormonhaushalt<br>Adaptationsbereitschaft des belasteten Systems<br>biorhythmische Faktoren |
| Endogene, beeinflussbare Faktoren | Gesundheitszustand<br>Psyche<br>Trainingszustand<br>Versorgungszustand (Flüssigkeit, Nährstoffe, Vitamine, Elektrolyte, Spurenelemente) |
| Exogene, teilweise beeinflussbare Faktoren | Art und Dauer der Belastung<br>Trainingsmethoden, -inhalte und -mittel<br>erholungsfördernde Massnahmen<br>leistungsadäquate Nährstoffzufuhr<br>soziale Begleitfaktoren<br>klimatische Bedingungen, Jahreszeiten |

**Trainingseffekte am passiven Bewegungsapparat**
- Entwicklung und Erhaltung belastungstoleranter Knochen- und Knorpelstrukturen sowie funktionstüchtiger Gelenke.
- Entwicklung einer intakten, beweglichen, belastbaren Wirbelsäule.
- Erhöhung der Zugfestigkeit und der Elastizität von Sehnen und Bändern.

**Trainingseffekte an den Stoffwechselsystemen**
- Optimierung der Enzymaktivität im Dienste des Substanzaufbaus (Baustoffwechsel), der Energiebereitstellung (ATP-Produktion), der Verarbeitung von Zwischenprodukten des Stoffwechsels und der Beseitigung von Stoffwechselendprodukten.

**Trainingseffekte an den Sauerstoffaufnahme- und -transportorganen**
- Entwicklung und Erhaltung eines funktionstüchtigen Atmungssystems, insbesondere einer leistungsfähigen Atmungsmuskulatur.
- Entwicklung und Erhaltung eines leistungsfähigen und belastbaren Herz-Kreislauf-Systems.
- Vermehrung des Blutvolumens und der roten Blutkörperchen: Erweiterung der Sauerstofftransportkapazität.
- Erhöhung der Pufferkapazität und der Laktattoleranz.

**Trainingseffekte am vegetativen Nervensystem und am Hormonsystem**
- Optimierung der Regulation aller Herz-Kreislauf- und Atmungsfunktionen.
- Optimierung der Anpassungsfähigkeit des Bau- und Betriebsstoffwechsels an die aktuellen Bedürfnisse.
- Optimierung des Flüssigkeits- und Elektrolythaushalts sowie der Temperaturregulation.
- Entwicklung der Erholungs-, Regenerations- und Anpassungsfähigkeit im psychischen und physischen Bereich.

**Trainingseffekte an den Wahrnehmungsorganen sowie am zentralen und peripheren Nervensystem**
- Entwicklung der peripheren und zentralen Strukturen, welche auf die Aufnahme und Auswertung von Informationen spezialisiert sind.
- Erhöhung der Durchlässigkeit in den neuronalen Netzwerken und «Optimierung der synaptischen Effizienz», indem die Nervenverbindungen im zentralen Nervensystem, welche für die kognitiven Prozesse verantwortlich sind, besser vernetzt werden.

– Erhaltung oder Vergrösserung der Kapazität für die Aufnahme, Verarbeitung und Speicherung von Informationen.
– Optimierung der Regulationsmechanismen für komplexe Bewegungsabläufe.

Alle Organsysteme bedürfen für die Entwicklung und Erhaltung der bestmöglichen Funktionstüchtigkeit einer regelmässigen, adäquaten Beanspruchung durch Training.

**Hormone: Regulation der Anpassungsbereitschaft**
Gewisse Zellen scheinen auf Trainingsreize unmittelbar zu reagieren: lokale Reize lösen lokale Reaktionen aus.
Zum Teil werden die Reaktionen indirekt durch chemische Signale in Gang gesetzt und/oder verstärkt: Die Trainingsreize stimulieren Zellen, welche bestimmte Botenstoffe (Hormone und Zytokine) ausschütten, und diese gelangen (z. B. über die Blutbahn) zu den Zielzellen, wo in der Folge die Produktion von bestimmten Proteinen gesteigert wird.
Die Bereitschaft der Zellen, Gewebe, Organe und Organsysteme, auf Trainingsreize zu reagieren, wird durch Hormone beeinflusst.
**Beispiel:** Testosteron hat eine anabole Wirkung; es stimuliert die Proteinsynthese. Der erhöhte Testosteronspiegel bei männlichen Jugendlichen bewirkt, dass diese auf Konditionstraining intensiver ansprechen als Kinder und Frauen: Krafttraining hat bei männlichen Jugendlichen eine Massenzunahme der Muskulatur zur Folge, wie sie vor der Pubertät nicht möglich ist.

**Trainingsbelastung: der individuell optimale Trainingsreiz**
Die Reaktionen des Organismus auf Trainingsreize hängen von endogenen und exogenen Faktoren ab. Diese sind bei der Trainingssteuerung zu berücksichtigen.

**Abbildung 49**
Endogene und exogene Faktoren, welche die Anpassungsprozesse beeinflussen.

Jeder Trainingsreiz hat eine bestimmte Intensität, einen bestimmten Umfang und eine bestimmte Qualität, und jeder Mensch beantwortet ihn auf seine individuelle Art. Die Reaktionen hängen unter anderem von den genetischen Voraussetzungen und vom Trainingszustand ab.

Die individuellen Bedingungen in Bezug auf die Belastungstoleranz, das Anpassungspotenzial, den Trainingszustand, die schulischen und beruflichen Belastungen sowie die Regenerationsmöglichkeiten müssen bei der Planung und Gestaltung des Trainings berücksichtigt werden. Unterschwellige Reize, Reize von zu geringer Intensität und/oder zu geringem Umfang, lösen keine biopositiven Effekte aus: Bei fehlenden oder (für das entsprechende Individuum) zu schwachen Belastungsreizen kommt es zu einem Verlust an Leistungsfähigkeit und Belastungstoleranz. Zu intensive Reize können schädlich sein und ebenfalls bionegative Folgen haben.

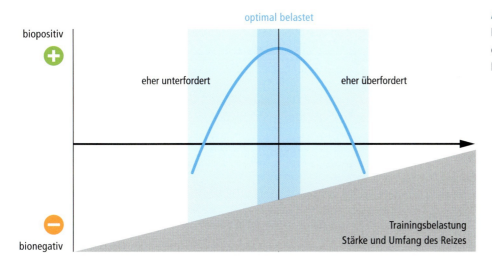

**Abbildung 50**
Bedeutung der individuell optimal angepassten Dosis im Training.

Optimal angepasste Trainingsbelastungen aber lösen biopositive Prozesse aus: Die Leistungsfähigkeit und die Belastungstoleranz nehmen zu.

Für jedes Individuum gibt es eine optimal dosierte Trainingsbelastung, bei der Aufwand und Ertrag im bestmöglichen Verhältnis stehen. Je besser die Intensität, der Umfang und die Qualität der Trainingsreize den individuellen Voraussetzungen angepasst sind, desto eher kommt es zu den erwünschten Effekten.

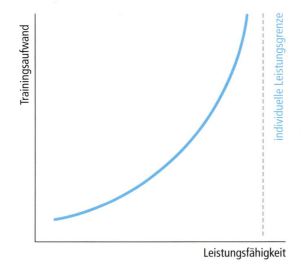

**Abbildung 51**
Verhältnis zwischen Leistungsniveau und Trainingsaufwand.

Die Wirkungen des Trainings sind abhängig vom bereits erreichten Trainingszustand. Je vollständiger das individuelle Anpassungspotenzial ausgeschöpft ist und je näher wir der genetisch determinierten Leistungsgrenze kommen, desto schwieriger wird es, weitere Trainingseffekte auszulösen.

Untrainierte können mit geringen und unspezifischen Belastungen eine relativ deutliche und breite Wirkung erzielen, während Trainierte und Hochtrainierte nur mit intensiven, spezifischen Reizen weiterkommen. Im Hochleistungssport wird das Training deshalb zu einer Gratwanderung zwischen Überforderung und Unterforderung.

**Abbildung 52**
**Reizschwelle des Trainings.**

### Regeneration und Anpassung: beträchtlicher Zeitbedarf

Die Realisierung der Adaptationsprozesse ist für die Zellen mit viel Aufwand verbunden. Gewisse Anpassungen sind leicht zu bewerkstelligen, andere sind sehr komplex. Der Zeitbedarf für die Regeneration ist deshalb unterschiedlich.

| | |
|---|---|
| Sofort-Regeneration | – Die ATP- und Kreatinphosphat-Speicher werden aufgefüllt. |
| Kurzfristige Regeneration innerhalb von 6 Stunden | – Die Herzfrequenz, der Blutdruck und die Atemfrequenz werden auf Ruhewerte reduziert.<br>– Das Laktat wird abgebaut und der pH-Wert normalisiert.<br>– Der Flüssigkeits- und Elektrolythaushalt wird stabilisiert.<br>– Die Wiederauffüllung der Glykogenspeicher beginnt. |
| Mittelfristige Regeneration innerhalb von 6 bis 36 Stunden | – Die Glykogen- und Lipidspeicher in den Muskelfasern und in der Leber werden aufgefüllt.<br>– Kontraktile Proteine sowie Enzyme der anaeroben Glykolyse werden synthetisiert (schnelle Protein-Resynthese). |
| Langfristige Regeneration innerhalb von Tagen und Wochen | – Die aufwändige Protein-Resynthese wird abgeschlossen: Mitochondrien werden produziert.<br>– Die Binde- und Stützgewebe regenerieren und adaptieren. |

Gewisse Organsysteme erholen sich rasch und können sich in relativ kurzer Zeit anpassen, während andere nur langsam auf Trainingsreize reagieren.
Deshalb steigern wir die Belastung im Training nur so schnell, wie die langsam adaptierenden Systeme Schritt halten können. Wir berücksichtigen dabei vor allem die Strukturen des passiven Bewegungs- und Stützsystems.

*Die Heterochronizität der Anpassung*

**Leistungseinbruch: Folge von ungenügender Erholung**

Ein länger dauerndes Ungleichgewicht zwischen belastenden und erholungsfördernden Faktoren kann zu einem unerwarteten Leistungseinbruch führen.
Wir unterscheiden zwischen einer kurzfristigen, milden Form des Leistungseinbruchs, dem «Overreaching», und einer länger dauernden, schwerwiegenden Variante, dem «Overtraining Syndrome». Beide Formen sind auf eine unausgeglichene Bilanz zwischen der Summe an physischen und psychischen Belastungen und der Erholung zurückzuführen.
Overreaching und Overtraining induzieren eine Vielfalt an strukturellen, neuroendokrinen, immunologischen, physiologischen und psychologischen Veränderungen.

OR ist ein Zustand, der durch einen ungeplanten und unerwarteten Leistungseinbruch gekennzeichnet ist. Die Erholung von diesem Zustand dauert bei optimalem Regenerationsverhalten höchstens zwei Wochen; eine Superkompensation ist möglich.
Die Frühwarnsymptome eines drohenden OR sind Leistungsstagnation, Müdigkeit, Unlust, saure Muskeln, depressive Verstimmung usw.
Therapie: Redimensionierung des Trainingsumfangs und/oder der Trainingsintensität und optimierter Einsatz der erholungsfördernden Massnahmen.

*Overreaching (OR)*

OTS ist ein krankhafter Symptomkomplex, der auf eine systemische Erschöpfung zurückzuführen ist. Die Erholung vom Zustand des OTS dauert mehrere Wochen bis Monate; eine Superkompensation kommt nicht zustande.
Symptome und Kriterien eines OTS (bei Ausschluss von anderen medizinischen Ursachen für den Leistungseinbruch) sind:
– Reduktion der Maximalleistung um > 3 % im Stufentest oder erniedrigte $VO_2max$ um mindestens 2 ml/kg KM/min (ca. 4 %) respektive erniedrigte Maximalgeschwindigkeit im Laufband-Test;
– Reduktion der maximalen Herzfrequenz um > 5 Schläge/min;
– reduzierter Plasmacortisolspiegel in Ruhe;
– Trainingsmüdigkeit, Stimmungsschwankungen, Gefühlsveränderungen, Schlafprobleme, unregelmässige Menstruation, Appetitlosigkeit, Händezittern, Schwitzen und weitere psychosomatische Beschwerden.
Prävention: Reagiert ein Athlet oder eine Athletin rechtzeitig auf die Frühwarnsymptome eines OR, kann ein Übertrainingssyndrom (OTS) vermieden werden.
Therapie: Ärztliche Intervention sowie vollständige Reduktion der Belastung über sechs Wochen bis zwei Monate.

*Overtraining Syndrome (OTS)*

Das Phänomen des Übertrainings ist vergleichbar mit dem Burnout-Syndrom und dem «chronischen Ermüdungssyndrom».

# Trainingsgrundsätze

### Pädagogische Trainingsgrundsätze

Kindertraining unterscheidet sich vom Jugendtraining, und beide unterscheiden sich in mancher Beziehung vom Training im Erwachsenenalter. Grundsätzlich ist zu beachten, dass Kinder und Jugendliche nicht «kleine Erwachsene» sind. Diese Tatsache muss bei der Zielsetzung und der Trainings- und Wettkampfplanung, beim Einsatz von Trainingsverfahren und bei der Dosierung der Trainingsbelastungen berücksichtigt werden. Auch bei der Organisation von Wettkämpfen und der Festlegung von Wettkampf- und Testbestimmungen sollte berücksichtigt werden, dass Kinder und Jugendliche andere Bedürfnisse und andere Voraussetzungen haben als Erwachsene.

Trainerinnen und Trainer, die Kinder und Jugendliche im Sport betreuen, übernehmen pädagogische Verantwortung. Sie müssen sich bewusst sein, dass sie grossen Einfluss auf die Persönlichkeitsentwicklung der jungen Menschen haben, und sie sind verpflichtet, sich vorbildlich zu verhalten.

Die optimale Entwicklung der physischen und psychischen Fähigkeiten, die Gesundheit, die Individualität und die Lebensfreude haben immer Priorität vor dem Erfolg im Sport.

Die Anforderungen des Sports müssen mit dem sozialen Umfeld, insbesondere mit den Ansprüchen der Familie, der Schule und der Ausbildung, in Einklang gebracht werden.

Auch im Erwachsenensport gilt: Die Würde und die Gesundheit der Sportlerinnen und Sportler haben Vorrang!

### Methodische Trainingsgrundsätze

Bei der Planung des Trainings müssen einige methodische Grundsätze beachtet werden.

| | |
|---|---|
| **Prinzip der Individualität und Altersgemässheit** | Das Training muss auf die individuellen Bedürfnisse und auf die psychischen und physischen Voraussetzungen der Trainierenden abgestimmt und ausgerichtet werden. Die Grenzen der Belastbarkeit müssen ohne Kompromisse respektiert werden. |
| **Prinzip des optimalen Belastungsreizes** | Die Art und Stärke der Reize bestimmt die Anpassungen. Bei Untrainierten und bei Anfängern löst nahezu jede Belastung irgendwelche Anpassungsprozesse aus. Je höher aber das Niveau ist, desto spezifischer müssen die Trainingsreize auf die Ziele ausgerichtet und auf die individuellen Voraussetzungen abgestimmt werden. |
| **Prinzip der Kontinuität** | Je regelmässiger trainiert wird, desto schneller entwickelt sich das Leistungspotenzial: Trainingsunterbrüche, die nicht der gezielten Regeneration dienen, führen meistens zu einem Leistungsabbau. |
| **Prinzip der optimalen Gestaltung von Belastung und Erholung** | Die Regeneration ist genau so wichtig wie die Belastung: Die regenerativen Massnahmen müssen ebenso sorgfältig geplant und umgesetzt werden wie das Training. Es ist zu berücksichtigen, dass die Regenerationsprozesse auch durch psychisch-emotionale Faktoren beeinflusst werden. |

Mit der Zeit wirken gleich bleibende Trainingsreize nur noch erhaltend. Wenn wir die Leistung steigern wollen, müssen wir auch die Belastung steigern, so dass der Organismus weiterhin zu Anpassungen provoziert wird.
Bei der Steigerung der Belastung empfiehlt sich die folgende Reihenfolge: Erhöhung der Trainingshäufigkeit, Erhöhung der Belastungsdichte, Steigerung des Belastungsumfangs und Steigerung der Belastungsintensität.

**Prinzip der progressiven Belastungssteigerung**

Gleichartige Trainingsreize verlieren mit der Zeit ihren Reiz. Deshalb müssen die Trainingsbelastungen planmässig und systematisch variiert werden. Eintönigkeit für die Psyche und Monotonie für die Organe sind zu vermeiden.

**Prinzip der Variation der Trainingsbelastung**

Wer auf ein bestimmtes Ziel hin trainiert, muss den Formaufbau sorgfältig planen.
Zuerst müssen die allgemeinen koordinativen und energetischen Voraussetzungen und die Belastungstoleranz des Bewegungsapparates entwickelt werden. Zu diesem Zwecke wählen wir eher umfangbetonte Belastungen. Auf einem soliden Fundament können dann die speziellen, disziplinspezifischen Fähigkeiten trainiert werden.
Bei der Trainingsplanung orientieren wir uns konsequent an den individuellen Voraussetzungen sowie an den gesetzten Zielen und Teilzielen.
Durch regelmässige Standortbestimmungen evaluieren wir die Effekte des Trainings und die Entwicklung des Leistungspotenzials.
Weil im Training selten alles Wünschbare auch machbar ist, müssen wir die wichtigsten Akzente auslesen und entsprechende Schwerpunkte setzen.

**Prinzip der Periodisierung und Zyklisierung**

Die verschiedenen Regenerations- und Anpassungsprozesse benötigen unterschiedlich viel Zeit. Funktionelle Anpassungen kommen schneller zustande als strukturelle; die Muskulatur adaptiert rascher als die passiven Teile des Bewegungsapparates.

**Prinzip der unterschiedlichen Adaptationszeiten**

Wenn in einer Trainingseinheit mehrere koordinativ-technische und konditionelle Fähigkeiten trainiert werden, sollte auf die richtige Reihenfolge geachtet werden.
Wir machen das Koordinations-, Technik- und Schnelligkeitstraining im erholten Zustand, unmittelbar nach dem Aufwärmen, und Krafttraining vor einem allfälligen Ausdauertraining.

**Prinzip der optimalen Belastungsfolge**

# Training im Kindes- und Jugendalter

Die Entwicklung jedes Menschen verläuft nach individuellen Gesetzmässigkeiten. Der Entwicklungsstatus kann um Jahre vom kalendarischen Alter abweichen.
Bei der Planung und Gestaltung des Sportunterrichts und/oder des Trainings im Kindes- und Jugendalter steht deshalb das Prinzip der Individualität und Altersgemässheit im Vordergrund.

### Entwicklungsstatus
Unter dem Entwicklungsstatus verstehen wir den Ausprägungsgrad der einzelnen Körper- und Persönlichkeitsmerkmale in einem bestimmten Zeitpunkt des Lebens.

| Kalendarisches, chronologisches Alter | Alter «auf dem Papier» gemäss Geburtsschein. |
|---|---|
| Biologisches Alter | Physische Dimensionen: Alter, das dem individuellen biologischen Entwicklungsstand entspricht.<br>Psychische Dimensionen: Entwicklungsstatus in Bezug auf die intellektuell-kognitiven, psychisch-emotionalen, affektiven und sozialen Kompetenzen. |

Zur Bestimmung des biologischen Alters gibt es statistische Durchschnittswerte (Normen) für verschiedene Entwicklungsmerkmale:
– Körperdimensionen: Längen- und Breitenwachstum sowie Körpergewicht und Body Mass Index (BMI);
– Knochenalter (Bestimmung aufgrund von Verknöcherungszentren an den Handwurzelknochen);
– Entwicklungsstand der Sexualfunktionen (hormonell regulierte Entwicklung der Geschlechtsorgane und der sekundären Geschlechtsmerkmale);
– Entwicklungsstand der Motorik;
– Entwicklungsstand der aeroben und anaeroben Leistungsfähigkeit.

Das biologische Alter kann in der Pubertät bei Knaben und Mädchen um zwei bis drei Jahre von den Normwerten abweichen, so dass es zum Beispiel unter Fünfzehnjährigen solche gibt, welche biologisch gesehen dreizehnjährig und andere, welche «älter» als achtzehnjährig sind. Wenn sich Jugendliche an einem Wettkampf in Jahrgangsklassen gegenüberstehen, verwundert es nicht, dass die Akzelerierten in gewissen Disziplinen den Retardierten und normal Entwickelten weit überlegen sind.

Für die Beurteilung des Entwicklungsstandes anhand von Normen eignen sich Percentilen-Tabellen, auf denen die Durchschnittswerte und Abweichungen ersichtlich sind.

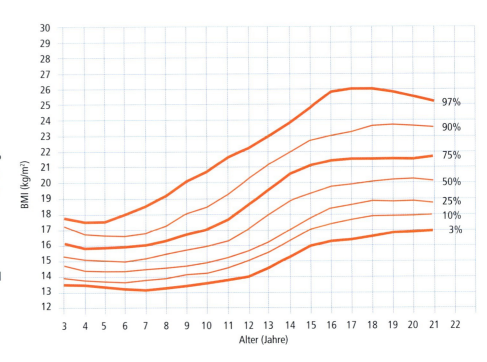

Abbildung 53
Body Mass Index bei Mädchen: Verteilung vom 3. bis zum 21. Lebensjahr.
Wenn der BMI auf der 50. Perzentile liegt, bedeutet dies, dass 50 % der Gleichaltrigen einen höheren und 50 % einen niedrigeren BMI haben. Wenn der BMI auf der 10. Perzentile liegt, haben 90 % der Gleichaltrigen einen höheren und 10 % einen niedrigeren BMI.

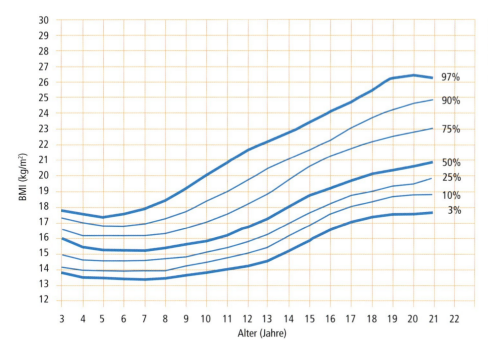

**Abbildung 54**
**Body Mass Index bei Knaben: Verteilung vom 3. bis zum 21. Lebensjahr.**

Retardierte Jugendliche haben oft gute Voraussetzungen für kompositorische Sportarten wie Eiskunstlauf, Rhythmische Sportgymnastik und Kunstturnen, während Akzelerierte vor allem in Kraft-, Ausdauer- und Spielsportarten (unter Gleichaltrigen) erfolgreich sind.
Die «objektive» Bestimmung der intellektuell-kognitiven, psychisch-emotionalen, affektiven und sozialen Altersnormen ist schwierig, lässt sich aber durch eine sorgfältige Beobachtung des Verhaltens einigermassen abschätzen.

Die Entwicklung in den physischen und psychischen Bereichen kann synchron oder asynchron verlaufen:
– Synchron-Normalentwickelte entsprechen sowohl in den biologischen wie in den psychischen Dimensionen den statistischen Durchschnittswerten (den Normen);
– Synchron-Retardierte sind in allen Bereichen (noch) hinter den normal Entwickelten zurückgeblieben;
– Synchron-Akzelerierte sind in allen Bereichen weiter entwickelt, als es den Normen entspricht.
Von diesen Synchron-Entwickelten unterscheiden sich die Asynchron-Entwickelten. Bei ihnen besteht eine mehr oder weniger grosse Diskrepanz zwischen der körperlichen Erscheinung und der psychischen Entwicklung.

**Entwicklungstypen**

### Entwicklungsstand: Belastungen anpassen
Dem Entwicklungsstand der Kinder und Jugendlichen muss im Schulsport wie im Freizeit- und Leistungssport durch Individualisierung Rechnung getragen werden.

Bei Wettkämpfen und Leistungsvergleichen in Jahrgangskategorien gewinnen häufig nicht die Tüchtigsten, sondern diejenigen, welche in der Entwicklung voraus sind. Quervergleiche sollten deshalb mit dem notwendigen pädagogischen Geschick gemacht oder vermieden werden.

**Wettkämpfe, Leistungsbeurteilung und Benotung im Schulsport**

Sport in der Schule hat in erster Linie erzieherische Funktionen. Es geht hier in erster Linie um eine individuell optimale Förderung jedes Einzelnen und nicht um Vergleiche und um Selektion. Jede Schülerin sollte an sich selber gemessen werden, an dem, was sie aus ihren Voraussetzungen macht.

Wettkämpfe, an denen die Schüler nicht freiwillig teilnehmen, sollten so angelegt sein, dass auch normal Entwickelte und Retardierte eine Chance haben.

**Talenterfassung**

Der Begriff Talent wird auf eine Person angewendet, der man die Fähigkeit zuspricht, bei qualifizierter Förderung in bestimmten Handlungsfeldern überdurchschnittliche Leistungen zu erzielen. Der Ausprägungsgrad eines Talents wird durch die Erbanlagen und die Umwelteinflüsse bestimmt.

Bei der Talenterfassung müssen der Entwicklungsstand und die bisherigen Förderungsmassnahmen berücksichtigt werden.

Retardierte Kinder und Jugendliche haben die grossen Entwicklungssprünge noch vor sich und verfügen häufig über ein grösseres Entwicklungspotenzial als Akzelerierte, welche in ihrer Jahrgangskategorie erfolgreich sind.

Kinder und Jugendliche, welche vielseitig polysportiv gefördert werden, haben langfristig oft bessere Aussichten auf Erfolg als solche, welche durch einseitige Förderung in einer einzelnen Disziplin erfolgreich sind.

**Sensitive Phasen nutzen**

Das Kindesalter ist die sensitive Phase für die Entwicklung des zentralen Nervensystems und damit auch der sensomotorischen, koordinativen Fähigkeiten.

Die Pubertät und die Adoleszenz sind sensitive Phasen für die Entwicklung der konditionell-athletischen Leistungsvoraussetzungen. Beide Phasen sollten optimal genutzt werden.

Im Kindesalter steht die vielseitige Förderung im sensomotorisch-koordinativen Bereich im Vordergrund. Je vielseitiger, variantenreicher und komplexer die neuronalen Strukturen und Fähigkeiten beansprucht werden, desto besser entwickeln sich die strukturellen und funktionellen Voraussetzungen für kognitive Leistungen.

Im Jugendalter muss das Konditionstraining dazu kommen, ohne dass die sensomotorisch-koordinativen Fähigkeiten vernachlässigt werden.

**Sportärztliche Betreuung**

Kinder und Jugendliche im Leistungssport müssen sportärztlich betreut werden.
Die Betreuung durch kompetente Fachleute umfasst:
– die regelmässige Kontrolle der körperlichen Entwicklung, der Gesundheit, der Belastungsverträglichkeit und der Adaptationseffekte;
– die Beratung des Trainers in Bezug auf die Planung und Gestaltung des Trainings (optimale Dosierung der Belastungen und sinnvolle Gestaltung der Regeneration);
– die Beratung der Sportlerinnen und Sportler sowie deren Eltern in Bezug auf die Ernährung und andere gesundheitsfördernde Massnahmen.

Das sportärztliche Personal kann viel dazu beitragen, dass die Kinder und Jugendlichen im Leistungssport optimal gefördert und nicht überfordert oder gar «verheizt» werden.

# Trainingsplanung

Bei der Trainings- und Wettkampfplanung nehmen wir die Strukturierung des Trainings gedanklich vorweg. Wir legen die Ziele, das Konzept, den Aufbau, die Inhalte, die Methoden und die Organisation des Trainings für einen definierten Zeitraum fest.
Jeder Trainingsprozess unterliegt Störeinflüssen. Der Trainingsplan muss darum laufend an die Wirklichkeit angepasst werden.

### Langfristige Trainingsplanung im Leistungssport

Im Leistungssport unterscheiden wir zwischen Mehrjahres-, Jahres- und Zyklenplänen.

– Grundlagentraining
– Aufbautraining
– Hochleistungstraining

**Die Phasen der langfristigen Trainingsplanung**

Die polysportiven Grundlagen werden entwickelt. Dazu gehören:
– die koordinativen Fähigkeiten, insbesondere die Gleichgewichts- und Differenzierungsfähigkeit, die Lern- und Anpassungsfähigkeit sowie die Reaktions- und Handlungsschnelligkeit;
– motorische Grundfertigkeiten auf hohem Qualitätsniveau (koordinative Bewegungsgrundmuster / Kernbewegungen);
– die psycho-physische Belastungstoleranz;
– die kognitiven und mentalen Fähigkeiten;
– die konditionellen Fähigkeiten (Kraft und Ausdauer);
– technisch-taktische Kenntnisse und Gewohnheiten;
– psychische und emotionale Fähigkeiten wie Zielstrebigkeit, Willenskraft, Konzentrationsfähigkeit, Beharrlichkeit und eine gefestigte Einstellung zu Training und Wettkampf;
– Langzeitinteressen.
Vielseitigkeit anstatt Spezialisierung:
– wir verzichten auf eine frühzeitige Spezialisierung und auf das Erreichen von spektakulären Leistungen in einer bestimmten Disziplin;
– wir erwerben umfassende Bewegungserfahrungen in verschiedenen Bereichen;
– wir fördern die harmonische Entwicklung aller Organe und Organsysteme;
– wir entwickeln das Leistungspotenzial kontinuierlich und langfristig auf möglichst breiter Basis.

**Grundlagentraining**

Allgemein entwickelnde Trainingsinhalte stehen im Vordergrund und werden bei Bedarf durch spezielle Übungen ergänzt.

Auf den Grundlagen wird aufgebaut.
Die Athletinnen und Athleten
– erwerben ein ausgereiftes sportartspezifisches Können und spezialisieren sich in bestimmten Disziplinen;
– entwickeln optimale Bedingungen für ein spezialisiertes, hochintensives Training;
– forcieren das sportarten- und disziplinspezifische Training.

**Aufbautraining**

**Hochleistungstraining**

Die Athletinnen und Athleten tasten sich an die individuelle Höchstleistung heran und versuchen, das Anpassungs- und Entwicklungspotenzial vollständig auszuschöpfen.
Im Hochleistungstraining werden Mittel und Methoden eingesetzt, welche gut entwickelte Grundlagen und eine hohe Belastungstoleranz erfordern.

Jede Phase der langfristigen Planung hat ihre Eigenheiten in Bezug auf die Umsetzung der Trainingsprinzipien, auf die Wahl der Inhalte sowie auf den Einsatz der Methoden und der Trainingsmittel.
Die Methoden des Hochleistungstrainings sind für das Grundlagen- und Aufbautraining nicht geeignet.
Die Entwicklung der Leistungsfähigkeit und Belastungstoleranz braucht Zeit. Die Phasen des Grundlagen- und Aufbautrainings dürfen deshalb nicht abgekürzt oder gar übersprungen werden.

### Mittelfristige Trainingsplanung im Leistungssport

Mit der Trainingsplanung skizzieren wir den Weg zum Ziel.
Normalerweise gehen wir wie folgt vor:
1. Wir entwickeln unsere Visionen und definieren die übergeordneten Ziele.
2. Wir analysieren die Anforderungen und überlegen uns, welche psychisch-emotionalen, intellektuell-kognitiven, koordinativ-technischen und konditionellen Eigenschaften es braucht, um die gesteckten Ziele zu erreichen; wir erstellen ein Anforderungsprofil.
3. Wir machen eine Standortbestimmung und analysieren den Ist-Zustand, unser momentanes Leistungspotenzial; wir erstellen ein aktuelles, persönliches Leistungsprofil.
4. Wir vergleichen den Ist-Zustand mit dem Anforderungsprofil und ziehen Bilanz.
5. Wir legen unser Konzept für die Jahrestrainingsplanung fest.
6. Wir erstellen den Jahrestrainingsplan und definieren unsere Teil- und Etappenziele.
7. Wir entwerfen ein Trainingstagebuch.
8. Wir legen die Evaluationsinstrumente und die Kriterien für die Beurteilung der Trainingserfolge fest.

**Visionen und Zielsetzung**

**Wir setzen realistische Jahres- oder Saisonziele**

**Anforderungsprofil**
**Soll-Wert-Analyse**

**Wir analysieren unsere Sportart oder Disziplin**
Welche körperlichen Voraussetzungen müssen vorhanden sein, damit der Organismus die Belastungen im Training und im Wettkampf toleriert?
Welche konditionellen Fähigkeiten sind für die angestrebten Erfolge entscheidend?
Welche koordinativen und taktischen Fähigkeiten und welche motorisch-technischen Fertigkeiten sind notwendig?
Welche emotional-affektiven, intellektuell-kognitiven und mentalen Fähigkeiten sind für das Training und für den Wettkampf wichtig?

### Wir erstellen ein aktuelles Leistungsprofil

Wir erfassen den gegenwärtigen Zustand und analysieren das Entwicklungspotenzial.
Wie steht es mit der Belastbarkeit, mit den konditionellen, koordinativen und psychischen Voraussetzungen?
Wie steht es um die Motivation, um die mentale Stärke, die intellektuellen und kognitiven Fähigkeiten?
Wie wurde bis anhin trainiert? Was hat sich bewährt? Welche Trainingsmittel wurden eingesetzt? Wie hat sich die Leistung dabei entwickelt?
Welche Testresultate und Wettkampfleistungen wurden bisher erreicht?
Wie ist das Wettkampfverhalten?
Wo liegen die aktuellen Stärken und Schwächen?
Wo und wie gross sind die Differenzen zu sportartspezifischen Normen, zu potenziellen Gegnern oder zu den Besten?
Wo besteht das grösste Entwicklungspotenzial?
Welche Entwicklungen können aufgrund der konstitutionellen Voraussetzungen und der bisherigen Erfahrungen erwartet werden?
Wie sind die aktuellen und künftigen Rahmenbedingungen?
Eine wichtige Grundlage der Ist-Zustand-Diagnose ist eine systematische Dokumentation von bisherigen Trainings-, Test- und Wettkampfdaten (Trainingstagebuch!).

*Standortbestimmung: Ist-Zustand-Analyse und Diagnose*

### Wir vergleichen den gegenwärtigen Zustand und das Entwicklungspotenzial mit dem Anforderungsprofil

Welche Fähigkeiten/Fertigkeiten sind bereits gut entwickelt?
Wo bestehen Defizite?
Welche Stärken können weiterentwickelt werden?
Welche Defizite können/müssen abgebaut werden?
Welche Schwächen können/müssen kompensiert werden?

*Bilanz Ist-/Soll-Wert-Vergleich*

### Wir ziehen die Konsequenzen aus dem Ist-/Soll-Wert-Vergleich und erstellen ein Konzept für die Trainingsplanung

Welche Überlegungen sind für die Planung entscheidend?
Wo sollen die Schwerpunkte und Prioritäten gesetzt werden?
Welche Grundsätze sollen umgesetzt werden?

*Konzept*

### Wir setzen das Konzept in einen mittel- oder langfristigen Trainingsplan um

Wo liegen die Jahres- oder Saisonhöhepunkte?
Welche konkreten Ziele (auch Teil- und Zwischenziele) sollen wann erreicht werden?
Wann sollen Standortbestimmungen, Wettkämpfe und Tests gemacht werden?
Wie wird das Training periodisiert?
Wie wird die Belastung dosiert? In welchem Verhältnis sollen Umfang und Intensität stehen?
Wie werden die Regenerationsprozesse optimiert?
Die Trainingsarten, -inhalte, -methoden und -mittel werden in der Regel nicht im Trainingsplan, sondern bei der Planung der einzelnen Trainingseinheiten festgelegt.

*Jahres- oder Saisonplanung: Konkretisierung und Umsetzung des Konzeptes*

| | |
|---|---|
| Trainingsprotokoll<br>Trainingstagebuch | **Wir führen über das Training sowie die Tests und Wettkämpfe ein Protokoll**<br>Wann wurde was, wo, wie, wie intensiv und wie lange trainiert (Zeit, Trainingsinhalte, Ort, Trainingsmittel, Intensität und Umfang)?<br>Welche Empfindungen und Gefühle haben das Training begleitet oder geprägt?<br>Welche Umstände und Rahmenbedingungen haben das Training beeinflusst?<br>Welche regenerativen Massnahmen wurden getroffen? Wie verlief die Regeneration? |
| Evaluationsinstrumente | **Wir wählen die Trainingskontrollen und Evaluationsinstrumente**<br>Welche Mittel werden zur Evaluation des Trainingserfolges und der Leistungsentwicklung eingesetzt? Wie werden die Fortschritte erfasst?<br>Welche Resultate sollen erzielt und welche Normen sollen (wann) erfüllt werden?<br>Welche Tests oder Videoaufzeichnungen sollen (wann und wozu) gemacht werden, und wie sollen diese ausgewertet werden?<br>Nach welchen Kriterien werden die Leistungsentwicklung und der Erfolg beurteilt? |

### Trainingstagebuch und Trainingskontrollen

Seriös trainierende Sportlerinnen und Sportler führen ein Trainingstagebuch.

| | |
|---|---|
| Trainingstagebuch | Im Trainingstagebuch werden die Trainingsdaten festgehalten und für die Auswertung aufbereitet. Es bildet die Grundlage für eine regelmässige Evaluation der Trainingsarbeit und der Leistungsentwicklung.<br>Es ist nützlich, neben den Angaben über das Training (Trainingsart, -intensität und -umfang) auch andere Informationen festzuhalten: Einzelheiten über den Gesundheitszustand und das subjektive Empfinden, über die regenerativen Massnahmen und die Qualität des Schlafs, über das Körpergewicht, die Ernährung und die Entwicklung des Leistungspotenzials (Test- und Wettkampfresultate). |
| Evaluation der Leistungsentwicklung | Die Auswertung der Trainingsdaten und die Evaluation der Leistungsentwicklung dienen dazu, den Trainingsplan und die Durchführung des Trainings kritisch zu hinterfragen, Aufwand und Ertrag zu vergleichen und Schlüsse für die weitere Planung und Gestaltung des Trainings zu ziehen.<br>Die Evaluationsinstrumente und Beurteilungskriterien sollten bereits bei der Zielsetzung bestimmt und im Trainingsplan definiert werden.<br>Zu den Beurteilungsmitteln zählen die Beobachtungen der Trainerin oder des Trainers, sportmedizinische Untersuchungen und biomechanische Messungen, Leistungstests im Labor und im Felde sowie die Wettkampfresultate. |

# Arten, Inhalte, Methoden und Mittel des Trainings

Im Training setzen wir den Trainingsplan um. Häufig zwingen uns aber störende Einflüsse, den Plan abzuändern und den Gegebenheiten anzupassen.
Wir unterscheiden zwischen Trainingsarten, Trainingsinhalten, Trainingsmethoden und Trainingsmitteln.

Mit der Trainingsart beschreiben wir die Ausrichtung des Trainings: **Trainingsarten**
– «Konditionstraining»: Krafttraining und Ausdauertraining;
– Techniktraining: Slalom-, Sprungwurf-, Kopfball-, Hürdenlauftraining;
– Taktiktraining: Angriffs-, Verteidigungs- und Gegenstosstraining.

Trainingsinhalte setzen sich aus Tätigkeiten zusammen, die im Training ausgeübt werden, **Trainingsinhalte**
um die Ziele zu erreichen.
Wir unterscheiden zwischen allgemein entwickelnden Übungen, Spezialübungen und Wettkampfübungen.
Allgemein entwickelnde, nicht disziplinspezifische Übungen sind Trainingsformen, die unabhängig von der Sportart und der Disziplin eingesetzt werden.
**Beispiele:** Übungen an Kraftmaschinen, Rumpf stabilisierende Übungen auf labiler oder instabiler Unterlage (Gleichgewichtskreisel und «Swiss Ball»), Laufsprünge auf Matten.
Spezialübungen sind Trainingsformen, welche Elemente der Zielbewegung enthalten und mit der Dynamik der disziplinspezifischen Belastung Wesentliches gemeinsam haben.
**Beispiele:** Medizinballwürfe für Werfer, Armzugtraining auf der Bank für Schwimmer.
Wettkampfübungen sind Trainingsformen, welche im Bewegungsablauf mit der Zielbewegung weitgehend oder vollständig identisch sind.
**Beispiele:** Sprints mit Beschleunigungshilfe (Speedy), Techniktraining (auch) unter erleichterten oder erschwerten Bedingungen wie Schwimmen mit Flossen und Paddels oder mit einem Widerstand erzeugenden Anzug.

Trainingsmethoden sind Verfahren zum Erreichen der Trainingsziele. **Trainingsmethoden**
**Beispiele für Methoden im Konditionstraining:**
– Dauermethoden (kontinuierlich und variabel);
– Intervallmethoden (Kurz-, Mittel- und Langzeit-Intervallmethoden);
– Intermittierende Methoden;
– Wiederholungsmethoden;
– Kontroll- und Wettkampfmethoden;
– Pyramidentraining, plyometrisches Training.
**Beispiele für Methoden im Techniktraining:**
– Ganzheitsmethode, Teilmethode, Ganzheits-/Teil-/Ganzheitsmethode;
– mental akzentuierte Methoden (mentales und observatives Training).

| | |
|---|---|
| **Trainingsmittel** | Einrichtungen, Geräte oder Massnahmen, die den Trainingsablauf ermöglichen. Wir unterscheiden zwischen organisatorischen, materiellen und informativen Trainingsmitteln. **Beispiele für organisatorische Trainingsmittel:** Circuittraining: Organisationsform mit mehreren Stationen. Die Stationen werden der Reihe nach mehrmals durchlaufen, und an jeder Station wird jeweils nur eine Serie durchgeführt. Stationentraining: Organisationsform mit mehreren Stationen. An den Stationen werden mehrere Serien oder Sätze einer Übung nacheinander durchgeführt, und dann wird zur nächsten Station gewechselt. **Beispiele für materielle Trainingsmittel:** Mountain-Bike, Kurz- oder Langhanteln, Kraftmaschinen, Gewichtsmanschetten und Gewichtswesten, «Swiss Ball», Balance-Pad®, Aerostep®, Gummiband, Hürden, Sprungmatten, Sprungkasten, Wet-West®, Paddels, Widerstandshandschuhe, Schwimmflossen. **Beispiele für informative Trainingsmittel:** Reihenbilder, Bewegungsbeschreibungen, audiovisuelle Medien, Video-Feedback, Pulsmessgeräte. |

# Parameter der Trainingssteuerung

Wir unterscheiden zwischen Trainingshäufigkeit, Belastungsdichte, Belastungsumfang, Belastungsdauer und Belastungsintensität.

| | |
|---|---|
| **Trainingshäufigkeit** | Anzahl Trainingseinheiten pro Woche, pro Mikrozyklus oder pro Tag. |
| **Belastungs-/Reizdichte** | Verhältnis zwischen Belastungszeit und Erholungszeit im Rahmen einer Trainingseinheit. |
| **Belastungs- oder Trainingsumfang, Trainingsvolumen** | Gesamtmenge der Belastungsreize in einer Trainingseinheit:<br>– die Streckenlänge, welche bewältigt wird;<br>– die Anzahl der Wiederholungen oder Serien, die gemacht wird;<br>– die aufaddierten Widerstände, welche überwunden werden. |
| **Belastungs- oder Reizdauer** | Dauer eines Einzelreizes oder einer Übungsserie in Sekunden oder Minuten. |
| **Belastungsintensität** | Stärke des Trainingsreizes, Leistung (Kraft × Geschwindigkeit), Grad der Anstrengung sowie Qualität der Ausführung.<br>Im Krafttraining wird die Intensität durch die Last und die Geschwindigkeit angegeben, mit der eine Übung ausgeführt wird. Last bedeutet Masse einer Hantel oder Widerstand, welcher durch eine Maschine erzeugt wird. Wir wählen zum Beispiel eine Last, die 85 % der Maximalkraft entspricht, und arbeiten langsam, zügig oder explosiv.<br>Mit speziellen Geräten (Velo-, Handkurbel- und Ruderergometer) lässt sich die Leistung (in Watt) messen, so dass wir mit einem genau definierten Prozentsatz der maximalen Leistung trainieren können.<br>Im Ausdauertraining wird die Intensität durch die Herzfrequenz, durch min/km, km/h oder m/s angegeben. |

Über den Grad der Anstrengung können die Blut-Laktatwerte und andere physiologische Parameter Auskunft geben.

Für die subjektive Beurteilung der Trainingsintensität können wir die Skala nach Borg benützen. Diese erstreckt sich von 6 bis 20, wobei 6 und 7 «sehr, sehr locker», 8 und 9 «sehr locker», 10 und 11 «locker», 12 und 13 «ein wenig hart», 14, 15 und 16 «hart», 17 und 18 «sehr hart», 19 und 20 «sehr, sehr hart» bedeuten.

«Go hard or go home» heisst nicht in erster Linie, sich bis zur physischen Erschöpfung zu belasten, sondern in qualitativer Hinsicht sein Bestes zu geben.

# KOORDINATION UND TECHNIK

# Regulation der Motorik

Die koordinativen Fähigkeiten stehen in einer engen Wechselbeziehung zu den konditionellen Fähigkeiten. Wir sprechen von Koordination, wenn wir die Steuerung und Regulation der Motorik meinen, und von Kondition, wenn wir an Kraft und Ausdauer denken.
Für die Steuerung und Regulation ist das Nervensystem zuständig.

**Koordination**

Die Koordination und Kontrolle von Haltungen und Bewegungen basiert auf komplexen Prozessen zur Regulierung der Muskelaktivitäten.
Das Nerv-Muskel-System arbeitet nach den Gesetzen der Kybernetik mit Hilfe von Rückkoppelungsschleifen. Gehirn und Rückenmark geben nicht nur Befehle an die Muskeln ab, sondern sie regulieren auf subtile Weise jede muskuläre Aktivität und passen diese ununterbrochen den Bedürfnissen an.
Zu diesem Zweck ist das Bewegungs- und Stützsystem mit Sensoren (Rezeptoren) ausgerüstet, welche dem ZNS die notwendigen Informationen für die Regulierung der Muskelaktivitäten liefern. Die Grundlage für die Bewegungsregulation ist also ein ständiger Informationsaustausch zwischen dem ZNS und den Muskeln, Sehnen, Bändern und Gelenken.

# Fähigkeiten und Fertigkeiten

Die koordinativen Fähigkeiten sind die wichtigste Voraussetzung für das motorische Lernen. Sie sind angeboren und können durch das Erwerben, Üben und Anwenden von konkreten Fertigkeiten im Rahmen des genetisch limitierten Anpassungspotenzials entwickelt werden.

**Fähigkeit (motor ability)**

Fähigkeiten sind relativ verfestigte, mehr oder weniger generalisierte individuelle Voraussetzungen zum Vollzug bestimmter Handlungen.
Fähigkeiten haben einen aufgaben- und situationsübergreifenden Charakter.
Wir unterscheiden zwischen psychisch-emotionalen, intellektuell-kognitiven, koordinativ-technischen und physisch-konditionellen Fähigkeiten.
Fähigkeiten kann man nicht direkt beobachten und auch nicht neu erwerben.

**Fertigkeit (skill)**

Fertigkeiten sind konkrete, aufgaben- und situationsspezifische, mehr oder weniger automatisierte Komponenten menschlicher Tätigkeiten.
Fertigkeiten werden erlernt.

**Koordinative Fähigkeiten (Kompetenzen)**

Unter dem Begriff «koordinative Fähigkeiten» fassen wir die endogenen Voraussetzungen zur Regulation von Bewegungshandlungen zusammen.
Gut entwickelte koordinative Fähigkeiten ermöglichen es, die Bewegungen den äusseren und inneren Bedingungen optimal anzupassen und Bewegungsfertigkeiten ohne übermässigen Aufwand zu lernen, zielgerichtet und situationsgerecht anzuwenden und zu variieren.

**Technik**

Unter Technik verstehen wir ein in der Praxis erprobtes Verfahren zur Lösung von komplexen Bewegungsaufgaben. Jede sportliche Technik besteht aus einer spezifischen Abfolge von Bewegungen und Teilbewegungen.

# Komponenten der koordinativen Fähigkeiten

Jeder Versuch, die koordinativen Fähigkeiten gegeneinander abzugrenzen, scheitert, weil diese komplex sind und kaum isoliert betrachtet werden können. Unter den zahlreichen Ansätzen zur Systematisierung erscheint (auch) derjenige von Hirtz 1985 respektive Hotz 1997 plausibel. Er unterscheidet fünf koordinative Fähigkeiten:

Die Gleichgewichtsfähigkeit ermöglicht es uns, das Gleichgewicht zu halten oder nach kurzzeitigem Verlust rasch wieder zu erlangen.
**Beispiele:** Stabilisierung des Körpers bei anspruchsvollen Bewegungsaufgaben im Schneesport, auf dem Eis, beim Kunst- und Turmspringen, beim Geräte- und Kunstturnen.
<!-- marginal: **Gleichgewichtsfähigkeit** -->

Die Differenzierungs, Anpassungs- und Umstellungsfähigkeit ermöglicht uns, Bewegungsaufgaben situationsgerecht und ökonomisch zu lösen, Bewegungen leicht und exakt auf innere und äussere Umstände abzustimmen und sich an unterschiedliche Situationen anzupassen.
**Beispiele:** Umgang mit Bällen von unterschiedlichem Gewicht und mit speziellen Prell- und Flugeigenschaften, Zurechtkommen mit unterschiedlichen Partnern, mit unterschiedlichen Sportgeräten, Bodenbelägen, Schneeverhältnissen, Wettkampfplätzen und Wetterbedingungen.
<!-- marginal: **Differenzierungs-, Anpassungs- und Umstellungsfähigkeit** -->

Die Reaktions- und Umstellungsfähigkeit ermöglicht uns, überraschende Situationen im Sport und im Alltag sicher zu bewältigen, schnell, sinnvoll und effizient auf unterschiedliche Signale zu reagieren oder uns rasch und zweckmässig auf veränderte Situationen einzustellen.
**Beispiele:** Reaktive Einstellung auf unvorhersehbare Veränderungen im Verhalten der Gegner und Mitspieler oder reaktiv richtiges Verhalten bei einem Sturzrisiko im Schnee- und Eissport.
<!-- marginal: **Reaktionsfähigkeit** -->

Die Orientierungsfähigkeit ermöglicht uns, die Stellung des Körpers im Raum zu erkennen und uns im Gelände, in einem Raum oder auf einem Spielfeld rasch und genau zu orientieren.
**Beispiele:** Beherrschen von Drehbewegungen im Kunstspringen, im Eiskunstlauf, im Kunstturnen und in der Sportgymnastik, «Spielinstinkt» und Übersicht auf dem Spielfeld bei den Sportspielen, Orientierung auf der Karte und im Gelände beim Orientierungslaufen.
<!-- marginal: **Orientierungsfähigkeit** -->

Die Rhythmus- oder Rhythmisierungsfähigkeit ermöglicht es uns, rasch und leicht den Rhythmus einer Bewegung zu erfassen und umzusetzen und Bewegungen rhythmisch zu gestalten.
**Beispiele:** Erkennen, erfassen und umsetzen eines Rhythmus beim Tanzen, beim Slalomfahren, beim Hochsprung- oder Speerwurf-Anlauf, beim Hürdenlaufen und bei anderen rhythmisch akzentuierten Bewegungen.
<!-- marginal: **Rhythmus- und Rhythmisierungsfähigkeit** -->

Die Lernfähigkeit ermöglicht es, neue Bewegungsabläufe leicht und rasch zu erlernen und erworbene Bewegungsmuster zu speichern, bei Bedarf abzurufen und in neue Bewegungskombinationen zu integrieren.
<!-- marginal: **Lernfähigkeit** -->

# Methodische Aspekte des Techniktrainings

Eine wichtige Phase zur Entwicklung koordinativer Fähigkeiten liegt im Kindesalter. Je früher die Kinder Gelegenheit haben, ihre sensorischen und motorischen Anlagen zu entwickeln, desto besser werden sie ihr individuelles Potenzial ausschöpfen können. Je grösser die Bewegungserfahrung ist, die im Kindes- und Jugendalter erworben wird, desto leichter kann das Bewegungsrepertoire durch motorisches Lernen erweitert werden.

Die vielseitige, uneingeschränkte, individuell optimale Förderung im Bereich der koordinativen Fähigkeiten muss deshalb im frühen Kindesalter beginnen.

Während des intensiven Wachstumsschubs in der ersten puberalen Phase kommt es möglicherweise zu gewissen Problemen beim Erwerb von neuen anspruchsvollen Bewegungsfertigkeiten. Die Schwierigkeiten können im Zusammenhang mit dem intensiven Längenwachstum und der Gewichtszunahme stehen und/oder psychisch-emotional bedingt sein. Das bedeutet keineswegs, dass die Entwicklung der Motorik in dieser Lebensphase vernachlässigt werden darf. Im Gegenteil, Pubertierende, welche regelmässig mit individuell angepassten Mitteln und Massnahmen gefördert werden, können während des Wachstumsschubs auch im koordinativen Bereich grosse Fortschritte machen.

Mit den koordinativen Fähigkeiten ist es wie mit der Kraft und der Ausdauer: Wenn wir uns im Erwachsenenalter ständig zu motorischem Lernen und zum Anwenden und Variieren unserer Bewegungsprogramme herausfordern lassen, können wir unsere Lern-, Anpassungs- und Differenzierungsfähigkeit bis ins hohe Alter erhalten.

### Thesen und Tipps für das Techniktraining

– Die sensomotorischen Erfahrungen sind für die Entwicklung der koordinativen Fähigkeiten entscheidend, und ein breites, vielfältiges Bewegungsrepertoire erleichtert den Erwerb von neuen Fertigkeiten.
– Bei der Wahl der Lehr- und Lernverfahren müssen die individuellen psychisch-emotionalen, koordinativen und konditionellen Voraussetzungen der Lernenden und die situativen Bedingungen berücksichtigt werden.
– Beim Lernen und Verbessern von sportmotorischen Fertigkeiten und im Techniktraining müssen die «Innen-» und die «Aussensicht» reflektiert werden. Das, was der Lernende während der Bewegungsausführung wahrnimmt und empfindet, ist wichtiger als das, was der Lehrer oder die Trainerin von aussen beobachtet.
– Durch kognitiv akzentuierte Lehr- und Lernformen (mentales und observatives Training) können die Lernprozesse optimiert und beschleunigt werden.
– Die Wahrnehmung wird durch Erwartungen und Vorkenntnisse gesteuert. Die Lernenden müssen deshalb systematisch zum Beobachten und zum Reflektieren ihrer Bewegungsempfindungen angeleitet werden.
– Lernen ist einfacher als umlernen. Es lohnt sich deshalb, sich von Anfang an die richtigen Bewegungsmuster und Kernbewegungen anzueignen.
– Es gibt ein ausgezeichnetes Mittel zur Erhaltung der Lern- und Anpassungsfähigkeit: lebenslängliches Lernen.

## Kognitiv akzentuierte Formen des Techniktrainings

Lernprozesse basieren auf funktionellen und strukturellen Veränderungen im zentralen Nervensystem. Es entstehen «Trampelpfade» in den neuronalen Netzwerken, und in den involvierten Neuronenschleifen kommt es zur Knüpfung von neuen Kontakten und zur Erhöhung der synaptischen Effizienz. Die Prozesse, die zu solchen Veränderungen führen, können durch kognitiv akzentuierte Formen des Techniktrainings optimiert und beschleunigt werden.
Wir unterscheiden zwischen mentalem und observativem sowie autogenem und psychoregulativem Training.
Für das motorische Lernen und das Techniktraining eignen sich mentale und observative Formen des Lernens.

Mentales Training bedeutet Erlernen und Optimieren eines Bewegungsablaufs durch Vorstellungstechniken, gedankliches Probehandeln und andere Denkprozesse ohne gleichzeitiges praktisches Üben.  **Mentales Training**
Mentales Training ist eine wichtige Ergänzung des motorischen Trainings und dient vor allem der Ausdifferenzierung, Präzisierung und Verinnerlichung von Bewegungsentwürfen mit dem Ziel, die Lernprozesse zu optimieren und zu beschleunigen und die Bewegungsabläufe zu perfektionieren.
Drei Formen von mentalem Training lassen sich unterscheiden:
– Subverbales Training: Wir sprechen mit uns selber und verbalisieren den zu erlernenden Bewegungsablauf.
– Verdecktes Wahrnehmungstraining: Wir beobachten in unserer Vorstellung (mit unserem «geistigen Auge») einen Bewegungsablauf. Wir stellen uns vor, wie eine andere Person eine Bewegung ausführt, einen Slalom fährt oder einen Tanz vorführt.
– Ideomotorisches Training: Wir führen einen Bewegungsablauf in unserer Vorstellung selber aus und aktualisieren die «Innensicht» (die Empfindungen und Wahrnehmungen, die wir beim wirklichen Vollzug einer Bewegung oder einer Bewegungsfolge registrieren können).

Observatives Training bedeutet systematisch wiederholtes Beobachten eines vorgezeigten Bewegungsablaufs oder einer Bewegungsfolge.  **Observatives Training**
Für die Demonstration eignen sich Skizzen, Videoaufnahmen und Filme sowie Reihenbilder und das persönliche Vorbild einer Bezugsperson.
Die Demonstration muss dem Niveau und den Lernvoraussetzungen der Trainierenden entsprechen. Die lernrelevanten Informationen müssen herausgeschält und bewusst gemacht werden.
Moderne Videosysteme ermöglichen die Gegenüberstellung von Ist- und Sollwert eines Bewegungsablaufs auf dem gleichen Bildschirm und auch das automatische Videofeedback unmittelbar nach der Bewegungsausführung (Dart Trainer®).

Das mentale Training und die intensive observative Auseinandersetzung mit einem Bewegungsablauf lösen im zentralen Nervensystem die neurophysiologischen Reaktionen aus, welche für das sensomotorische Lernen sehr wichtig sind.

### Beobachten und beraten im Techniktraining

Das Feedback gehört zu den wichtigsten Lehr- und Lernhilfen.
Von den sportbiologischen Erkenntnissen über die Funktionen der Sinnesorgane und der Propriozeptoren, über die Bedeutung der Wahrnehmung und über die Aufgaben des zentralen Nervensystems lassen sich einige methodische Grundsätze für die Bewegungsbeobachtung und die Informationsrückmeldung ableiten.

| | |
|---|---|
| **Lernschwierigkeiten erkennen** | Wir beobachten die Bewegungsausführung und vergleichen sie mit der «richtigen Bewegung». Wir orientieren uns dabei an der optimalen Struktur, am Kern der Bewegung. Wir machen einen Vergleich zwischen dem Ist- und dem Soll-Wert. |
| **Lernschwierigkeiten analysieren** | Wir beantworten die folgenden Fragen:<br>– Wie stark weicht die Bewegungsausführung von der optimalen Bewegungsstruktur ab?<br>– Handelt es sich um Grobfehler (Fehler an der Bewegungsstruktur) oder Feinfehler?<br>– Wie stark haftet der Mangel oder der Fehler? Ist es ein Anfängerfehler oder ein automatisierter Mangel? |
| **Ursache der Lernschwierigkeiten erkennen** | Wir gehen den folgenden Fragen nach:<br>– Wo liegt die Ursache der Lernschwierigkeit, die Fehlerursache?<br>– Verfügt der Lernende über die intellektuell-kognitiven, konstitutionellen, emotionalen, physisch-konditionellen, sensomotorischen und koordinativen Lernvoraussetzungen?<br>– Verfügt die Lernende über eine (für den Lernprozess) ausreichende Bewegungserfahrung?<br>– Weiss die Lernende, worauf es ankommt, hat sie den richtigen Bewegungsentwurf gebildet?<br>– Nimmt die Lernende ihre Körperhaltung und ihre eigenen Bewegungen richtig wahr? Stimmt die Innensicht mit der Aussensicht überein?<br>– Müssen vorerst störende endogene oder exogene Einflüsse beseitigt werden (Angst, Ablenkung, Motivationsmangel, Interferenz, Ausrüstung oder Material)? |
| **Zuhören und informieren** | Durch aktives Zuhören helfen wir dem Lernenden oft mehr als durch Reden.<br>– Wir favorisieren die interne Ergebnisrückmeldung.<br>– Wir leiten die Lernende an, auf die sensomotorischen Empfindungen zu achten.<br>– Wir lassen die Lernende beschreiben, was sie wahrgenommen, empfunden und gespürt hat.<br>– Wir leiten die Lernende an, zwischen dem Ist-Wert (Bewegungsempfindung bei der Realisierung) und dem Soll-Wert (Bewegungsentwurf) zu vergleichen.<br>– Wir gehen von dem aus, was richtig ist, und wir betonen das Positive, den individuellen Lernfortschritt.<br>– Wir nehmen konsequent Bezug auf das, worauf sich die Lernende bei der Bewegungsausführung konzentriert hat. |
| **Handlungsorientierte, adressaten- und situationsgerechte Rückmeldungen** | Es kommt weniger darauf an, was wir sagen, sondern was beim Lernenden ankommt.<br>– Wir beschränken uns auf die lernrelevanten Informationen.<br>– Wir veranschaulichen und verwenden Metaphern, also Bilder aus dem Erlebnisbereich und aus der Innensicht der Lernenden.<br>– Wir geben den Lernenden Zeit und Hilfe zum Verarbeiten der Informationen und genügend Gelegenheit zum praktischen Erproben, Üben und Vervollkommnen. |

– Wir ermuntern die Lernenden, selber einen Weg zum Ziel zu finden.
– Wir leiten die Lernenden an, handlungsorientiert zu denken, und wir hören aktiv zu, wenn sie ihre Ideen entwickeln.

«Learning by Teaching» ist der effizienteste Weg zum Erfolg.

**Optimale Organisations- und Interaktionsformen**

– Wir beteiligen die Mitglieder einer Lerngruppe am Prozess der gegenseitigen Bewegungsbeobachtung und an der Informationsrückmeldung, und wir helfen ihnen, diese schwierige Aufgabe zu lösen.
– Wir wählen Sozial-, Interaktions- und Organisationsformen, welche die Beobachtung und die individuelle Informationsrückmeldung ermöglichen, ohne dass die Übungsintensität der ganzen Lern- und Trainingsgruppe beeinträchtigt wird.

KRAFT

# Erscheinungsformen der Kraft

Kraft ist ein wichtiges Element der Fitness und – gemeinsam mit den koordinativen Fähigkeiten – die wichtigste Voraussetzung für die Kontrolle der Körperhaltungen und der Bewegungen im Gravitationsfeld der Erde. Die Kraft beeinflusst die Leistungsfähigkeit und die Belastbarkeit des ganzen Organismus.

Eine gut ausgebildete, wohlproportionierte Muskulatur prägt unser Erscheinungsbild und hat einen grossen Einfluss auf die Selbstsicherheit, das Selbstvertrauen und das Selbstwertgefühl. Krafttraining ist deshalb nicht nur für die Steigerung der Leistungsfähigkeit, für die Entwicklung der Belastungstoleranz und für die Prävention von Verletzungen wichtig, sondern ganz besonders auch für die Erhaltung der Lebensqualität.

**Kraft**

Muskelkraft ist die Fähigkeit des neuromuskulären Systems, Spannung zu erzeugen, um dadurch
– bei isometrischer Arbeitsweise äusseren und inneren Kräften einen statischen Widerstand entgegenzusetzen,
  **Beispiele:** Beugehang am Reck, Stabilisieren des Rumpfes beim Kunstspringen, Halten einer optimalen Gleiterposition im Skifahren;
– bei dynamisch-konzentrischer Arbeitsweise äussere und innere Widerstände zu überwinden,
  **Beispiele:** Treppensteigen, Treten beim Radfahren, Klimmzüge am Reck, Klettern an der Kletterwand, Armzug beim Schwimmen;
– bei dynamisch-exzentrischer Arbeitsweise Kräften bremsend, dynamisch-nachgebend entgegenzuwirken,
  **Beispiele:** Abstellen einer Last, Bremsen beim Bergabwärtsgehen und beim Landen nach einem Niedersprung.

Die dynamisch-exzentrische und die dynamisch-konzentrische Arbeitsweise kommen im Alltag und im Sport meistens in Kombination vor.
– Exzentrisch-konzentrische, reaktiv-federnde Arbeitsweise:
  Die Muskeln arbeiten in einem langen Dehnungs-Verkürzungs-Zyklus (DVZ > 200 ms) zuerst bremsend oder nachgebend und dann überwindend.
  **Beispiel:** Ausholbewegung beim Speerwurf.
– Plyometrische, reaktiv-prellende Arbeitsweise:
  Die Muskeln arbeiten in einem extrem kurzen Dehnungs-Verkürzungs-Zyklus (DVZ < 200 ms) exzentrisch-konzentrisch.
  **Beispiel:** Fussarbeit beim Boxen.

In der Praxis des Sports wird zwischen verschiedenen Erscheinungsformen der Kraft unterschieden: Maximalkraft, Schnell- und Explosivkraft sowie Reaktivkraft. Häufig wird auch die Kraftausdauer dazugezählt.

**Abbildung 55**
**Faktoren, welche die Kraft beeinflussen.**

## Maximalkraft

Die grösstmögliche Kraft, die ein Muskel oder eine Muskelgruppe bei maximaler willkürlicher Aktivierung entfalten kann, heisst Maximalkraft.

Relative Kraft bedeutet Kraft im Verhältnis zur Körpermasse (F/kg KM). **Relative Maximalkraft**
In Disziplinen, bei denen die Körpermasse getragen und beschleunigt werden muss (Klettern, Kunstturnen, Laufen, Hochsprung und Skispringen), versucht man das Kraftpotenzial zu steigern, ohne eine allzu grosse Muskelmasse zu entwickeln.
Dasselbe gilt für Sportarten, bei denen die Athletinnen und Athleten in Gewichtsklassen eingeteilt werden (Rudern, Boxen, Judo).

Eine Steigerung der Maximalkraft kann durch neuronale und/oder myogene Anpassungen erreicht werden. **Training der Maximalkraft**
– Neuronale Anpassungen:
  Optimierung der intramuskulären Koordination: Es können mehr motorische Einheiten gleichzeitig (synchron) aktiviert werden.
  Optimierung der intermuskulären Koordination: Die verschiedenen Muskelschlingen arbeiten besser zusammen, und der Rumpf sowie die Gelenke werden optimal stabilisiert.
– Myogene Anpassungen:
  Vergrösserung der Muskelfaser-Querschnittsfläche und der Muskelmasse durch Hypertrophie.

Für die Optimierung der intramuskulären Koordination trainieren wir zwei- bis höchstens dreimal pro Woche mit maximalem Einsatz. **Optimierung der intramuskulären Koordination**
Wir wählen Übungen, welche einen sehr grossen Krafteinsatz erfordern und nur zwei bis drei Wiederholungen zulassen.
– Maximale konzentrisch-explosive Kontraktionen mit 90 bis 100 % der Maximalkraft.
  Wir machen 2 bis 3 Serien zu je 1 bis 3 Wiederholungen und die Serienpausen sollten etwa fünf Minuten lang sein.
– Exzentrische Muskelaktivitäten (Abbremsen von Lasten, welche 100 bis 140 % der [konzentrischen] Maximalkraft entsprechen).

Zur Optimierung der intermuskulären Koordination wählen wir Übungen, welche hohe Ansprüche an das Zusammenspiel der Muskelschlingen und an die Stützmotorik stellen: **Optimierung der intermuskulären Koordination**
– Ganzkörperübungen, welche Gewandtheit erfordern und mit fein abgestimmter Stabilisierungsarbeit verbunden sind.

Zur Vergrösserung der Muskelmasse trainieren wir zwei- bis maximal dreimal pro Woche mit Belastungen, die nach 5 bis 12 Wiederholungen oder nach 40 bis 50 Sekunden zum «momentanen Muskelversagen» führen. Wir setzen dabei 70 bis 80 % der Maximalkraft ein und führen die Kontraktionen langsam bis zügig aus. **Vergrösserung der Muskelmasse**
Sehr effizient ist auch das Krafttraining mit dynamisch-exzentrischen Muskelaktivitäten und mit Trainingsformen, bei denen konzentrisch und exzentrisch gearbeitet wird, wobei in der exzentrischen Phase die Last um 10 bis 40 % erhöht wird.

## Schnellkraft, Explosivkraft und Startkraft

**Schnellkraft**

Die Fähigkeit, einen grossen Impuls (Kraftstoss) innerhalb einer kurzen Zeit zu realisieren, Widerstände mit hoher Kontraktionsgeschwindigkeit zu überwinden und einen Gegenstand oder den eigenen Körper zu beschleunigen, heisst Schnellkraft.

**Explosivkraft**
$\Delta F/\Delta t$

Explosivkraft ist eine Komponente der Schnellkraft und äussert sich in der Fähigkeit, einen schnellen Anstieg des Kraftwertes zu realisieren.

Die Explosivkraft limitiert in den meisten Sportarten die Leistung und dient auch zur Prävention von Unfällen und Verletzungen im Alltag. Sie ist entscheidend, wenn es darum geht, die Muskelkraft schnell zu mobilisieren und in sehr kurzer Zeit einen möglichst hohen Kraftimpuls zu erzeugen und viel Wirkung zu erzielen. Je kürzer die Zeit ist, die für den Krafteinsatz und die Beschleunigung zur Verfügung steht, desto wichtiger ist die Explosivkraft.
**Beispiele:** Gewichtheben, Abstoss beim Laufen, Absprung beim Weit- und Hochsprung, Würfe in der Leichtathletik, Landen und Abbremsen bei Niedersprüngen und beim Bergabwärtslaufen.

**Startkraft**
$F_{30}$

Startkraft ist eine Komponente der Schnellkraft und äussert sich in der Fähigkeit, bei Kontraktionsbeginn (ohne Ausholbewegung) innerhalb von 30 Millisekunden einen hohen Kraftwert zu realisieren.
**Beispiele:** Überraschende Aktionen im Fecht-, Box- und Judosport sowie bei Täuschungen in den Spielsportarten.

**Training der Schnellkraft**

Die Schnellkraft wird massgeblich durch die Maximalkraft bestimmt, durch den Muskelfaserquerschnitt und vor allem durch die Fähigkeit, die schnellsten motorischen Einheiten zu rekrutieren und synchron zum Einsatz zu bringen.
Für die Entwicklung der Schnellkraft sind deshalb sowohl ein Hypertrophie-Training wie auch ein disziplinspezifisches Schnellkrafttraining notwendig.
Es wird empfohlen, mit der grösstmöglichen Leistung zu trainieren: mit 40 bis 60 % der Maximalkraft und höchstmöglicher Kontraktionsgeschwindigkeit.
Solche Übungen werden durch explosive Kontraktionen mit 90 bis 100 % der maximalen Kraft ergänzt.
Sehr effizient sind auch reaktive, plyometrische Formen des Krafttrainings, bei denen schnelle exzentrische Aktionen mit explosiven konzentrischen Aktionen verbunden werden.

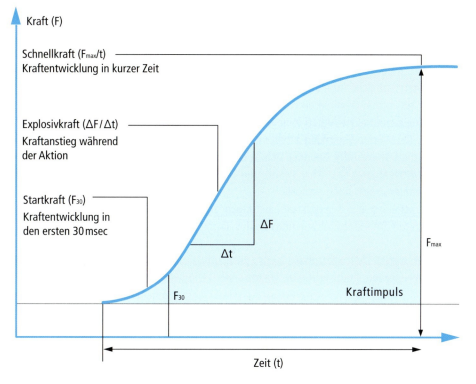

**Abbildung 56**
Kraftentwicklungskurve bei maximaler isometrischer Kontraktion.
Der Impuls ist gekennzeichnet durch die Steilheit des Kraftanstiegs, das Kraftmaximum und die Impulsdauer. Die Steilheit der Kurve drückt die Explosivkraft aus.

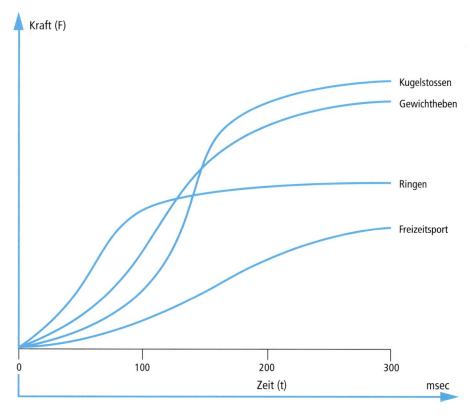

**Abbildung 57**
Unterschiedlich verlaufende Kraftentwicklungskurven.
Der Verlauf der Kurve ist von genetischen Faktoren abhängig (Erregungsleitung im Nervensystem und Muskelfaserspektrum) und kann durch Training beeinflusst werden.

## Reaktivkraft

Die Fähigkeit, in einem Dehnungs-Verkürzungs-Zyklus (DVZ) einen hohen Kraftimpuls zu realisieren, indem eine vorgespannte Muskelschlinge in kurzer Folge exzentrische und explosiv-konzentrische Arbeit leistet, heisst Reaktivkraft.

In vielen Sportarten dominieren reaktive Muskelaktionen, bei denen einer konzentrischen Aktion eine exzentrische Aktion (eine kurze Bremsphase) vorausgeht.

**Beispiel:** Bei Wurfbewegungen arbeiten die Brustmuskeln und die vorderen Schultermuskeln reaktiv: Der Wurfarm befindet sich in der Ausholposition, dann geht die Wurfschulter der Abwurfbewegung des Arms voraus, die Brust- und Schultermuskeln werden gedehnt und kontrahieren sich dann explosiv.

Wir unterscheiden bei Reaktivkraft-Leistungen zwischen solchen mit einem kurzen und einem langen Dehnungs-Verkürzungs-Zyklus (kurz: DVZ < 200 msec; lang: DVZ > 200 msec).

**Beispiele:** Kurzer DVZ: Stützphase beim Sprint sowie bei allen Absprüngen mit schnellem Anlauf (Weitsprung, Pferdsprung im Kunstturnen, «Drop-Jump»).

Langer DVZ: Stützphase bei Absprüngen mit relativ langsamem Anlauf und starker Kniebeugung (Block beim Volleyball, «Counter Movement Jump»).

Die Reaktivkraft wird durch die Maximalkraft, die Kontraktionsbereitschaft der Muskulatur sowie den Tonus und das reaktiv-elastische Potenzial (Stiffness) beeinflusst.

**Stiffness**

Stiffness ist die Eigenschaft eines Muskel-Sehnen-Komplexes, welche es diesem ermöglicht, Zugkräfte zu absorbieren und Spannungsenergie kurzfristig zu speichern und wieder freizusetzen.

Die Stiffness kann trainiert werden und ist für die Zug- und Stossdämpferfunktion der Muskel-Sehnen-Systeme von grosser Bedeutung.

**Training der Reaktivkraft**

Zum Training der Reaktivkraft eignen sich reaktive Übungen, bei denen die tonisierten (vorgespannten) Muskelketten in einem kurzen Dehnungs-Verkürzungs-Zyklus explosiv arbeiten.

**Beispiele:** Sprungserien über drei bis vier Hürden oder Sprungkästen auf Zeit, Drop Jump (Niedersprung von einem Kasten zum reaktiv-explosiven Absprung bei möglichst kurzer Bodenkontaktzeit) und reaktives Bankdrücken mit einem schnellen Abbremsen in der exzentrischen Phase und einem explosiven Krafteinsatz in der konzentrischen Phase.

Reaktivkraft-Training ist sehr effizient, weil über den Dehnreflex motorische Einheiten rekrutiert werden, welche bei gewöhnlicher konzentrischer Muskelaktivität nicht zum Einsatz kommen.

Ein solches Training ist mit einer grossen Belastung des Bewegungs- und Stützsystems verbunden. Es ist deshalb wichtig, vorerst durch ein seriöses Grundlagentraining die notwendige Belastungstoleranz der passiven und aktiven Strukturen zu entwickeln.

## Kraftausdauer

Die Fähigkeit des neuromuskulären Systems, eine möglichst grosse Impulssumme in einer gegebenen Zeit gegen höhere Lasten zu produzieren, nennen wir Kraftausdauer.

Kraftausdauer bedeutet Ermüdungsresistenz bei dynamischer oder statischer Muskelarbeit, die über einen längeren Zeitraum ausgeführt wird.

Im Leistungssport wird der Begriff Kraftausdauer in der Regel gebraucht, wenn Krafteinsätze realisiert werden, die über 30 % der Maximalkraft liegen und wenn der Energiebedarf überwiegend durch den anaeroben Stoffwechsel gedeckt wird.
Die Kraftausdauer wird also oft mit der anaeroben Kapazität und der Laktattoleranz in Verbindung gebracht.

**Training der Kraftausdauer**

Die Kraftausdauer wird durch die Maximalkraft, die Leistungsfähigkeit des Energiestoffwechsels und die Ermüdungsresistenz des Nervensystems bestimmt.
Es wird empfohlen, ein- bis zweimal pro Woche mit vier bis fünf Serien von 20 Wiederholungen zu trainieren und dabei etwa 60 % der Maximalkraft einzusetzen. Die Kontraktionsgeschwindigkeit sollte gering sein und die Serienpausen sollten etwa eine Minute dauern.
Weitere Beispiele für das Kraftausdauertraining werden im Kapitel Ausdauer präsentiert.

# Ziele und Effekte des Krafttrainings

Im Krafttraining können wir verschiedene Ziele erreichen. Die meisten sind auch relevant für Leute, welche nicht Leistungssport treiben.

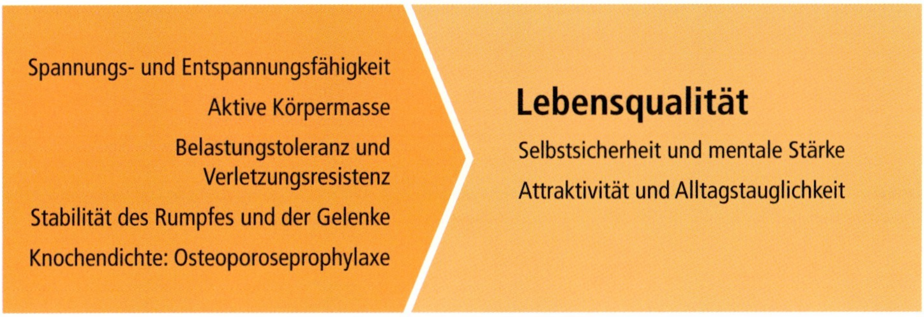

Spannungs- und Entspannungsfähigkeit
Aktive Körpermasse
Belastungstoleranz und Verletzungsresistenz
Stabilität des Rumpfes und der Gelenke
Knochendichte: Osteoporoseprophylaxe

**Lebensqualität**
Selbstsicherheit und mentale Stärke
Attraktivität und Alltagstauglichkeit

**Abbildung 58**
Effekte des Krafttrainings.

Durch regelmässiges, systematisches Krafttraining im Schul-, Gesundheits- und Freizeitsport kann mehr erreicht werden als nur eine Zunahme an Kraft.
Ein sinnvoll konzipiertes Krafttraining dient der umfassenden Pflege aller neuromuskulären Funktionen.

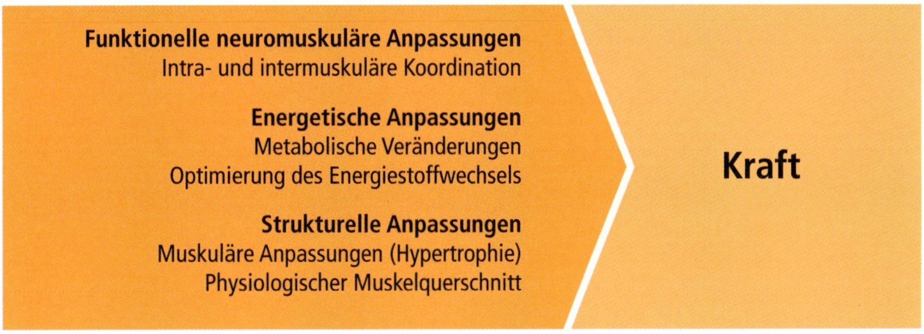

**Funktionelle neuromuskuläre Anpassungen**
Intra- und intermuskuläre Koordination

**Energetische Anpassungen**
Metabolische Veränderungen
Optimierung des Energiestoffwechsels

**Strukturelle Anpassungen**
Muskuläre Anpassungen (Hypertrophie)
Physiologischer Muskelquerschnitt

**Kraft**

**Abbildung 59**
Erhöhung des Kraftpotenzials und der Fähigkeit, dieses auszuschöpfen.

**Abbildung 60**
**Effekte des Krafttrainings.**

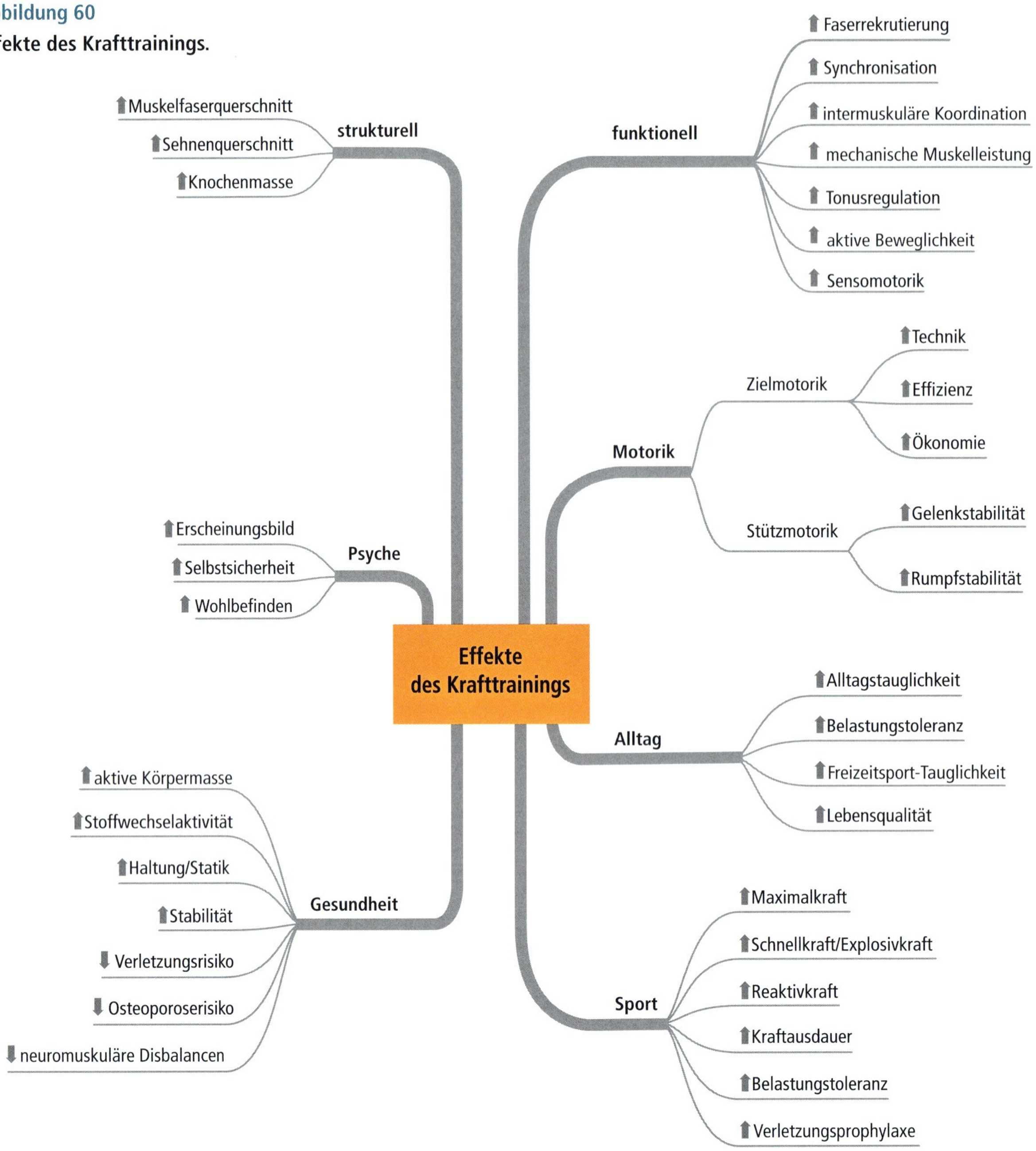

## Effekte des Krafttrainings

**strukturell**
- ↑ Muskelfaserquerschnitt
- ↑ Sehnenquerschnitt
- ↑ Knochenmasse

**funktionell**
- ↑ Faserrekrutierung
- ↑ Synchronisation
- ↑ intermuskuläre Koordination
- ↑ mechanische Muskelleistung
- ↑ Tonusregulation
- ↑ aktive Beweglichkeit
- ↑ Sensomotorik

**Motorik**
- Zielmotorik
  - ↑ Technik
  - ↑ Effizienz
  - ↑ Ökonomie
- Stützmotorik
  - ↑ Gelenkstabilität
  - ↑ Rumpfstabilität

**Psyche**
- ↑ Erscheinungsbild
- ↑ Selbstsicherheit
- ↑ Wohlbefinden

**Alltag**
- ↑ Alltagstauglichkeit
- ↑ Belastungstoleranz
- ↑ Freizeitsport-Tauglichkeit
- ↑ Lebensqualität

**Gesundheit**
- ↑ aktive Körpermasse
- ↑ Stoffwechselaktivität
- ↑ Haltung/Statik
- ↑ Stabilität
- ↓ Verletzungsrisiko
- ↓ Osteoporoserisiko
- ↓ neuromuskuläre Disbalancen

**Sport**
- ↑ Maximalkraft
- ↑ Schnellkraft/Explosivkraft
- ↑ Reaktivkraft
- ↑ Kraftausdauer
- ↑ Belastungstoleranz
- ↑ Verletzungsprophylaxe

Im Krafttraining geht es
– um die Schaffung von günstigen Voraussetzungen für die Bewältigung des Alltags und für das Sporttreiben in der Freizeit;
– um die Stabilisierung der Gesundheit und des Wohlbefindens;
– um die Erhöhung der Belastungstoleranz von Muskeln, Sehnen und Bändern;
– um die Optimierung der propriozeptiven Kontrolle und der Tonusregulation;
– um die Verbesserung der intermuskulären Koordination im weitesten Sinne (Stützmotorik);

- um die Entwicklung und Erhaltung der Rumpf- und Gelenkstabilität;
- um die Optimierung der elastischen Eigenschaften der Muskel-Sehnen-Komplexe (Stiffness);
- um Unfallprävention und Verletzungsprophylaxe;
- um den Aufbau und die Erhaltung einer genügend grossen aktiven (fettfreien) Körpermasse (Muskulatur);
- um die Entwicklung der intramuskulären Koordination, damit das vorhandene muskuläre Potenzial optimal ausgeschöpft werden kann;
- um die Erhöhung der Stoffwechselaktivität und die Erhaltung einer guten Figur.

Während des Krafttrainings werden die Stoffwechselprozesse aktiviert. Der Energieumsatz ist auch nach einer Trainingseinheit massiv erhöht, so dass regelmässiges Krafttraining bei Menschen mit Übergewicht eine ideale Massnahme zur langfristigen Reduktion des Körperfettanteils darstellt.

# Methodische Aspekte des Krafttrainings

### Aufbau im Krafttraining

Das Krafttraining muss geplant und sorgfältig aufgebaut werden.
Der Entwicklung der Rumpf- und Gelenkstabilität sowie der Belastungstoleranz ist grösste Aufmerksamkeit zu schenken.
Die bestmögliche Nutzung des vorhandenen Potenzials durch eine optimale intra- und intermuskuläre Koordination sowie eine perfekt angepasste Stützmotorik ist in den meisten sportlichen Disziplinen wichtiger als die Entwicklung einer grossen Muskelmasse.

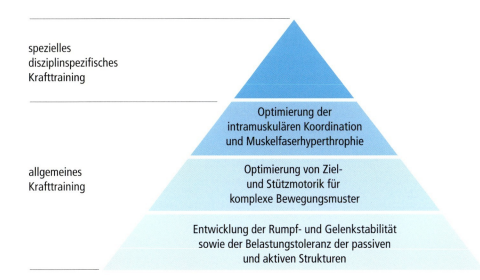

**Abbildung 61**
**Stufen der Kraftentwicklung im Leistungssport.**

**Grundsätze für das Krafttraining im Schul-, Gesundheits- und Freizeitsport**

Bei Kindern, Jugendlichen und Anfängern reichen relativ sanfte, moderate Formen des Krafttrainings zur Pflege der neuromuskulären Funktionen und zur Entwicklung der Kraft. Wir verzichten hier deshalb auf die maximale Anstrengung und auf die letztmögliche Wiederholung in den einzelnen Serien. Wir trainieren mit Widerständen und Lasten, welche zehn bis zwanzig Wiederholungen zulassen, und wir wählen Übungen, die ohne Pressatmung zu bewältigen sind.

Wir führen die Bewegungen relativ langsam aus und vermeiden innerhalb eines Satzes Unterbrüche und Pausen. Wir achten auf eine ausgewogene Beanspruchung aller Muskelgruppen und berücksichtigen besonders die Muskeln, welche für die Statik des Rumpfes und für die Stabilisierung der Gelenke zuständig sind.

Für den Aufbau und die Erhaltung von aktiver Körpermasse (Muskulatur) eignen sich Übungen an Kraftmaschinen sehr gut. Für die Entwicklung und Erhaltung der intermuskulären Koordination und für die Optimierung der Motorik trainieren wir jedoch eher mit komplexen, koordinativ anspruchsvolleren Ganzkörperübungen, welche sich an die Alltags- und Sportmotorik anlehnen.

In jedem Fall achten wir konsequent darauf, dass die Belastungen auf die körperlichen Voraussetzungen abgestimmt sind. Wir vermeiden jede Überbeanspruchung der Gelenke und der Wirbelsäule. Jugendliche beachten, dass zur Entwicklung einer grossen Knochenmasse (peak bone mass) intensive, repetitive Belastungen des Skeletts nötig sind, dass aber gleichzeitig die Wachstumsfugen an der Wirbelsäule und an den Extremitätenknochen noch nicht so belastbar sind wie in der Adoleszenz und deshalb geschont werden müssen.

**Grundsätze für das Krafttraining im Leistungssport**

Im Leistungs- und Hochleistungssport geht es darum, das vorhandene Adaptationspotenzial weitgehend oder vollständig auszuschöpfen. Deshalb müssen sich die Athletinnen und Athleten vorsichtig an die Grenzen der individuellen Belastbarkeit herantasten. Je näher sie an die genetisch festgelegten Limiten kommen, desto schwieriger wird es, weitere Fortschritte zu machen, und desto sorgfältiger müssen die Übungs- und Trainingsformen gewählt und variiert werden.

Bevor ein Hochleistungskrafttraining sinnvoll und möglich ist, müssen die Grundlagen entwickelt sein: Eine optimale Rumpf- und Gelenkstabilität und eine hohe Belastungstoleranz der aktiven und passiven Strukturen, eine perfekt funktionierende intermuskuläre Koordination und eine Stützmotorik, die sehr gut auf die Zielmotorik abgestimmt ist.

Das Krafttraining im Spitzensport mit intensiven, disziplinspezifischen Reizen erfordert eine gut entwickelte Belastungstoleranz. Deshalb besteht der grösste Teil des Krafttrainings auch im Aufbau- und Hochleistungstraining aus allgemein entwickelnden, ausgleichenden und ergänzenden Übungen, wie sie in jedem guten Fitnesstraining zur Anwendung kommen.

Durch regelmässig durchgeführte Kontrollen und Tests sollte die Leistungsentwicklung erfasst und das Training systematisch evaluiert werden.

## Tipps für das Krafttraining

Im Schul-, Freizeit- und Fitnesssport sowie im Grundlagen- und Ergänzungstraining des Leistungssports wählen wir
- Übungen, welche die Rumpfstabilität fördern;
- Übungen, bei denen die Agonisten und Antagonisten gleichermassen trainiert werden;
- Übungen, bei denen die Muskeln dynamisch (konzentrisch und exzentrisch) aktiviert werden, und solche, bei denen sie Haltearbeit verrichten müssen;
- Übungen, bei denen die grossen Funktionseinheiten des neuromuskulären Systems (Muskelketten und -schlingen) als Ganzes zum Einsatz kommen;
- Übungen, bei denen die Tonusregulation wichtig ist und bei denen es auf die propriozeptive Kontrolle und den fein dosierten, optimal koordinierten Einsatz der Muskeln ankommt (propriozeptives Training);
- Übungen, welche hohe Anforderungen in Bezug auf die Statik und die aktive Sicherung des Gleichgewichts stellen;
- Übungen, bei denen auch eine dehnende Komponente vorkommt (Prävention von Verkürzungen und neuromuskulären Disbalancen);
- Übungen, bei denen in kurzer Zeit ein grosser Kraftstoss erzeugt werden muss, so dass auch die schnellen motorischen Einheiten aktiviert und trainiert werden (Entwicklung der Rekrutierungs- und Synchronisierungsfähigkeit);
- Übungen, bei denen die Muskulatur reaktiv arbeitet, indem nach einer kurzen exzentrischen Phase eine explosive konzentrische Anspannung folgt (Entwicklung der Reaktivkraft);
- Übungen an Kraftmaschinen, wenn es hauptsächlich darum geht, die Muskelmasse zu entwickeln oder zu erhalten.

Im speziellen, technikorientierten Krafttraining konzentrieren wir uns
- auf die leistungsbestimmenden Muskelgruppen und Muskelfasertypen;
- auf die disziplinspezifische Dynamik des Krafteinsatzes;
- auf die relevanten Muskelanspannungsarten und Gelenkswinkelbereiche.

Im ergänzenden Krafttraining des Hochleistungssports achten wir
- auf Ausgleich und Harmonisierung: Pflege der weniger beanspruchten Muskeln;
- auf die Sicherung des neuromuskulären Gleichgewichts: Prävention von neuromuskulären Disbalancen;
- auf die Prävention von lokalen Überlastungsschäden: Verletzungsprophylaxe;
- auf die Optimierung der Belastungstoleranz der leistungsbestimmenden Muskelschlingen.

## Tipps für die Gestaltung einer Trainingseinheit

| | |
|---|---|
| Sich physisch und psychisch optimal auf das Krafttraining einstimmen und vorbereiten: aufwärmen sowie die Gelenke mobilisieren und «schmieren». Allenfalls Proteine in Form von Milchprodukten oder Fleisch zuführen, damit die Bausteine für die Proteinsynthese nach der Trainingseinheit rechtzeitig zur Verfügung stehen. | **Vor dem Krafttraining** |
| Die Übungen korrekt ausführen und auf die Statik des Rumpfes achten. Die Lasten sorgfältig abstimmen und im Normalfall auf Pressatmung verzichten. | **Während des Krafttrainings** |

| | |
|---|---|
| | Sich zwischen den Übungen (und den einzelnen Sätzen) erholen: Die beanspruchten Muskeln lockern und leicht dehnen; die Durchblutung optimieren.<br>Mit den grösseren Muskelgruppen beginnen.<br>Stationen- oder Serientraining: Mehrere Serien werden an einem bestimmten Gerät nacheinander gemacht (hauptsächlich für Maximalkraft-Training geeignet).<br>Circuittraining: Nach jedem Satz wird das Gerät gewechselt (hauptsächlich für «allgemeines Konditionstraining» geeignet). |
| **Nach dem Krafttraining** | Die Regeneration durch gymnastische Übungen aktiv einleiten.<br>Auslaufen, die Muskeln lockern und leicht dehnen, aber auf grössere Belastungen (z. B. auf ein Ausdauertraining) verzichten.<br>Genügend trinken, sich ausgewogen ernähren und ausreichend erholen. |
| **Umfang, Volumen, Anzahl Wiederholungen** | Hypertrophie-Training: Training mit einer sehr hohen Muskelspannung.<br>Anfänger: Sätze zu 10 bis 20 Wiederholungen mit etwa 70 % der maximalen (statischen) Kraft.<br>Fortgeschrittene: Sätze zu 6 bis 12 Wiederholungen mit etwa 80 % der maximalen Kraft isokinetisch ausführen. (Es sollte nach der letzten Wiederholung keine weitere mehr möglich sein.)<br>Rekrutierungs- und Synchronisierungstraining: Training mit der höchstmöglichen Leistung: 4 bis 6 Wiederholungen mit etwa 60 % oder 2 bis 4 Wiederholungen mit 90 bis 95 % der maximalen Last konzentrisch explosiv ausführen.<br>2 bis 4 Wiederholungen mit 105 bis 130 % der maximalen statischen Kraft exzentrisch ausführen. |
| **Anzahl Sätze** | Gesundheits- und Fitnesssport:<br>Optimales Verhältnis zwischen Aufwand und Ertrag: 1 Satz, der zu einer mehr oder weniger vollständigen lokalen Erschöpfung führt.<br>Leistungs- und Hochleistungssport:<br>Unterscheidung zwischen High intensity training: sehr grosser Krafteinsatz bei wenig Wiederholungen und geringem Volumen und High volume training: grosse Zahl an Wiederholungen und Sätzen mit mittlerem bis hohem Krafteinsatz, grosses Trainingsvolumen und lange Anspannungszeit<br>In der Regel werden im Leistungssport 3 bis 8 Sätze gemacht. |
| **Ausführung** | Im Grundlagen- und Hypertrophie-Training: kontinuierlich, langsam-isokinetisch bis zügig.<br>Im Schnell- und Explosivkraft-Training: explosiv-ballistisch, exzentrisch-konzentrisch oder plyometrisch.<br>Arbeit mit maximaler Kontraktionsgeschwindigkeit und höchstmöglicher Leistung. |

# Methoden im Krafttraining

Im Fitness- und Leistungssport haben sich die folgenden Methoden des Krafttrainings etabliert.

Hohe Wiederholungszahl bei mittlerer Last (High volume training): 5 bis 12 (allenfalls 15) Wiederholungen mit 75 bis 85 % der maximalen Last.
Anwendung: Wir wählen in der Regel die Methode der wiederholten mittleren Krafteinsätze, wenn wir den Muskelfaserquerschnitt vergrössern wollen.

**Methode der wiederholten mittleren Krafteinsätze**

Hohe Last und geringe Wiederholungszahl (High intensity training): 2 bis 5 Wiederholungen bei 85 bis 100 % der maximalen Last.
Anwendung: Wir wählen die Methode der maximalen Krafteinsätze, wenn wir die intramuskuläre Koordination, die Rekrutierungs- und Synchronisierungsfähigkeit verbessern wollen.

**Methode der maximalen Krafteinsätze**

Pyramidentraining: Die Last nimmt von Satz zu Satz zu, während die Wiederholungszahl entsprechend abnimmt.
Anwendung: Wir wählen die Methode der progressiv ansteigenden Krafteinsätze, wenn wir eine Muskelfaser-Querschnittsvergrösserung (Hypertrophie) und eine Optimierung der intramuskulären Koordination erreichen möchten.

**Methode der progressiv ansteigenden Krafteinsätze**

Es wird statische Arbeit, Haltearbeit, verrichtet.
Anwendung: Wir wählen die Methode der isometrischen Anspannungen, wenn wir die (statische) Kraft eines bestimmten Muskels oder einer bestimmten Muskelkette (in bestimmten Gelenkwinkelstellungen) optimieren wollen, wenn wir lokale Defizite ausgleichen wollen, und/oder wenn wir nicht Gelegenheit haben, mit dynamischen Übungen zu trainieren (z. B. in der Rehabilitation nach Verletzungen).

**Methode der isometrischen Anspannungen**

Es wird exzentrische Arbeit (Bremsarbeit) geleistet. Dabei können Lasten bewältigt werden, die 10 bis 40 % über der maximalen statischen Kraft liegen.
Anwendung: Wir wählen die sehr effiziente Methode der exzentrischen Krafteinsätze, wenn wir durch aufbauendes, konzentrisches Krafttraining die nötige Belastungstoleranz entwickelt haben und die Muskeln zu weiteren Anpassungen provozieren wollen.

**Methode der exzentrischen Krafteinsätze**

Plyometrisches Training: Die Muskeln werden in einem kurzen Dehnungs-Verkürzungs-Zyklus (reaktiv-explosiv) eingesetzt.
Anwendung: Wir wählen die anspruchsvolle Methode der reaktiv-explosiven Muskelanspannungen, wenn wir die Reaktivkraft erhöhen und die Stiffness entwickeln wollen, wenn wir über den Dehnungsreflex motorische Einheiten aktivieren wollen, die wir bei konzentrischen Aktionen nicht rekrutieren können.

**Methode der reaktiven Muskelanspannungen**

Boeck-Behrens und Buskies 2000, S. 44–45, unterscheiden zwischen fünf Methoden:
– Methode mittlerer Krafteinsätze mit hohen Wiederholungszahlen;
– Methode wiederholter submaximaler Krafteinsätze bis zur Ermüdung bzw. Erschöpfung (Hypertrophie-Methode);
– Methode explosiver, nicht maximaler Krafteinsätze;
– Methode explosiver maximaler Krafteinsätze (Training der intramuskulären Koordination);
– Methode reaktiver Krafteinsätze im schnellen Dehnungs-Verkürzungs-Zyklus.

## Dynamisches und statisches Krafttraining

Die Kraft kann durch dynamische und statische Formen des Krafttrainings entwickelt werden. Beide Formen lassen sich mit und ohne Geräte oder Maschinen realisieren.
Statische Übungen und geführte, eingelenkige Aktionen an Maschinen lassen eine gezielte Kräftigung einzelner Muskeln und Muskelgruppen zu, ohne dass die Gelenke und die Wirbelsäule durch andere Muskelgruppen stabilisiert werden müssen.
Die Arbeit an den Kraftmaschinen ist kaum alltagsgerecht. Sie sollte deshalb durch Übungen ergänzt werden, welche den Bewegungsabläufen im Alltag und im Sport nahe kommen, durch Ganzkörperübungen, welche auch Stabilisierungsarbeit und Geschicklichkeit erfordern, so dass neben der «rohen Kraft» auch die Reaktions- und Gleichgewichtsfähigkeit, die intermuskuläre Koordination, also die Ziel- und Stützmotorik, gefördert werden.

## Dynamisch-konzentrisches und dynamisch-exzentrisches Krafttraining

Beim dynamischen Krafttraining findet eine Bewegung statt, die Muskellängen und die Gelenkwinkel verändern sich.
Bei dynamisch-exzentrischer Arbeit (Bremsarbeit) kann ein Muskel etwa 10 bis 40 % mehr leisten als bei dynamisch-konzentrischer Arbeit, ohne dass mehr metabolische Energie umgesetzt wird.

| | |
|---|---|
| **Dynamisch-konzentrisches Training** $Kraft > Last$ | Die Last, der Widerstand, ist geringer als die Muskelkraft. Die Muskeln verkürzen sich und leisten überwindende Arbeit. Wir sprechen auch von dynamisch-positiven oder überwindenden Muskelaktionen. |
| **Dynamisch-exzentrisches Training** $Kraft < Last$ | Die Last, der Widerstand, ist grösser als die Muskelkraft. Die Muskeln leisten Bremsarbeit und werden gedehnt. Wir sprechen auch von negativ-dynamischen, nachgebenden, bremsenden oder verzögernden Muskelaktionen. |
| **Kombinationen von dynamisch-konzentrischem und dynamisch-exzentrischem Training** | In der Regel wird im Krafttraining konzentrische und exzentrische Arbeit kombiniert. Der Übergang zwischen dem Abbremsen und Beschleunigen kann sanft und gleichmässig oder reaktiv sein. Beim isokinetischen Krafttraining erfolgt der Wechsel zwischen überwindender und bremsender Arbeit sanft und gleichmässig. Beim plyometrischen Krafttraining erfolgt der Wechsel reaktiv-federnd oder sogar reflexartig abrupt, prellend. Der Dehnungs-Verkürzungs-Zyklus (DVZ) kann lang (DVZ > 200 msec) oder kurz (DVZ < 200 msec) sein. |
| **Training mit variablem Widerstand** | Während eines Bewegungsablaufs verändern sich die Muskellängen und Hebelverhältnisse und damit auch das Drehmoment. Wenn wir eine (freie) Last über einen grösseren Bereich bewegen wollen, müssen wir diese auf den «schwächsten Punkt» (das geringste Drehmoment) abstimmen (oder diesen Punkt mit Schwung überwinden). Bei einem Training mit freien Lasten (Hanteln) können deshalb die Muskeln nicht während des ganzen Bewegungsablaufs optimal belastet werden. Bei modernen Maschinen für eingelenkige Kraftübungen |

wird den Veränderungen in Bezug auf das Drehmoment durch Exzenter-Technik Rechnung getragen: Die Achsen der Umlenkrollen liegen exzentrisch, das heisst nicht im Zentrum der Rolle.

**Isokinetisches Krafttraining**

Isokinetisches Krafttraining ist ein dynamisches Training, bei dem die Bewegungsgeschwindigkeit in der konzentrischen und exzentrischen Phase konstant bleibt.
In der Praxis sind verschiedene Formen bekannt:
– Eine Last (z. B. Langhantel) wird mit gleich bleibender, geringer Geschwindigkeit gehoben und gesenkt.
– Der Arm einer Kraftmaschine wird durch einen Motor angetrieben und bewegt sich mit gleich bleibender Geschwindigkeit hin und her. Der Trainierende drückt gegen den Arm der Maschine und leistet auf diese Weise im Wechsel konzentrische und exzentrische Arbeit. Bei maximaler Anstrengung des Trainierenden entwickeln die Muskeln in allen Gelenkwinkelstellungen die grösstmögliche Spannung.
– Schwimmer und Ruderer benützen Seilzugmaschinen, durch die der Widerstand der Kraft des Trainierenden angepasst wird: Es kann mit einer disziplinspezifischen Bewegungsdynamik trainiert werden, und die Muskeln werden in allen Gelenkwinkelstellungen optimal belastet.

Bei modernen Kraftmaschinen verändert sich das Drehmoment während der Bewegungsausführung. Es passt sich den sich verändernden Drehmomenten in unseren Gelenksystemen an, so dass über den ganzen Bewegungsablauf mit der optimalen Muskelspannung gearbeitet werden kann.

Im Idealfall kann beim dynamisch-exzentrisch-konzentrischen Krafttraining die Last in der exzentrischen Phase um 10 bis 40 % erhöht werden.

**Isokinetisch-konzentrisches Training**

Wir drücken mit grossem Krafteinsatz gegen einen Hebelarm, der sich mit einer vorgegebenen, konstanten Geschwindigkeit in der Kraftrichtung bewegt.

**Isokinetisch-exzentrisches Training**

Wir versuchen, mit grossem Krafteinsatz einen Hebel zu bremsen, der sich mit vorgegebener, konstanter Geschwindigkeit gegen die Kraftrichtung bewegt.

**Isokinetisch-exzentrisch-konzentrisches Training**

Wir arbeiten ohne Unterbruch exzentrisch-konzentrisch gegen einen Hebel, der sich mit vorgegebener, konstanter Geschwindigkeit hin- und herbewegt.

### Reaktiv-exzentrisches Krafttraining

Das reaktiv-exzentrische Training umfasst Übungen, bei denen die Muskeln reaktiv-exzentrisch arbeiten, indem sie eine Masse (Körpermasse, Medizinball, Hantel) auf einem kurzen Weg abbremsen (Niedersprung-Training).

## Dynamisch-konzentrisches kontra dynamisch-exzentrisches Krafttraining

**Reaktiv-exzentrisches Training**

Eine Masse wird dämpfend abgebremst. Die Muskel-Sehnen-Komplexe arbeiten als Zugdämpfer, wobei deren elastische Qualität (Stiffness) in hohem Masse beansprucht wird. Beim Abbremsen wird der Dehnreflex ausgelöst, und es kommt zu einer besonders intensiven Aktivierung der exzentrisch arbeitenden Muskulatur.

**Beispiele:** Fortgesetzte Tiefsprünge auf einer Treppe mit «weicher» Landung, Ausfallschritt-Sprünge mit einer Last (Sandsack) auf den Schultern oder mit einer Gewichtsweste, fangen eines zugeworfenen Medizinballs.

**Tabelle 7**
Gegenüberstellung: dynamisch-konzentrisches und dynamisch-exzentrisches Krafttraining.

| Dynamisch-konzentrisches Training: | Dynamisch-exzentrisches Training: |
|---|---|
| Überwindende Arbeit, «positive Beschleunigung». | Nachgebende, bremsende Arbeit, «negative Beschleunigung». |
| Die inneren Widerstände der Muskel-Sehnen-Komplexe müssen überwunden werden. | Die inneren Widerstände der Muskel-Sehnen-Komplexe, die elastische Energie (Stiffness), wird für die Dämpf- und Bremsarbeit genutzt. |
| Es kann mit maximal 100 % der Maximalkraft trainiert werden. | Es kann mit bis zu 140 % der (statischen) Maximalkraft trainiert werden. |
| Geringes Muskelkater-Risiko: Die Muskeln können durch konzentrische Arbeit praktisch nicht überfordert werden; Muskelkater und andere Läsionen kommen selten vor. | Erhebliches Muskelkater-Risiko: Die Muskeln werden bei intensiver, ungewohnter Beanspruchung im exzentrischen Bereich oft überfordert; es kann Muskelkater entstehen. |
| Unter der Voraussetzung, dass der Rumpf und die Gelenke ausreichend stabilisiert werden, besteht kaum Gefahr, dass die passiven Strukturen überlastet werden. | Die Belastung des Bewegungs- und Stützsystems kann sehr gross sein. Die Kontrolle ist erschwert und die Gefahr, dass einzelne Strukturen überbelastet und geschädigt werden, ist vorhanden. |
| Energieaufwand und Sauerstoffverbrauch sind relativ hoch, das kardio-vaskuläre System wird intensiv beansprucht und mittrainiert. | Der Sauerstoffverbrauch, die Beanspruchung des Energiestoffwechsels und die Belastung des kardio-respiratorischen Systems sind um 50 bis 80 % geringer als beim dynamisch-konzentrischen Training. |
| Die Anforderungen an die intramuskuläre Koordination sind mittelmässig bis hoch. | Die Anforderungen an die intramuskuläre Koordination sind hoch bis sehr hoch. |
| Dynamisch-konzentrisches Training eignet sich hauptsächlich für das Muskelaufbautraining (Hypertrophie-Training), für die Entwicklung einer hohen Belastungsverträglichkeit der Muskulatur und des Binde- und Stützgewebes und für die Entwicklung der konzentrischen Kraft im Rahmen des disziplinspezifischen, technikorientierten Krafttrainings. | Bei dynamisch-exzentrischer Arbeit werden motorische Einheiten aktiviert, die durch willkürliche konzentrische Arbeit nicht rekrutiert werden können. Das dynamisch-exzentrische Training eignet sich deshalb hauptsächlich für die Entwicklung der intramuskulären Koordination auf hohem und höchstem Niveau. Es ist notwendig, wenn durch dynamisch-konzentrisches Training keine Fortschritte mehr erzielt werden können. |

## Plyometrisches Krafttraining

Beim plyometrischen Training wird eine exzentrische Aktion (Niedersprung von einem Kasten) mit einer reaktiv-explosiven konzentrischen Aktion (Absprung) verbunden.
Durch die prellende Aktion (kurze Bodenkontaktzeit) wird der Dehnungsreflex ausgelöst, so dass motorische Einheiten aktiviert werden, welche bei konzentrischen Aktionen mit und ohne Ausholbewegung nicht innerviert werden.
Das plyometrische Training ist die wirksamste Form des Explosiv- und Reaktivkrafttrainings und die ideale Methode zur Entwicklung des reaktiv-elastischen Potenzials der Muskel-Sehnen-Komplexe (Stiffness).
Wichtig ist, dass wir mit einer maximalen Vorspannung (mit einem hohen Muskeltonus) und mit einer möglichst kurzen Amortisationsphase (Kontaktzeit) trainieren: Wir passen die Absprunghöhe (Kastenhöhe) den individuellen Voraussetzungen an, so dass eine prellende Aktion möglich ist.

## Statisches Krafttraining

Statisches (isometrisches) Krafttraining ist ein Training, bei dem die Muskeln bei einer gleich bleibenden Gelenkwinkelstellung angespannt werden.
Das statische Krafttraining kann den Bedürfnissen entsprechend variiert werden.

| | |
|---|---|
| Wir können mit einer beliebig hohen Spannung trainieren: zum Beispiel mit 30 % oder mit 50 bis 100 % der Maximalkraft. | **Dosierung des Krafteinsatzes** |
| Wir können die Spannung kontinuierlich-langsam oder stufenförmig steigern oder diese schnell bis explosiv entwickeln. | **Dosierung der Kraftbildungsdynamik** |
| Wir können die Spannung über längere Zeit auf beliebig hohem Niveau aufrechterhalten oder planmässig variieren. | **Konstante oder variable Spannung** |
| Wir können die Spannung während 20 Sekunden konstant aufrechterhalten oder die Muskeln intermittierend zum Beispiel 4 × 5 Sekunden (mit einem Unterbruch von 2 Sekunden) spannen. | **Kontinuierliche oder intermittierende Spannung** |

## Dynamisches kontra statisches Krafttraining

Tabelle 8
**Gegenüberstellung:**
dynamisches und
statisches Krafttraining.

| Dynamisches Krafttraining | Statisches Krafttraining |
|---|---|
| Es wird die dynamische Kraft trainiert. | Es wird die statische Kraft in einer bestimmten Gelenkwinkelstellung und bei einer vorgegebenen Muskelfaserlänge trainiert. |
| Es kann dynamisch-konzentrisch und dynamisch-exzentrisch trainiert werden. | Die Muskeln können kontinuierlich oder intermittierend gespannt werden. |
| Disziplinspezifische, dynamische Erregungs- und Kontraktionsmuster können geübt werden. | Es werden statische Erregungs- und Kontraktionsmuster geübt. |
| Die Kontraktionsdynamik kann den sportartspezifischen Bedürfnissen angepasst werden. | Die Kontraktionsdynamik entspricht oft nicht den sportartspezifischen Bedürfnissen. |
| Bei dynamisch-exzentrischer Arbeitsweise kann die Last bis auf 140 % der statischen Maximalkraft gesteigert werden. | Die Beanspruchung kann bis auf 100 % der statischen Maximalkraft gesteigert werden. |
| Bei entsprechender Gestaltung des Trainings kommt es zu einem Kraftzuwachs in einem umfassenden Bewegungsbereich. | Der Kraftzuwachs beschränkt sich mehr oder weniger auf die Gelenkwinkelstellungen, in welchen trainiert wird. |
| Das Nerv-Muskel-System arbeitet in einem rhythmischen Wechsel von Spannung und Entspannung. | Die beteiligten Nerven und Muskeln befinden sich über längere Zeit in einem hohen Erregungs- und Aktivitätszustand. |
| Der Wechsel von Spannung und Entspannung fördert die Durchblutung der Muskulatur. | Bei andauernder Spannung wird die Durchblutung durch den intramuskulären Druck eingeschränkt oder verunmöglicht. |
| Die Winkel- und Hebelverhältnisse ändern sich im Verlauf der Bewegung. Die Muskulatur muss in allen Gelenkwinkelstellungen Kraft generieren, wird aber (unter Umständen) nicht in allen Winkelstellungen optimal belastet. | Die Winkel- und Hebelverhältnisse werden festgelegt. Die Muskulatur kann in einzelnen Gelenkwinkelstellungen optimal belastet werden. Die Kraftentwicklung erfolgt nur in den gewählten Gelenkwinkelstellungen. |
| Das Training kann so gestaltet werden, dass hohe Ansprüche an die Technik gestellt werden: Es werden auch koordinativ-technische Fähigkeiten (intermuskuläre Koordination) entwickelt. | Das Training ist in technischer Hinsicht relativ einfach. Im koordinativ-technischen Bereich sind kaum Fortschritte zu erwarten. |
| Es ist eine bestimmte Infrastruktur notwendig (Bodenmatten, Gymnastikbälle, Gummizüge, Hürden, Zusatzgewichte oder Kraftmaschinen). | Das Training ist praktisch überall und ohne spezielle Hilfsmittel möglich. |
| Das Training ist mit Bewegung und allenfalls mit Lärm verbunden. | Das Training kann unauffällig und nahezu überall durchgeführt werden. |
| Die dynamische Beanspruchung der Gelenke ist physiologisch. | Die statische Belastung der Gelenke kann sich ungünstig auswirken. |
| Eignung: hauptsächlich für Fitnesstraining, Schul- und Gesundheitstraining, Leistungssport. | Eignung: hauptsächlich für Hypertrophie-Training, Body-Building, Rehabilitation. |

## Trainingsmittel im Krafttraining

| Trainingsmittel | Art der Belastung | Einsatzmöglichkeiten |
|---|---|---|
| Kraftmaschinen konventionell, eingelenkig | Ergonomisch korrekte, koordinativ einfache, eingelenkig-geführte, selektive Beanspruchung einzelner Muskeln. Physiologisch optimale Kraftverlaufskurve, geringes Unfall- und Verletzungsrisiko. | Ideal für das Hypertrophie-Training; Aufbau und Erhaltung der aktiven Körpermasse, Ausgleich von muskulären Disbalancen. |
| Kraftmaschinen mit mehreren Freiheitsgraden | Ergonomisch korrekte, nur teilweise geführte und deshalb koordinativ relativ komplexe Beanspruchung grösserer funktioneller Einheiten des neuromuskulären Systems. | Ideal für das Hypertrophie-Training sowie für die Entwicklung der intermuskulären Koordination: Rumpf- und Gelenkstabilität, Ziel- und Stützmotorik. |
| Desmotronische Kraftmaschinen | Koordinativ einfache, eingelenkig-geführte, selektive Beanspruchung einzelner Muskeln. Der Widerstand wird durch einen Motor erzeugt; die Muskeln arbeiten kontinuierlich, konzentrisch-exzentrisch-konzentrisch mit hoher Spannung und ohne Erholungsphasen. | Ideal für das Hypertrophie-Training und die Entwicklung der Kraftausdauer. |
| | | |

Kraftmaschinen eignen sich gut auch für das Training im Gesundheits- und Seniorensport, wenn die Übungen korrekt ausgeführt werden und auf Pressatmung verzichtet wird.

| Trainingsmittel | Art der Belastung | Einsatzmöglichkeiten |
|---|---|---|
| Grosse Langhantel «Olympia-Hantel» | Koordinativ vielseitige und komplexe symmetrische Beanspruchung ganzer Muskelschlingen. | Bei explosivem Krafteinsatz vor allem zur Entwicklung der intermuskulären Koordination im Leistungssport geeignet. |
| Kleine Langhantel | Koordinativ vielseitige, symmetrische und asymmetrische Beanspruchung ganzer Muskelschlingen. | Vielseitig einsetzbares, zweckmässiges und beliebtes Gerät im Fitnesstraining. Auch für das Nachwuchstraining und den Schulsport geeignet. |
| Kurzhantel 1 bis 20 kg | Koordinativ vielseitige, relativ komplexe, asymmetrische Beanspruchung ganzer Muskelschlingen, insbesondere im Bereich der Rumpfmuskulatur und der gelenksstabilisierenden Muskeln. | Vielseitig einsetzbares, zweckmässiges Gerät für das Fitness- und Konditionstraining im Leistungssport. Die Kurzhantel eignet sich zur Optimierung der intermuskulären Koordination und der Schnellkraft bei Wurf-, Stoss- und Schlagbewegungen (Förderung der Ziel- und Stützmotorik). |
| Medizinball | Koordinativ vielseitige, symmetrische und asymmetrische, konzentrische und exzentrische Beanspruchung ganzer Muskelschlingen (rumpf- und gelenkstabilisierende Muskeln). | Vielseitig einsetzbares Gerät für das Fitnesstraining wie für das Konditionstraining im Leistungssport. Speziell geeignet für das technikorientierte Explosivkraft-Training (Werfen und Stossen). |
| Sandsack (1 bis 5 kg) und Gewichtsweste (1 bis 20 kg) | Zusatzlast bei disziplinspezifischen, technikorientierten Übungen zur erhöhten Beanspruchung der leistungsbestimmenden Muskelschlingen. | Vielseitig verwendbare Zusatzlast für Übungen zur Entwicklung der Rumpf-, Bein- und Hüftmuskulatur sowie bei Liegestützen, Klimmzügen und ähnlichen Übungen für den Schulter- und Armbereich. |

| Trainingsmittel | Art der Belastung | Einsatzmöglichkeiten |
| --- | --- | --- |
| Gummizüge (Terraband®) | Koordinativ relativ einfache, leicht zu dosierende Beanspruchung einzelner Muskelgruppen sowie ganzer Muskelschlingen. | Ideales Mittel für die Verwendung zu Hause, im Büro und auf Reisen; vielfältige Trainingsmöglichkeiten für sämtliche Muskelgruppen. Hauptsächlich geeignet für den Schul- und Fitnesssport sowie in der Prävention und Rehabilitation. |
| Instabile Unterlagen wie Airex-Balance-pad® oder -Balance-beam® und Aerostep® | Verbindung von Kraft- und Balancetraining; koordinativ anspruchsvolles Training der Ziel- und Stützmotorik. Erfordert intensive Stabilisierungsarbeit im Fuss-, Knie-, Hüft- und Rumpfbereich. | Ideale, vielseitig verwendbare Mittel zur Entwicklung der Gelenkstabilität und des Gleichgewichts (Stütz- und Zielmotorik). Für die Rehabilitation und das Training in allen Bereichen des Sports geeignet. |
| Instabile Unterlagen (Swiss Ball und gespannte Seile) | Koordinativ anspruchsvolles Training der Ziel- und Stützmotorik. Erfordert intensive Stabilisierungsarbeit im Rumpfbereich. | Vielseitig verwendbare Mittel zur Entwicklung der Statik und der intermuskulären Koordination (Stütz- und Zielmotorik). Für das Training in allen Bereichen des Sports geeignet. |
| Labile Unterlagen (Gleichgewichtskreisel, Schaukelbrett und Dotte Schaukel) | Koordinativ anspruchsvolles Training. Erfordert propriozeptiv anspruchsvolle Stabilisierungsarbeit hauptsächlich im Bereich der unteren Extremität. | Vielseitig verwendbare Mittel zur Entwicklung der intermuskulären Koordination. Für die Rehabilitation und das Training in allen Bereichen des Sports geeignet. |
| Widerstandshandschuhe (Wet-Hands®) im Wasser | Intensive Beanspruchung der stabilisierenden Muskelschlingen im Schulterbereich und der Rumpfmuskulatur. Die Kraft kann unabhängig von der Gravitation in allen Richtungen eingesetzt werden. Der Widerstand wird durch die Handstellung (Fläche) und die Bewegungsgeschwindigkeit dosiert. | Ideales, sehr handliches Gerät für das Fitnesstraining. Eignet sich für anspruchsvolle Aqua-Gymnastik. Sehr geeignet für die Optimierung der Stabilität im Wirbelsäulen- und Schulterbereich. |
| Mattenbahnen, Bänke, Hürden und Sprungkästen | Sprünge vorwärts, rückwärts, seitwärts, in die Weite oder in die Höhe auf der Mattenbahn; die Muskulatur der unteren Extremitäten wird in allen Richtungen intensiv beansprucht. | Ideale Trainingsform für die Verletzungsprophylaxe im Bereich der Fuss- und Kniegelenke und zur Entwicklung der Explosivkraft. |
| Vibrations-Krafttraining | Statisches (oder dynamisches Training), bei dem sich der Trainierende auf eine vibrierende Unterlage stellt. | Trainingsform mit grosser Wirkung bei relativ geringem Aufwand. Zum Dehnen und Kräftigen geeignet. |
| Elektrostimulation (ES) | Statische Beanspruchung der Muskulatur, unabhängig von den Impulsen aus dem ZNS. | Die ES ermöglicht eine Unterstützung und Beschleunigung der lokalen Regeneration nach Training und Wettkampf. Sie wird auch in der Medizin verwendet; prä- und postoperative Massnahmen zum Aufbau von Muskelmasse. |

**Tabelle 9**
**Trainingsmittel im Krafttraining.**

# Krafttraining: in jedem Alter sinnvoll

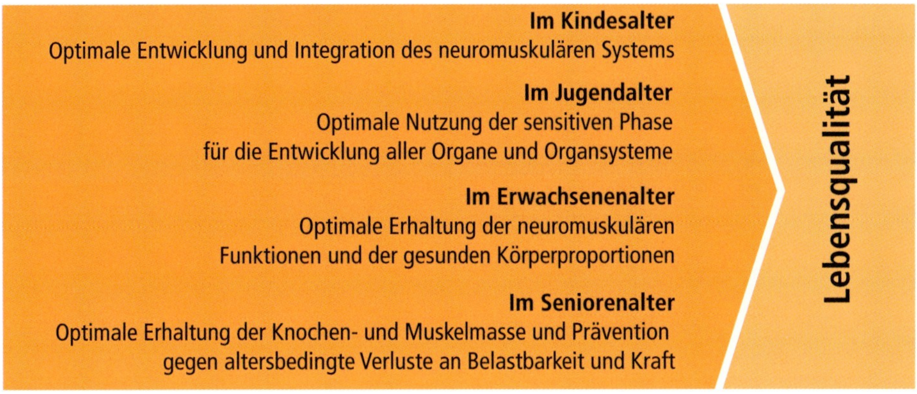

**Im Kindesalter**
Optimale Entwicklung und Integration des neuromuskulären Systems

**Im Jugendalter**
Optimale Nutzung der sensitiven Phase
für die Entwicklung aller Organe und Organsysteme

**Im Erwachsenenalter**
Optimale Erhaltung der neuromuskulären
Funktionen und der gesunden Körperproportionen

**Im Seniorenalter**
Optimale Erhaltung der Knochen- und Muskelmasse und Prävention
gegen altersbedingte Verluste an Belastbarkeit und Kraft

Lebensqualität

**Abbildung 62**
Ziele des Krafttrainings in verschiedenen Lebensabschnitten.

## «Krafttraining» im Kleinkindalter

Im ersten Lebensjahr nehmen die Körpergrösse und das Körpergewicht massiv zu. Das Gewicht des Gehirns verdoppelt sich und die Grosshirnfunktionen entwickeln sich rasant. Auch die Kraft (Maximalkraft) nimmt um mehrere hundert Prozent zu und kann von Woche zu Woche gezielter eingesetzt werden. Es ist die Phase, in der die Muskulatur durch das Nervensystem «erschlossen» wird, in der sich die kindliche Motorik entwickelt. Das Kleinkind entdeckt, dass es den Daumen des Vaters mit zunehmender Kraft festhalten kann, dass es den Kopf mit eigener Kraft tragen kann und dass es kriechen und bald aufstehen und gehen kann. Es erkundet von Grund auf die funktionellen Eigenschaften des neuromuskulären Systems und entfaltet dabei seine psychomotorischen Fähigkeiten.
Das erste Lebensjahr ist die sensitive Phase für die Entwicklung der intermuskulären und intramuskulären Koordination schlechthin.

**Biologische Voraussetzungen**

Mit Kleinkindern die Motorik und damit auch die Kraft zu «trainieren» ist nicht nur sinnvoll, sondern lebenswichtig. Die Entwicklung des Kindes verläuft dann optimal, wenn das neuronale und neuromuskuläre System systematisch, dem Entwicklungsstand entsprechend, auf immer höherem Niveau beansprucht wird. Säuglinge machen täglich mehrere kleine «Trainingseinheiten», wenn sie mit den Eltern und Geschwistern spielen und ihre motorischen Fähigkeiten, die sich immer mehr entfalten, unter immer anspruchsvolleren Bedingungen einsetzen.
Es ist ein interaktiver, vielseitiger, lustbetonter Prozess, bei dem sich mit den sensorischen und motorischen Fähigkeiten und der Kraft auch die intellektuellen und soziokulturellen Fähigkeiten entwickeln.

**Praktische Konsequenzen**

## «Krafttraining» im Vorschulalter

Vom Kleinkindalter bis zum Eintritt in die Schule nehmen die Körperlänge und das Gewicht des Kindes stetig zu.
Die Proportionen verändern sich während des ersten Gestaltwandels, indem die Arme, die Beine und der Rumpf schneller wachsen als der Kopf.

**Biologische Voraussetzungen**

Das Gehirn erreicht im Alter von sechs Jahren 90 bis 95 % des endgültigen Gewichts. Die Reifung der Nevenbahnen wird im 6. Lebensjahr weitgehend abgeschlossen.

Die Muskulatur entwickelt sich in qualitativer und quantitativer Hinsicht. Die Kraftfähigkeiten entfalten sich sukzessive weiter, weil einerseits die Muskelmasse zunimmt und andererseits die neuromuskuläre Koordination optimiert wird.

Die Kinder haben einen ausgeprägten Bewegungsdrang.

**Praktische Konsequenzen**  Die Kinder trainieren ihre Kraft selbstbestimmt und auf natürliche Weise, indem sie ihre Bewegungsfähigkeiten intensiv erproben und nutzen.

Wichtig ist, dass sie ihre Spiel-, Entdeckungs-, Bewegungs- und Lernbedürfnisse ausleben dürfen. Je weniger sie im Bewegungsverhalten durch zivilisationsbedingte Verbote eingeschränkt werden, desto besser entwickeln sie ihre psychomotorischen Fähigkeiten.

Die Erwachsenen sollten die Entwicklung der Kinder fördern, indem sie das Umfeld so einrichten, dass diese ihren Drang nach Bewegung und Anwendung ihrer motorischen Fähigkeiten befriedigen können. Die Eltern leisten den Kindern einen grossen Dienst, wenn sie sich mit ihnen selber sportlich betätigen und ihnen eine bewegungsaktive Lebensweise vorleben.

### «Krafttraining» vom 6. bis zum 12. Lebensjahr

**Biologische Voraussetzungen**  Im 6. oder 7. Lebensjahr wird der erste Gestaltwandel abgeschlossen. Die Körperproportionen und die Kraft-Hebel-Verhältnisse sind jetzt optimal. Die Entwicklung des Nervensystems geht weiter, erreicht ein hohes Niveau und wird zeitlebens nicht abgeschlossen.

Das Primarschulalter gilt als das «goldene Lernalter». Es ist geprägt durch einen grossen Bewegungsdrang, eine unbändige Lernbereitschaft und eine ausgeprägte Lernfähigkeit.

Unterschiede in der Entwicklung der Motorik und der Kraftfähigkeiten sind nicht geschlechtsspezifisch, sondern bedingt durch den Entwicklungsstand und die Unterschiede in den frühkindlichen Entfaltungsmöglichkeiten sowie durch das individuell unterschiedliche Bewegungsverhalten.

**Praktische Konsequenzen**  Der bewegungsintensive, koordinativ vielseitige Umgang mit dem eigenen Körper im Gravitationsfeld der Erde stellt hohe Anforderungen an die Ziel- und Stützmotorik.

Im Sportunterricht und im geleiteten Freizeitsport steht die Förderung im koordinativen Bereich (Geschicklichkeit und Gewandtheit) im Vordergrund.

Mit dem Erwerb und der Anwendung von motorischen Fertigkeiten und mit der Erweiterung des Bewegungsrepertoirs ist automatisch eine Zunahme der Kraft verbunden.

Durch Klettern an Bäumen, Stangen und Kletterwänden, durch Turnen am Boden und an Geräten, durch Snowboard- und Skifahren, durch Schwimmen, Skaten und Fussballspielen entwickeln sich die neuromuskulären Fähigkeiten, ohne dass die Muskelmasse stark zunimmt. Die Zunahme der Kraft beruht vor allem auf der Entwicklung der intermuskulären und intramuskulären Koordination.

Durch die Anwendung und Umsetzung der Kraft in Lauf-, Ball- und Reaktionsspielen werden neben der Schnelligkeit auch die Schnellkraft und die Reaktivkraft trainiert.

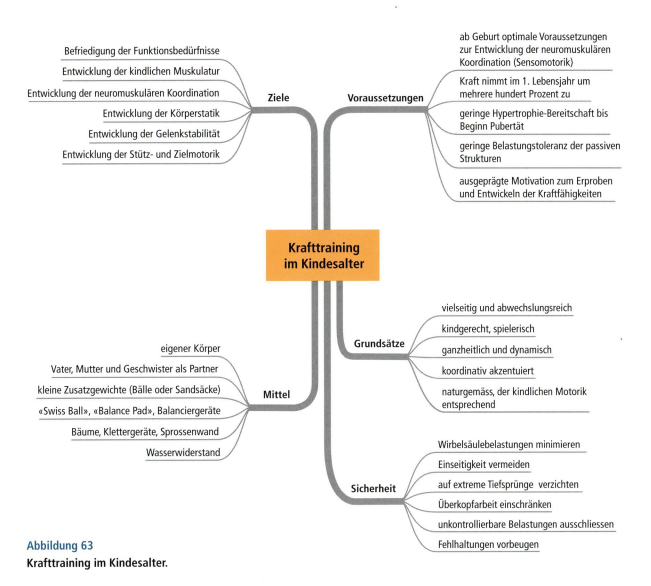

**Abbildung 63**
**Krafttraining im Kindesalter.**

## Krafttraining im Jugendalter

Die Pubertät ist geprägt durch hormonelle Veränderungen, ein intensives Längenwachstum und eine deutliche Gewichtszunahme. Sie dauert im Durchschnitt etwa zwei Jahre.
Der zweite Gestaltwandel beginnt in der Regel bei Mädchen im elften oder zwölften Lebensjahr und bei Knaben etwa ein Jahr später.
Die Wirkung von geschlechtsspezifischen Hormonen führt zur Entwicklung und Reifung der primären und sekundären Geschlechtsmerkmale und zur Ausprägung weiblicher oder männlicher Eigenschaften. Auch die Reaktion auf Trainingsreize wird durch Hormone beeinflusst: Die Geschlechtshormone haben eine anabole (aufbauende) Wirkung. Sie beeinflussen die Entwicklung der Knochendichte und der Muskelmasse.
Die Wachstumsfugen am Skelett (Epiphysen- und Apophysenfugen) sind delikate Schwachstellen des jugendlichen Bewegungsapparates. Bei Fehlbelastungen und zu starker Beanspruchung kann es zu Wachstumsstörungen und Beschwerden kommen.

**Biologische Voraussetzungen**

Während der Pubeszenz und in der anschliessenden Adoleszenz wird ein grosser Teil des «Knochenkapitals» (Peak Bone Mass) für die Zukunft aufgebaut: Die Entwicklung des Skeletts wird nicht nur durch die Anlagen, die Hormone und die Ernährung, sondern ganz besonders auch durch das Bewegungsverhalten und die regelmässige, intensive Beanspruchung beeinflusst.
Die Voraussetzungen für die Entwicklung der konditionellen Fähigkeiten (Kraft und Ausdauer) und der Belastungstoleranz sind ideal.

**Praktische Konsequenzen**  Bei Mädchen und Knaben muss diese wichtige Phase für die Entwicklung der Muskelmasse, der Knochendichte und der konditionellen Fähigkeiten optimal genutzt werden.
Die Jugendlichen müssen geeignete Methoden und Mittel des Fitnesstrainings und insbesondere des Krafttrainings kennen lernen. Sie sollten am eigenen Körper erfahren, wie die Kraft nicht nur die Leistungsfähigkeit, sondern auch die Lebensqualität beeinflusst. Der gesundheitliche Nutzen des Trainings muss ihnen bewusst werden. Sie sollten lernen, geeignete Übungsprogramme für eine effiziente Beanspruchung ihrer Kraftfähigkeiten zu entwickeln und anzuwenden. Regelmässiges Fitnesstraining müsste zu einer lebenslänglichen Gewohnheit werden.
Die Belastungstoleranz des Bewegungs- und Stützsystems muss durch eher umfangbetonte Beanspruchung langfristig entwickelt werden. Der Stabilität des Rumpfes und der Gelenke gehört die erste Priorität.
Fehlbelastungen und jede Überbeanspruchung der Wirbelsäule sowie der Gelenke und Wachstumsfugen an den Extremitäten sind auszuschliessen. Verhaltensweisen, welche die Schwachstellen des Bewegungs- und Stützsystems schonen, sollten erworben und eingeübt werden.
Im Leistungssport muss spätestens im Jugendalter das planmässige, systematische Krafttraining einsetzen.
Während im Kindesalter die koordinativ-neuromuskulären Aspekte der Kraft im Vordergrund stehen, geht es jetzt auch um die trainingsbedingte Hypertrophie der Muskulatur.
Entscheidend ist in jedem Fall ein sorgfältiger Aufbau, der die individuellen Voraussetzungen in Bezug auf die Belastbarkeit bestmöglichst berücksichtigt.
Eine sorgfältige Begleitung des Trainings durch einen fachkundigen Orthopäden, eine Sportärztin oder einen Physiotherapeuten ist im Nachwuchsbereich eine Selbstverständlichkeit.
Auf eine frühzeitige Spezialisierung mit einer einseitigen, disziplinspezifischen Ausrichtung des Krafttrainings wird im Grundlagentraining zu Gunsten der Vielseitigkeit verzichtet.

**Abbildung 64**
**Krafttraining im Jugendalter.**

## Krafttraining in der Adoleszenz und im frühen Erwachsenenalter

**Biologische Voraussetzungen**

In der Adoleszenz wird die körperliche Entwicklung abgeschlossen. Die Wachstumsfugen schliessen sich, damit wird das Skelett belastbarer.
Die hormonellen Voraussetzungen für die Steigerung der körperlichen Leistungsfähigkeit sind ideal und die Bedingungen für Lernprozesse im koordinativen Bereich ebenfalls.

**Praktische Konsequenzen**

Beim Übergang ins Erwachsenenalter sollten die gesunden Bewegungs- und Trainingsgewohnheiten der Jugend auf keinen Fall aufgegeben werden.
Die Belastung kann sukzessive gesteigert werden.
Neben der Leistungsoptimierung geht es immer auch um die Erhöhung und Erhaltung der Belastungstoleranz und um die Verletzungsprophylaxe.
Im Leistungssport kommt es zu einer zunehmenden Spezialisierung mit einer disziplinspezifischen Ausrichtung des Krafttrainings.
Das neuromuskuläre System und hauptsächlich die leistungsbestimmenden Muskelgruppen werden durch variantenreiche Beanspruchung immer wieder zu neuen Anpassungen gezwungen.
Durch ergänzende Massnahmen kann eine einseitige Entwicklung der Muskulatur verhindert werden.
Eine ausgeglichene Ernährung und ein optimales Mass an regenerativen Massnahmen sollten das Krafttraining ergänzen. Beides ist für die Entwicklung der Leistungsfähigkeit und der Belastungstoleranz wichtig.

## Krafttraining im Alter von 25 bis 60 Jahren

**Biologische Voraussetzungen**

Die Voraussetzungen für die Erhaltung der körperlichen Potenziale sind günstig.
Die Realität zeigt leider, dass das Erwachsenenalter häufig geprägt ist durch eine zivilisations- und berufsbedingte Bewegungsarmut und durch einen Rückgang der Leistungsfähigkeit und Belastungstoleranz.

**Praktische Konsequenzen**

Die im Kindes- und Jugendalter erworbenen Fähigkeiten und Kenntnisse in Bezug auf das Fitnesstraining sollten jetzt umgesetzt und vertieft werden.
Die Kontinuität steht im Vordergrund: Erwachsene müssen sich angewöhnen, ihre physischen Fähigkeiten regelmässig und gezielt zu beanspruchen und nicht verkümmern zu lassen.
Der Aufwand für die Erhaltung der Kraft lohnt sich auf jeden Fall, weil die Belastungstoleranz und die Gesundheit, die Freizeit- und Sporttauglichkeit sowie die Lebensqualität ganz direkt davon abhängig sind.

## Krafttraining im Seniorenalter

**Biologische Voraussetzungen**

Die scheinbar altersbedingten Verluste an Muskelmasse, Kraft, Verletzungstoleranz und Leistungsfähigkeit sind in der Regel vor allem eine Folge von Bewegungs- und Belastungsmangel.
Die Alltagstauglichkeit und Lebensqualität wird durch die Kraftfähigkeiten und den Zustand des Bewegungs- und Stützsystems massiv beeinflusst.

Die Unlust und Unfähigkeit, sportlich aktiv zu sein, ist oft auf ein Missverhältnis zwischen Körpergewicht und Kraft zurückzuführen.

**Praktische Konsequenzen**

Wer rastet, der rostet.
Menschen, die in den früheren Lebensjahren regelmässig Sport getrieben und trainiert haben, sollten im Seniorenalter auf keinen Fall damit aufhören.
Wer bisher zu wenig für seine Fitness getan hat, kann durch ein sorgfältig aufgebautes Training die konditionellen Fähigkeiten auch im fortgeschrittenen Alter noch aufbauen und auf einem hohen Niveau halten.
Eine fachkundige Beratung durch eine erfahrene Beraterin, einen Physiotherapeuten oder eine Ärztin hilft, Fehlbelastungen zu vermeiden.
Die Belastungen im Krafttraining sind sorgfältig zu dosieren. Der korrekten Ausführung der Übungen ist grosse Beachtung zu schenken. Um extreme Blutdruck-Spitzen zu vermeiden, sollte auf allzu grosse Anstrengungen mit Pressatmung verzichtet werden.
Für die Erhaltung der Knochendichte und der Muskelmasse eignet sich das Krafttraining an Geräten sehr gut. Das Training der intermuskulären Koordination durch Ganzkörperübungen ist aber ebenso wichtig.

# Krafttraining: Praxisbeispiele

**Basisprogramm zur Optimierung der Rumpf- und Gelenkstabilität**

Unterarmstütz, der Kopf und der Rumpf sowie die Hüft- und Kniegelenke befinden sich auf einer geraden Linie. Die Rumpfmuskulatur spannen, die gestreckten Beine im Wechsel um eine Fusslänge heben. Der Rumpf und das Becken bleiben vollständig stabil.

Erschwerung: Die Beine in der Ausgangsstellung leicht grätschen.

Seitstütz (evtl. an einer flachen Wand), die Wirbelsäule sowie die Hüft- und Kniegelenke sind vollständig gestreckt. Das Becken heben und senken, wobei die Hüftgelenke vollständig gestreckt bleiben.

Erleichterung: Gleiche Übung im Seitstütz auf den Knien (Kniegelenke 90° gebeugt).
Erschwerung: Gleiche Übung, aber das obere Bein ist leicht abgespreizt.

Erschwerung: Analoge Position, das obere Bein macht fortgesetzte Lauf- oder Radlerbewegungen.

Rückenlage mit angewinkelten Beinen, das Becken heben, die Hüftgelenke vollständig strecken, und dann das Becken wieder senken.

Rückenlage, ein Bein aufstützen, das andere, gestreckte Bein anheben. Das Becken fortgesetzt heben und senken, wobei die beiden Kniegelenke auf gleicher Höhe nebeneinander bleiben.

Rückenlage, ein Bein anstellen und das andere mit gebeugtem Kniegelenk abheben, die Rumpfmuskulatur spannen. Das Becken fortgesetzt heben und senken und dabei das Hüftgelenk des Standbeins vollständig strecken.

Erschwerung: Der Fuss des Standbeins ruht auf einer erhöhten (allenfalls instabilen oder labilen) Unterlage (Kasten, «Balance-Pad» oder «Swiss Ball»).

Unterarmstütz rücklings, die Beine sind gestreckt, der Kopf wird in der Verlängerung der Wirbelsäule gehalten.
Das Becken abheben, die Position mit gestreckten Hüftgelenken fünf Sekunden halten und dann das Becken wieder senken.

Erschwerung: Die Fersen und/oder die Unterarme ruhen auf einer labilen oder instabilen Unterlage.

Rückenlage, die gebeugten Arme in U-Position neben dem Kopf ablegen, beide Füsse ruhen auf einer erhöhten Unterlage (Stuhl oder Kasten). Das Becken fortgesetzt vom Boden abheben und wieder senken, ohne dass das Gesäss den Boden berührt.

Unterarmstütz rücklings, die Beine anwinkeln, die Rumpfmuskulatur spannen, den Kopf in der Verlängerung der Wirbelsäule halten.
Das Becken kippen und beide Knie gegen das Gesicht führen, dann die Beine wieder langsam senken, ohne mit den Fersen den Boden zu berühren.

Rückenlage, die Hüft- und Kniegelenke 90° beugen, die Arme seitwärts neben dem Rumpf ausstrecken, die Handflächen gegen die Füsse richten.
Den Oberkörper einrollen und die Schulterblätter vom Boden abheben. Die Arme führen dabei eine Stossbewegung in die Verlängerung der Wirbelsäule aus.

Rückenlage, die Hüft- und Kniegelenke 90° beugen, beide Arme seitwärts neben dem linken (oder rechten) Oberschenkel ausstrecken, die Handflächen gegen die Füsse richten.
Den Oberkörper schräg einrollen. Die beiden Arme machen dabei eine Stossbewegung am Oberschenkel vorbei.

Rückenlage, die Hände fixieren sich an den Fersen einer über dem Kopf stehenden Partnerin. Die Beine anheben, die Lendenwirbelsäule auf den Boden pressen und den Rumpf stabilisieren.
Mit den Beinen wie beim Radfahren kreisen. Das Üben abbrechen, wenn die Lendenwirbelsäule sich vom Boden löst.

Bauchlage, die Beine in Aussenrotation strecken, die Arme in U-Position neben den Kopf legen. Den Oberkörper und die Arme langsam heben und senken.

Bauchlage, beide Arme in die Hochhalte bringen, das rechte gebeugte Knie seitwärts ausstellen. Die Arme langsam heben und senken

Bauchlage, beide Arme gestreckt neben den Kopf legen, den Kopf leicht abheben.
Abwechslungsweise einen Arm und ein Bein (diagonal) 15 bis 20 cm abheben.

Bauchlage, beide Arme gestreckt in der Verlängerung der Wirbelsäule ablegen, ein Kniegelenk beugen, so dass der aussen rotierte Unterschenkel senkrecht nach oben zeigt (die Fussspitze des gebeugten Beins zeigt nach aussen).
Das gebeugte Bein und den gestreckten, gegenüberliegenden Arm langsam heben und senken.

Kniestand, den Oberkörper mit rundem Rücken nach vorne beugen, die gestreckten Arme seitwärts an den Körper legen, die Handflächen nach oben richten.
Die Lenden- und Brustwirbelsäule langsam, Wirbel für Wirbel strecken, dabei die Arme auswärts rotieren, so dass sich die Handflächen gegen den Boden drehen, dann den Kopf wieder langsam in die Ausgangsposition senken.

Kniestand, die gestreckten Arme in der Verlängerung der Wirbelsäule auf dem Boden abstützen, die Wirbelsäule durchstrecken, den Kopf zwischen den Oberarmen halten.
Abwechslungsweise den linken und rechten Arm heben.

Sitz mit angestellten Beinen, die Arme auf den Fäusten etwa 20 cm hinter dem Gesäss aufstützen. Das Becken abheben und die Arme strecken und beugen.

Erschwerung: Stütz mit den Händen auf einer erhöhten, allenfalls labilen oder instabilen Unterlage (Langbank, Kasten, «Airex-Balance-Pad®» oder Balance-Kreisel).

Knieliegestütz, die Arme sind gestreckt.
Den Rumpf langsam senken und mit den Armen wieder in die Ausgangsposition stossen.

Erschwerung: Liegestütz mit gestreckten Beinen.
Liegestütz, wobei die Füsse und/oder die Hände auf einer instabilen oder labilen Unterlage ruhen.
Liegestütz, wobei die Füsse auf einer erhöhten Unterlage ruhen.

Reaktive Ausführung: Den Rumpf «fallen lassen» und dann mit den Armen explosiv abstossen.
Explosive Ausführung: Mit den Armen explosiv abstossen und dann die Hände seitwärts verschoben aufsetzen.

## Propriozeptive Übungen zur Optimierung der Stützmotorik

Übungen auf labilen und instabilen Unterlagen erfordern eine intensive, koordinativ-komplexe Arbeit aller Muskeln, welche die Gelenke und die Wirbelsäule stabilisieren und das Gleichgewicht sichern.
Die Auswahl der Übungen muss den individuellen Voraussetzungen der Trainierenden angepasst sein. Übungen, bei denen der Rumpf oder die Gelenke nicht ausreichend stabilisiert werden können, sollten unterlassen werden.

Mit dem «Swiss Ball» lassen sich zahllose propriozeptiv anspruchsvolle Übungen erfinden.

Auf einem «Airex-Balance-Pad®»:
Einbeiniges Kniebeugen.

Auf einem MFT Multifunctional Disc:
Balancieren auf einem oder auf beiden Beinen.

Auf zwei «Airex-Balance-Beams®»:
Sprünge seitwärts zum Stabilisieren des Gleichgewichts.

Auf einem Airostep oder einem Gleichgewichtskreisel:
Stand auf einem Bein und mit dem anderen Bein einen Ball um die instabile oder labile Unterlage führen.

Krafttraining: Praxisbeispiele 157

Auf verschiedenen instabilen Unterlagen:
Die Partner stehen mit beiden Beinen auf einer Linie. Der vordere Fuss ruht auf einer instabilen Unterlage. Beide halten sich an einem Medizinball und versuchen, sich gegenseitig aus dem Gleichgewicht zu bringen.

Auf einem Balance-Brett:
Ein Seil, an dem ein Gewicht hängt, wird über eine Holzstange aufgerollt (Abb. links).

Auf der Dotte-Schaukel:
Auf der Schaukel stehen, ohne dass sie in Schwingung gerät; allenfalls mit fortgesetztem Kniebeugen (Abb. rechts).

Auf einem Rebounder (Minitrampolin):
Mit einem Fuss auf dem Trampolin stehen. Der andere Fuss ruht auf einem Kasten (oder «Swiss Ball»). Das Standbein beugen. Medizinbälle werfen und fangen, mit Bällen jonglieren oder Tennis spielen.

## Partnerübungen

Die Übungen eignen sich für ein Circuittraining: Belastungszeit 30 Sekunden, 10 Sekunden Zeit für Rollenwechsel.

Vordere Oberschenkelmuskulatur:
Kniestrecken aus der Sitzposition.
Der Partner passt den Widerstand den Voraussetzungen der Trainierenden an.

Rumpf-, Gesäss- und hintere Oberschenkelmuskulatur:
Hüftstrecken aus der Rückenlage. Die Partnerin dosiert durch Variieren ihrer Position den Widerstand und passt ihn den Voraussetzungen des Trainierenden an.

Gesässmuskulatur sowie Oberschenkel- und Wadenmuskulatur:
Einbeinige Strecksprünge. Nach der Landung mit beiden Händen den Boden berühren. Die Partnerin, die den hinteren Fuss des Trainierenden fixiert, begleitet die Bewegung.
Ausführung aus verschiedenen Kniewinkelstellungen heraus.

Oberarmbeuge- und Unterarmmuskulatur:
Armbeugen mit aufgestützten Oberarmen.
Die Partnerin passt den Widerstand den Voraussetzungen des Trainierenden an.

Adduktoren und Abduktoren im Hüft- und Oberschenkelbereich:
Beine abspreizen und schliessen im Langsitz (Abduktion und Adduktion).
Während der eine Partner die Adduktoren belastet, trainiert der andere seine Abduktoren.
Die Widerstände werden den Voraussetzungen der beiden Trainierenden angepasst.

Brust- und Bauchmuskulatur sowie Armstreckmuskulatur und M. latissimus dorsi:
Pullover-Bewegung in Rückenlage auf dem Kasten.
Der Partner passt den Widerstand den Voraussetzungen der Trainierenden an.

Kniebeuger, hintere Oberschenkel- und Wadenmuskulatur:
Kniegelenk beugen aus der Bauchlage auf dem Kasten. Der Partner passt den Widerstand den Voraussetzungen der Trainierenden an.

Grosse Brustmuskeln:
Aus dem Langsitz die Arme horizontal nach vorne führen.
Der Partner passt den Widerstand den Voraussetzungen der Trainierenden an.

Gerade Bauchmuskeln:
Heben des Beckens aus der Rückenlage.
Die Knie sollten senkrecht nach oben geführt werden.

**Vordere Oberschenkelmuskulatur:**
Einbeinige Kniebeugen mit Partnerhilfe.

Leichte Form: Beim Tiefgehen (exzentrische Phase) auf einem Bein stehen, beim Aufstehen (konzentrische Phase) mit beiden Beinen arbeiten.

Schwierigere Form: Exzentrische und konzentrische Phase auf einem Bein ausführen.
Explosive Form: Aus dem Stand auf einem Bein tief gehen und abspringen (Countermovement Jump auf einem Bein mit Partnerhilfe).

**Gesäss- und seitliche Rumpfmuskulatur:**
Heben des Oberkörpers aus der Seitenlage auf dem Kasten.
Die Belastung kann erhöht werden, indem der Trainierende die Hände hinter dem Kopf verschränkt oder ein Zusatzgewicht benützt.

**Rückenstreck- und Schultermuskulatur:**
Aus der Bauchlage auf dem Kasten den Rücken strecken und die Oberarme rückwärts heben.
Die Partnerin passt den Widerstand den Voraussetzungen des Trainierenden an.

**Bauch-, Hüftbeuge- und vordere Oberschenkelmuskulatur:**
Hüft- und Rumpfbeugen mit fixierten Unterschenkeln auf dem Kasten. Die Rumpfmuskulatur sollte während der ganzen Übungszeit gespannt bleiben. Die Übung kann auch mit einer Rumpfrotation ausgeführt werden, so dass auch die schrägen Bauchmuskeln mittrainiert werden.

# Krafttraining mit dem Gummiband

Das Gummiband ist das ideale Trainingsgerät für zu Hause und unterwegs. Mit etwas Fantasie lassen sich wirkungsvolle Übungen für jeden Muskel erfinden. Im Folgenden sollen vier Möglichkeiten gezeigt werden.

Übung für die Rotatorenmanschette (Muskeln, welche im Schultergelenk eine Innen- oder Aussenrotation machen und für die Stabilität des Schultergelenks zuständig sind).

Übung für die Schultermuskulatur (M. rhomboideus, M. deltoideus, M. biceps brachii) sowie für die Rumpf stabilisierenden Muskeln.

Übung für die Schultermuskulatur (M. deltoideus und M. trapezius) sowie für die Rumpf stabilisierenden Muskeln. Wenn die Übung auf einer instabilen Unterlage ausgeführt wird, stellt sie auch Ansprüche an die Beinmuskulatur und an die Gleichgewichtsregulation.

Übung für die Schulter- und Armmuskulatur (M. latissimus dorsi, Rhomboideus-Serratus-Schlinge und M. triceps brachii).
Wenn die Übung auf einer instabilen Unterlage ausgeführt wird, stellt sie auch Ansprüche an die Beinmuskulatur und an die Gleichgewichtsregulation.

## Übungen mit der Langhantel

Bankdrücken mit engem, mittlerem und weitem Griff.
Verschiedene Ausführungsarten sind möglich.
Isokinetisch: Die konzentrische und exzentrische Phase wird langsam in gleichmässigem Tempo ausgeführt.
Statodynamisch: Die Hantel bei gebeugten Armen drei Sekunden halten, dann die Arme explosiv strecken.
Reaktiv-plyometrisch: Aus der Hochhalte die Hantel hinunter «fallen» lassen, abbremsen und explosiv hochstossen.

Ruder-Zugbewegungen in der Bauchlage auf der Bank.

Pullover in der Rückenlage auf dem Kasten. Die Hantel aus der Hochhalte mit gestreckten Armen in die Vorhalte bewegen.

Trizepsübung in der Rückenlage auf dem Kasten. Die Hantel mit gebeugtem, hohem Ellbogen über dem Kopf halten. Arme beugen und strecken.
Verschiedene Ausführungsarten sind möglich.
Isokinetisch: langsam und statodynamisch.
Plyometrische Partnerübung mit leichter Hantelstange: Partner steht hinter dem Kopf des Trainierenden und lässt die Stange aus geringer Höhe so fallen, dass der Trainierende sie mit beiden Händen fangen und wieder zurückwerfen kann.

«Armcurls»: Die Hantel im Kammgriff fassen. Die Arme beugen und strecken.
Auf eine optimale Stabilisierung der Wirbelsäule achten und das Üben abbrechen, sobald der Rumpf nicht mehr stabilisiert wird und der Trainierende in eine Hohlkreuzhaltung ausweicht.

«Halbe Kniebeugen» mit der Hantel auf der Brust und den Oberarmen.
Aufrechte Haltung.
Es wird vor allem die vordere Oberschenkelmuskulatur beansprucht.

«Halbe Kniebeugen» (Squats) mit der Hantel auf den Schultern.
Der Oberkörper ist etwas nach vorne geneigt. Dadurch kommt es zu einer etwas grösseren Belastung der Wirbelsäule, als wenn die Hantel auf der Brust und den Oberarmen ruht. Es werden vor allem die Gesässmuskulatur und die hintere Oberschenkelmuskulatur beansprucht.
Verschiedene Ausführungsarten sind möglich.
Statisch: 5 bis 10 Sekunden in der Beugestellung halten.
Dynamisch: – isokinetisch: fortgesetzt langsam beugen – strecken – beugen;
– exzentrisch langsam – konzentrisch schnell bis explosiv;
– statodynamisch: in der Beugestellung drei Sekunden fixieren und dann explosiv strecken (allenfalls abspringen: Squat-Jump);
– reaktiv-plyometrisch: sich in die Kniebeuge fallen lassen und dann explosiv strecken (allenfalls abspringen: Countermovement-Jump).

«Einbein-Kniebeugen» mit der Hantel auf den Schultern oder auf der Brust und den Oberarmen.
Darauf achten, dass das Knie des Standbeins nicht über die Höhe der Fussspitze hinaus gebeugt wird.

«Schritt-Squats» mit der Hantel auf den Schultern oder auf der Brust und den Oberarmen.

Kastensteigen mit Schwungbeineinsatz bis zur Waagrechten. Die Hantel auf den Schultern fixieren. Auf eine vollständige Streckung der Hüfte achten!

Steigerung: Beim Kastensteigen mit Schwungbeineinsatz bis zur Waagrechten die Hantel bis zur Hochhalte stossen.

Ausfallschritt vorwärts mit der Hantel auf den Schultern.
Verschiedene Ausführungsarten sind möglich.
Statisch: 5 bis 10 Sekunden halten (allenfalls auch mit Stand auf einer instabilen Unterlage).
Dynamisch: – isokinetisch: fortgesetzt langsam tief – hoch – tief – hoch…;
– exzentrisch langsam – konzentrisch schnell bis explosiv;
– statodynamisch: in der Beugestellung drei Sekunden halten und dann explosiv abstossen;
– reaktiv-plyometrisch: sich in den Ausfallschritt fallen lassen und dann explosiv abstossen.

 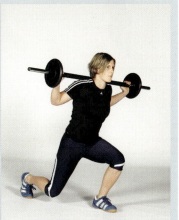

Ausfallschritte links und rechts seitwärts mit der Hantel auf den Schultern.

Nachstell-Schritt-Hüpfen seitwärts über Langbank mit einer leichten Hantel auf den Schultern.

«Halbe Kniebeugen» mit der Hantel in der Hochhalte. Die Fersen bleiben auf dem Boden (bei Bedarf einen Keil unterlegen).

Anspruchsvolle Übung, die im Schulter- und Rückenbereich gute Stabilisierungsarbeit erfordert.

«Nackenstossen». Aus der ½-Kniebeugeposition die Hantel aus der Nackenhalte in die Hochhalte stossen.

Aus der ½-Kniebeugeposition die Hantel von der Brust aus in die Hochhalte stossen.

Umsetzen der Hantel bis auf Schulterhöhe.
Auf eine optimale Stabilisierung des Rumpfes achten: Gerader Rücken und mit den Beinen «in den Boden stossen».
Als Vorübung die Hantel (mit Gummischeiben) bis auf Schulterhöhe anreissen und dann fallen lassen.

Reissen der Hantel bis zur Hochhalte.

Die Technik der Hantelübungen und des Gewichthebens sollte bereits im Jugendalter mit leichten Geräten (Holz- oder Metallstange) erworben werden.

## Plyometrische Übungen zur Entwicklung der Explosivkraft

Vor den plyometrischen Formen des Explosivkrafttrainings wird die Muskulatur zunächst optimal tonisiert. Dies geschieht durch Sprünge im Rahmen des Aufwärmens oder durch spezielle statische oder dynamisch-konzentrische oder -exzentrische Aktivierungen vor den einzelnen Sprungserien.

Plyometrische Sprünge (Drop Jumps).
Mit einer optimalen Vorspannung in der Bein- und Rumpfmuskulatur beginnen und auf eine prellende Ausführung mit einer möglichst kurzen Bodenkontaktzeit achten, wobei die Fersen den Boden nicht berühren sollten.

5 Serien zu 2 bis 3 Sprüngen, dazwischen 4 bis 6 Minuten Pause.
Einzelne plyometrische Sprünge (Drop Jumps):
3 bis 5 Serien zu 10 bis 12 Sprüngen, alle sechs Sekunden ein Sprung.
Serienpause: zehn Minuten, zwei bis maximal drei Trainingseinheiten pro Woche.

Laufsprünge über Kastenreihe.
Laufsprünge aus einem kurzen Anlauf: Boden – Kasten – Boden – Kasten…

Auf eine optimal tonisierte Muskulatur achten und die Laufsprünge mit möglichst kurzem Bodenkontakt zunächst ohne Kasten üben.
3 bis 5 Sprungfolgen zu 2 bis 4 Sprüngen, dazwischen sechs Minuten Pause.

Laufsprünge seitwärts über Langbänke.
Laufsprünge schräg vorwärts-seitwärts über eine Langbank mit und ohne Zwischenhupf nach der Landung.
3 bis 5 Sprungfolgen zu 2 bis 4 Sprüngen, dazwischen 4 bis 6 Minuten Pause.

Krafttraining: Praxisbeispiele 169

Nachstell-Strecksprünge seitwärts über eine Langbank.
Auf eine vollständige Streckung des Hüftgelenks und einen wirkungsvollen Armeinsatz achten.
3 bis 5 Sprungfolgen zu 2 bis 4 Sprüngen, dazwischen 4 bis 6 Minuten Pause.

Plyometrische Sprungfolge über Hürden und Bänke.
Die Beinmuskulatur durch statische Muskelaktivität tonisieren. Mit der Scheibenhantel während fünf Sekunden bei einem Kniewinkel von etwa 100° stehen, dann die Hantel ablegen und beidbeinig über drei Hürden springen.

Die Sprünge reaktiv-explosiv mit möglichst kurzer Bodenkontaktzeit ausführen.
Acht Minuten Pause zwischen den Sprungfolgen.

## Testformen für Explosivkraft

Die Übungen eignen sich für ein Circuittraining: Belastungszeit: 30 Sekunden, 10 Sekunden Zeit für Rollenwechsel.

**Squat-Jump (SJ)**

Absprung beidbeinig aus einer ½-Kniebeuge-Haltung (etwa 90°) mit aufrechtem Oberkörper. Die Arme werden auf dem Beckenkamm abgestützt.
Der Squat-Jump wird auch einbeinig ausgeführt. Die Differenz zwischen der Leistung oder Sprunghöhe des linken und rechten Beins sollte nicht mehr als 10 bis 15 % betragen.
Bei Fechtern, Handballspielerinnen und Snowboardfahrern ist die Differenz oftmals grösser, weil in diesen Sportarten die Oberschenkelmuskulatur exzentrisch intensiv beansprucht und dadurch speziell trainiert wird.

**Countermovement-Jump (CMJ)**

Absprung beidbeinig aus einer Gegenbewegung (bis zu einem Kniewinkel von etwa 120°). Die Arme werden auf dem Beckenkamm abgestützt und dürfen den Absprung nicht unterstützen.
Der Countermovement-Jump wird auch einbeinig ausgeführt.
Die Differenz zwischen der Leistung (oder Sprunghöhe) des linken und rechten Beins sollte nicht mehr als 10 bis 15 % betragen.
Die Differenz zwischen der Leistung im Squat-Jump und der Leistung im Countermovement-Jump wird als «Effect of prestretch» bezeichnet.

## Drop-Jump (DJ)

Absprung aus einem Niedersprung. Die Arme werden auf dem Beckenkamm abgestützt und dürfen den Absprung nicht unterstützen. Die Bodenkontaktzeit muss möglichst kurz sein.

## Hüpffrequenz-Test an Ort (zehn Sekunden)

Die Arme werden auf dem Beckenkamm abgestützt. Die Hüpffrequenz korreliert mit den elastischen Eigenschaften des Muskel-Sehnen-Systems im Bereich der Beinmuskulatur. Der Test eignet sich deshalb zur Beurteilung der Stiffness.

SCHNELLIGKEIT

# Erscheinungsformen der Schnelligkeit

Die Schnelligkeitsfähigkeiten werden vor allem durch die Leistungsfähigkeit und -bereitschaft des zentralen Nervensystems und des neuromuskulären Systems definiert. Schnell zu sein erfordert eine schnelle und exakte Informationsaufnahme und -verarbeitung und einen perfekt koordinierten Einsatz der Muskulatur. Deshalb zählen wir die Schnelligkeit eher zu den konditionell-koordinativen als zu den konditionell-energetischen Fähigkeiten.

Gut entwickelte koordinativen Kompetenzen wie die Schnelligkeitsfähigkeiten sind in vielen Sportarten leistungsbestimmend und insbesondere auch im Seniorenalter wichtig für die Sturz-, Unfall- und Verletzungsprophylaxe.

Schnelligkeit ist die Fähigkeit, unter den gegebenen Bedingungen
– in minimal kurzer Zeit zu reagieren (Reaktionsschnelligkeit);
– dem eigenen Körper oder einem Gerät eine möglichst grosse Beschleunigung zu erteilen (Beschleunigungsfähigkeit);
– mit der höchstmöglichen Geschwindigkeit zu agieren (Aktionsschnelligkeit);
– unter Zeitdruck das Wesentliche zu erkennen und eine Situation richtig einzuschätzen, um dann optimal zu handeln (Handlungsschnelligkeit).

Wir unterscheiden deshalb zwischen Reaktionsschnelligkeit, Beschleunigungsfähigkeit, Aktions- und Handlungsschnelligkeit. Diese Schnelligkeitsfähigkeiten entwickeln sich weitgehend unabhängig voneinander.

## Reaktionsschnelligkeit

**Reaktionsschnelligkeit Reaktionsfähigkeit**
Die psychophysische Fähigkeit, auf bestimmte Signale rasch und zweckentsprechend zu reagieren, heisst Reaktionsschnelligkeit.

**Einfache Reaktionen**
Wir sprechen von einfachen Reaktionen, wenn auf ein Signal mit einer einfachen, feststehenden Aktion reagiert wird.
**Beispiele:** Start beim leichtathletischen Sprint und beim Schwimmen.

**Komplexe Reaktionen**
Wir sprechen von komplexen Reaktionen, wenn auf verschiedene, voraussehbare und nicht voraussehbare Signale mit adäquaten, meistens komplexen Aktionen reagiert wird. Sie können eingeübt sein oder spontan entwickelt werden. Es bestehen mehrere Entscheidungsmöglichkeiten. Die Reaktionszeit kann durch (richtiges) Antizipieren verkürzt werden.
**Beispiele:** Starten aus verschiedenen Positionen in unterschiedliche Richtungen auf akustische oder taktile Signale und Auslösen eines Gegenstosses im Handball aus einer Verteidigungssituation heraus.

**Training der Reaktionsschnelligkeit**
Die Grundlagen zur Entwicklung der Reaktionsfähigkeit und Reaktionsschnelligkeit werden durch variantenreiches Üben entwickelt.
**Beispiele:** Einfache und komplexe Reaktionsübungen mit visueller, akustischer oder taktiler Auslösung, Neck- und Fangspiele.
Im Leistungs- und Hochleistungssport wird die Reaktionsschnelligkeit hauptsächlich durch disziplinspezifische Übungen trainiert.
**Beispiele:** Start-Training im leichtathletischen Sprint und im Schwimmen, Antizipationstraining im Volleyball, Reaktionsübungen für Torhüter.

## Beschleunigungsfähigkeit

Beschleunigung (a) ist ein physikalischer Begriff.
Beschleunigung = Geschwindigkeitsdifferenz/Zeitdifferenz, $a = \Delta v/\Delta t$.
Die Beschleunigungsfähigkeit ist die Fähigkeit, den eigenen Körper oder ein Gerät optimal zu beschleunigen. Sie wird durch die Kraft (Schnellkraft) und die Technik beeinflusst.
**Beispiele:** Sprint: Erreichen einer möglichst hohen Laufgeschwindigkeit mit den ersten Schritten nach dem Start. Kugelstossen: Die Kugel mit einer möglichst grossen Geschwindigkeit auf die Flugbahn bringen.

*Beschleunigungsfähigkeit*

Die Beschleunigungsfähigkeit wird durch disziplinspezifisches Explosivkraft-, Koordinations- und Techniktraining verbessert.
Die Qualität des Trainings kann durch optimales Tonisieren der leistungsbestimmenden Muskelschlingen gesteigert werden.
**Beispiele:** Fünf Sekunden isometrische Anspannung der «Sprintmuskeln» und dann regelkonformer Start zu einem Sprint über 5 bis 10 Meter, drei Niedersprünge von einem Kasten und dann fünf fortgesetzte Hürdensprünge auf Zeit.

**Training der Beschleunigungsfähigkeit**

## Aktionsschnelligkeit

Die Fähigkeit, Bewegungen (zyklische oder azyklische Aktionen) mit hoher Geschwindigkeit (und grosser Genauigkeit) auszuführen, nennen wir Aktionsschnelligkeit.
**Beispiele:** Hohe Schrittfrequenz beim Sprinten, hohe Schlagfrequenz beim Boxen, schneller Ballwechsel beim Squash.
Je grösser der zu überwindende Widerstand ist, desto stärker wird die Geschwindigkeit durch die Kraft beeinflusst.

*Aktionsschnelligkeit*

Die Aktionsschnelligkeit sollte immer mit vollem Einsatz und bei optimaler Funktionsbereitschaft aller Systeme trainiert werden: hoch motiviert, bei grösstmöglicher Konzentration und in bestmöglicher Ausführungsqualität, nach seriösem Einlaufen und in optimal erholtem Zustand.
**Beispiele:** Fünf Sekunden Tapping oder Skipping mit grösstmöglicher Frequenz, acht Sekunden Radsprint mit höchstmöglicher Trittfrequenz auf der Rolle mit ungebremsten Pedalen, zehn Sekunden Ballwechsel mit grösstmöglicher Präzision und Frequenz beim Tischtennis.

**Training der Aktionsschnelligkeit**

## Handlungsschnelligkeit

Die Fähigkeit, in einer mehr oder weniger komplexen Situation und unter Zeitdruck schnell Informationen aufzunehmen, das Wesentliche zu erkennen und richtig zu antizipieren, in kürzester Zeit aus mehreren Handlungsalternativen die beste zu wählen und dann mit grosser Geschwindigkeit und hoher Präzision zu agieren, nennen wir Handlungsschnelligkeit.
Wer optimal antizipiert, ist meistens eine Nasenlänge voraus.
**Beispiele:** Überraschende Auslösung und Durchführung eines Gegenstosses und erfolgreicher Einsatz einer (eingeübten) Abwehrgeste des Torhüters im Handball, optimale situa-

tionsgerechte Angriffs- und Abwehraktionen im Volleyball, überraschende, taktisch optimale Reaktion auf das Verhalten des Gegners in einem Tennismatch, im Judosport oder in einem Langlaufsprint.

**Training der Handlungsschnelligkeit**

Die Wahrnehmungs-, Erkennungs- und Antizipationsfähigkeit eines Sportlers wird oft mit dem «Spiel- oder Wettkampfinstinkt» gleichgesetzt. Dieser «Instinkt» muss frühzeitig, langfristig und sportartspezifisch entwickelt werden.

Das Training der Handlungsschnelligkeit ist ein disziplinspezifisches Konzentrations-, Kognitions- und Aktionstraining.

Antizipation hat viel mit Aufmerksamkeit und Erfahrung zu tun, das Training erfordert Konzentration und eine totale Präsenz.

**Beispiele:** Wettkampfnahes Taktiktraining, bei dem komplexes Verhalten unter Zeitdruck und variierenden Bedingungen geübt wird, Torhütertraining, Abwehrtraining im Volleyball, komplexe Trainingsformen in den Zweikampfsportarten, wettkampfnahes OL-Training.

# Methodische Aspekte des Schnelligkeitstrainings

Die Schnelligkeit ist von spezifischen Leistungen des zentralen Nervensystems und von neuro-muskulären Faktoren abhängig und wird durch den Funktionszustand des ganzen Organismus beeinflusst. Deshalb müssen wir uns auf ein Schnelligkeitstraining besonders sorgfältig vorbereiten: aufwärmen, die Gelenke mobilisieren, die Muskeln tonisieren und allenfalls dehnen und sich psychisch und emotional optimal einstellen.

Die Schnelligkeitsfähigkeiten lassen sich optimieren, wenn wir mit grösster Konzentration und maximalem Willenseinsatz «alles geben».

Das Schnelligkeitstraining im Leistungssport ist immer auch ein Techniktraining. Die koordinativ-technische Qualität der Bewegungen darf durch die Geschwindigkeit nicht negativ beeinflusst werden.

Die Schnelligkeit wird durch körperliche, geistige und emotionale Ermüdung genau so beeinträchtigt wie alle anderen koordinativ anspruchsvollen Leistungen. Im ermüdeten Zustand bringt das Training keine Verbesserung der Schnelligkeitsfähigkeiten. Die Pausen zwischen den einzelnen Trainingsreizen müssen deshalb eine vollständige Erholung ermöglichen. Die Dauer der Pausen muss es dem zentralen Nervensystem ermöglichen, die volle Aktionsbereitschaft wiederherzustellen. Die Muskelfasern müssen ihre ATP- und Kreatinphosphat-Speicher vollständig regenerieren können.

Wenn Ermüdungserscheinungen auftreten und die Qualität der Bewegungsausführung abnimmt, sollten die Pausen verlängert oder das Training abgebrochen werden.

**Tipps für das Schnelligkeitstraining**

**Schnelligkeitstraining**

– Die sensitiven Phasen optimal nutzen; im Kindesalter beginnen.
– Regelmässig, zielgerichtet, vielseitig und mit hoher Präzision üben.
– Gut aufgewärmt, optimal vorbereitet und motiviert sowie mit höchster Konzentration trainieren.
– Maximaler Einsatz führt zum Erfolg: Go hard or go home!
– Zum Schnelligkeitstraining gehören ein Gegner, eine Uhr oder eine Lichtschranke.
– Vollständige Erholung ist wichtig: Die Pausen sind dreissig- bis fünfzigmal länger als die Belastungen.
– Das Training sollte abgebrochen werden, wenn die Reaktionszeit länger wird oder wenn die Geschwindigkeit und die Ausführungsqualität abnehmen.
– Das Üben unter Zeitdruck ist dann sinnvoll, wenn die Bewegungsabläufe einwandfrei sitzen.

# Methoden im Schnelligkeitstraining

Im Grundlagentraining optimieren wir die Reaktionsschnelligkeit möglichst vielseitig; wir variieren die Trainingsmethoden, -inhalte und -mittel systematisch. Wir lernen, auf taktile, akustische und optische Signale mit einfachen und komplexen Handlungen möglichst schnell und situationsgerecht zu reagieren.
**Beispiele:** Spielformen mit Antritten aus verschiedenen Startpositionen und auf unterschiedliche Startsignale, Fang- und Reaktionsspiele, Spiele mit Bällen und Gegnern.
Im Aufbau- und Hochleistungstraining trainieren wir die Reaktionsschnelligkeit disziplinspezifisch. Die Übungen werden konsequent auf die Anforderungen der Sportart abgestimmt.
**Beispiele:** Sprinter und Schwimmerinnen starten auf das reglementskonforme Signal aus der entsprechenden Startstellung.
In den Spielsportarten lösen Feldspieler auf bestimmte Spielsituationen oder Signale eingeübte Aktionen aus; die Torhüterin antizipiert die Aktion einer Angreiferin und reagiert reflexartig mit einer eingeübten Abwehrgeste.

**Training der Reaktionsschnelligkeit**

Im leichtathletischen Sprint wird die maximale Geschwindigkeit nach etwa 30 Metern erreicht, die Beschleunigungsphasen bei Würfen, Sprüngen und in Zweikampfdisziplinen sind extrem kurz.
Die Beschleunigungsfähigkeit muss deshalb durch Belastungen in der disziplin- und wettkampfspezifischen Intensität trainiert werden.
Kombinierte Formen von Kraft-, Schnelligkeits- und Techniktraining sind für die Optimierung der Beschleunigungsfähigkeit ideal.
**Beispiele:** Tonisieren durch reaktive Muskelkontraktionen (drei Niedersprünge von einem 50 cm hohen Kasten) vor einem Sprint über 30 Meter. Sechs Sekunden isometrische Kontraktion der Bein-Streckschlinge mit maximaler Kraft vor einem Versuch im Kugelstossen.

**Training der Beschleunigungsfähigkeit**

Bevor wir technisch anspruchsvolle Bewegungsabläufe unter Zeitdruck üben, sollten wir diese einwandfrei beherrschen. Schnelligkeitstraining ist Techniktraining.

**Training der Aktionsschnelligkeit**

**Training der Handlungsschnelligkeit**

Das Training der Handlungsschnelligkeit ist das komplexeste und anspruchsvollste Schnelligkeitstraining. Es erfordert von den Athletinnen und Athleten kompromisslose Aufmerksamkeit und von der Trainerin viel Fantasie.
Die Wahrnehmungs- und Erkennungsfähigkeit und das Antizipationsvermögen können durch Wahrnehmungs-, Antizipations- und Reaktionsübungen gefördert werden. Die Handlungsalternativen werden im Technik- und Taktiktraining eingeübt. Die Fähigkeit, Bewegungen unter Zeitdruck auszuführen, wird im technikorientierten Aktionsschnelligkeitstraining erworben.

# Trainingsmittel im Schnelligkeitstraining

Für das Schnelligkeitstraining eignen sich alle Trainingsmittel, welche die schnelle und korrekte Ausführung von Bewegungsabläufen erleichtern.

– Verwendung von leichteren und/oder kleineren Geräten als im Wettkampf: Bälle, Speere und Kugeln, Ringerpuppen für Würfe im Judosport, kleinere Antriebsflächen bei Ruder- und Paddel-Sportarten;
– Körpergewichtsentlastung und reduzierte Widerstände: Frequenztrainer, ungebremste Pedale am Fahrradergometer, Gummizug bei Absprüngen;
– Veränderung von Übungs- und Wettkampfbedingungen: geringere Spielfeldgrössen, Netzhöhen, Streckenlängen;
– Vorgabe prognostischer Geschwindigkeiten oder Zeitprogramme: Laufband, Motorergometer, akustische Signalgeber, Gegner;
– Beschleunigungshilfen: Speedy®, Gummizug, Absprunghilfen.

# Schnelligkeitstraining auch im Gesundheits- und Seniorensport

Ein altersadäquates Schnelligkeitstraining ist auch ein Element des Gesundheits- und Seniorensports.
Es dient
– zur Förderung und Erhaltung der Reaktions- und Handlungsschnelligkeit sowie der Lern- und Anpassungsfähigkeit;
– zur Erhaltung der Faserrekrutierungs- und Synchronisierungsfähigkeit, zur Erhaltung von schnellen motorischen Einheiten und zur Prävention von übermässigem Verlust an schnellen Muskelfasern (Typ-II-Fasern);
– zur Sturz-, Unfall- und Verletzungsprophylaxe.
Schnelligkeitstraining im Gesundheits- und Seniorensport muss sorgfältig auf die individuellen Voraussetzungen der Trainierenden abgestimmt werden.
Indem das Schnelligkeitstraining hohe Anforderungen an das ZNS stellt, trägt es zur Erhaltung der Lern-, Umstellungs- und Anpassungsfähigkeit bei.

AUSDAUER

# Erscheinungsformen der Ausdauer

Wer im Alltag bestehen muss und im Beruf, in der Freizeit und im Sport Leistungen erbringen will, braucht Ausdauer. Ausdauer ist eine der wichtigsten Grundlagen für sportliche Aktivitäten. In Ausdauersportarten ist sie absolut leistungsbestimmend; bei allen übrigen Disziplinen ist die Ausdauer eine Voraussetzung für stabile Leistungen im Training und im Wettkampf.

**Ausdauer**

Ausdauer bedeutet psycho-physische Ermüdungsresistenz bei mentaler, sensorischer, sensomotorischer, emotionaler und physischer Belastung.
Ausdauer ist die Fähigkeit,
– eine bestimmte Leistung bis ins Ziel aufrechtzuerhalten;
– eine gegebene Belastung ohne nennenswerte Ermüdungsanzeichen über einen möglichst langen Zeitraum zu ertragen.

**Ermüdung**

Unter Ermüdung verstehen wir eine vorübergehende, reversible Herabsetzung der Leistungsfähigkeit.

**Erholungs- und Regenerationsfähigkeit**

Ausdauertrainierte Personen erholen sich in kurzen Belastungsunterbrüchen und Verschnaufpausen während eines Spiels oder einer Trainingseinheit und im Anschluss an ein Training oder einen Wettkampf rascher als untrainierte.
Aus physiologischer Sicht können wir je nach dem Anteil der beteiligten Muskelmasse zwischen lokaler und allgemeiner Ausdauer unterscheiden.

**Lokale Ausdauer**

Ermüdungsresistenz bei Belastungen, bei denen weniger als ein Sechstel der gesamten Skelett-Muskelmasse beteiligt ist.
Wir unterscheiden zwischen
– lokaler Ausdauer bei aerober (dynamischer und statischer) Beanspruchung einer relativ kleinen Muskelmasse sowie
– lokaler Ausdauer bei anaerober (dynamischer und statischer) Beanspruchung einer relativ kleinen Muskelmasse.
Die lokale Ausdauer wird durch lokale Faktoren beeinflusst: Enzymaktivität sowie Substrat- und Sauerstoffangebot in den involvierten Muskelfasern (Kapillardichte).

**Allgemeine Ausdauer**

Ermüdungsresistenz bei Belastungen, bei denen mehr als ein Sechstel der gesamten Skelett-Muskelmasse beteiligt ist.
Wir unterscheiden zwischen
– allgemeiner Ausdauer bei aerober (dynamischer und statischer) Beanspruchung einer grösseren oder grossen Muskelmasse sowie
– allgemeiner Ausdauer bei anaerober (dynamischer und statischer) Beanspruchung einer grösseren oder grossen Muskelmasse.
Die allgemeine Ausdauer wird einerseits durch die lokalen Voraussetzungen (Diffusionskapazität, Kapillardichte und Mitochondrienmasse) und die Kapazität der globalen Systeme (Herz, Kreislauf, Atmungsorgane, Blut, Leber) sowie durch die Motivation und Leistungsbereitschaft limitiert.

Um die allgemeine Ausdauer zu verbessern, muss im Training mehr als ein Sechstel der gesamten Muskelmasse beansprucht werden, so dass auch die globalen Systeme, insbesondere das Herz-Kreislauf- und das Atmungssystem, involviert sind.

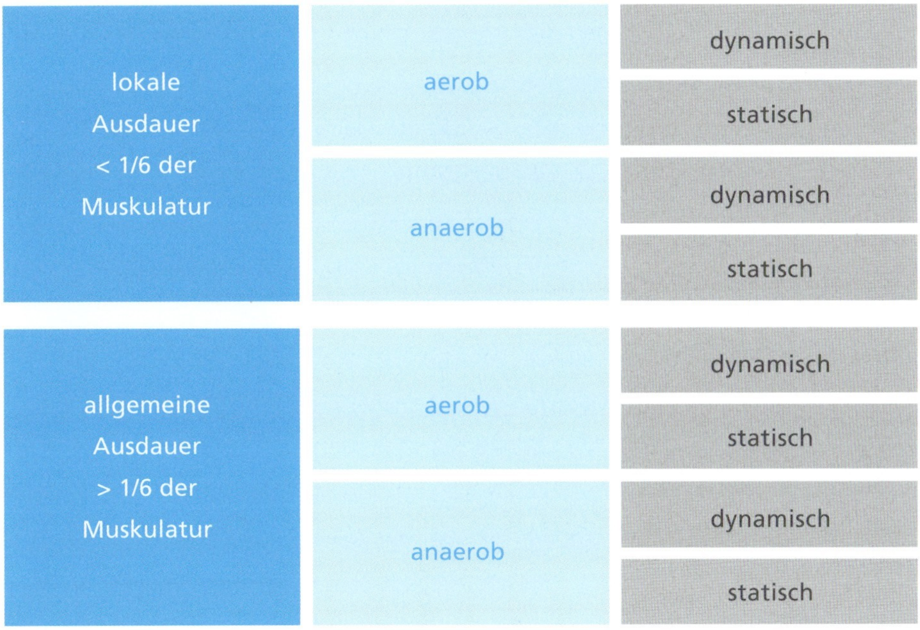

**Training der allgemeinen Ausdauer**

| lokale Ausdauer < 1/6 der Muskulatur | aerob | dynamisch |
| | | statisch |
| | anaerob | dynamisch |
| | | statisch |
| allgemeine Ausdauer > 1/6 der Muskulatur | aerob | dynamisch |
| | | statisch |
| | anaerob | dynamisch |
| | | statisch |

**Abbildung 65**
Ausdauer: Ermüdungsresistenz bei statischer oder dynamischer Beanspruchung der Muskulatur.

Bei der Planung des Ausdauertrainings unterscheiden wir zwischen Grundlagenausdauer und spezieller Ausdauer.

Die Grundlagenausdauer bildet die Basis, auf der in jeder Sportart aufgebaut werden kann. Sie lässt sich mit verschiedensten Trainingsmitteln entwickeln und mehr oder weniger ohne Einschränkungen auf die verschiedensten Tätigkeiten und Sportarten übertragen.

**Grundlagenausdauer**

Spezielle Ausdauer bedeutet Ermüdungsresistenz bei sportart- oder disziplinspezifischer Beanspruchung des Organismus.
Sie umfasst sowohl die aerobe und anaerobe Leistungsfähigkeit wie auch die aerobe und anaerobe Kapazität in sportart- und disziplinspezifischer Ausprägung.
**Beispiele:** Sprintausdauer, Kurz-, Mittel- oder Langzeitausdauer, Ermüdungsresistenz bei zyklischer oder azyklischer, kontinuierlicher oder intermittierender Belastung des Organismus.

**Spezielle Ausdauer**

«Kraftausdauer ist die Fähigkeit, bei einer bestimmten Wiederholungszahl von Kraftstössen innerhalb eines definierten Zeitraums die Verringerung der Kraftstosshöhe gering zu halten» (Martin/Carl/Lehnertz 1991, S. 109).
Die Kraftausdauer wird durch die Maximalkraft, die Leistungsfähigkeit des Energiestoffwechsels sowie die Fähigkeit und Bereitschaft limitiert, trotz der auftretenden Ermüdungssymptome die Muskulatur weiterhin auf sehr hohem Niveau zu aktivieren.
Es kann zwischen aerober und anaerober Kraftausdauer unterschieden werden. In der Praxis wird Kraftausdauer oft mit Stehvermögen, also mit anaerober Kapazität und Azidose-Toleranz, gleichgesetzt. Deshalb wird im Kraftausdauertraining meistens sehr intensiv gearbeitet. Es wird eine Sauerstoffschuld eingegangen, und es entsteht eine Azidose.

**Kraftausdauer**

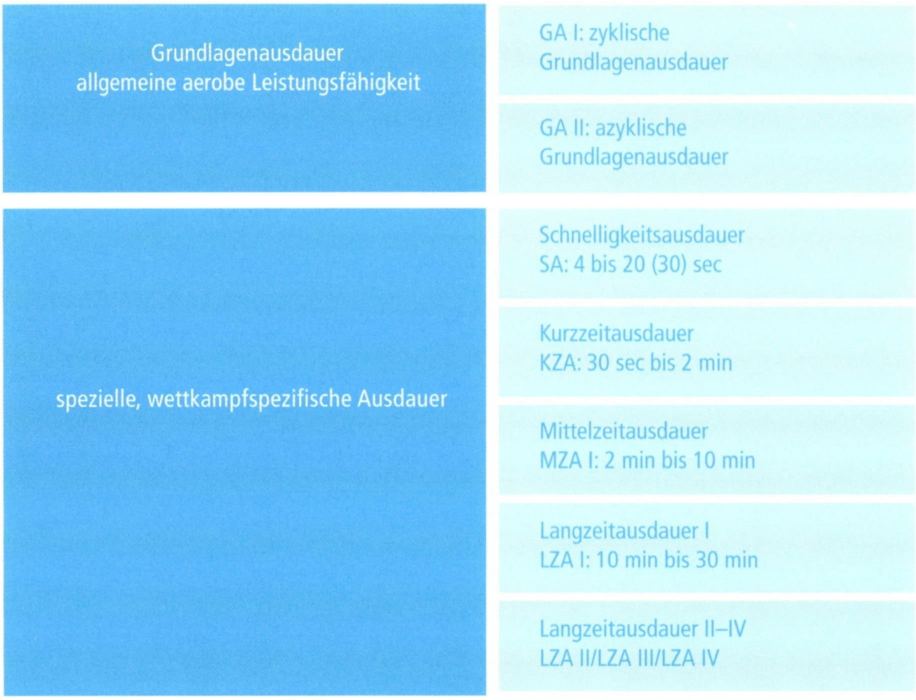

## Abbildung 66
**Begriffe in der Ausdauerdiskussion.**

| Grundlagenausdauer allgemeine aerobe Leistungsfähigkeit | GA I: zyklische Grundlagenausdauer |
| --- | --- |
| | GA II: azyklische Grundlagenausdauer |

| spezielle, wettkampfspezifische Ausdauer | Schnelligkeitsausdauer SA: 4 bis 20 (30) sec |
| --- | --- |
| | Kurzzeitausdauer KZA: 30 sec bis 2 min |
| | Mittelzeitausdauer MZA I: 2 min bis 10 min |
| | Langzeitausdauer I LZA I: 10 min bis 30 min |
| | Langzeitausdauer II–IV LZA II/LZA III/LZA IV |

**Training der Kraftausdauer**

Die Kraftausdauer kann durch Krafttraining und/oder durch Ausdauertraining optimiert werden, wobei die Muskulatur je nach Zielsetzung mit geringer bis höchster Intensität belastet wird.

Es empfiehlt sich, die Kraftausdauer durch sportartspezifische und wettkampfnahe Belastungsformen zu trainieren.

**Beispiele:** Intermittierende Trainingsformen wie 15-mal acht Sekunden laufen mit 100 % der Geschwindigkeit bei $VO_2$max (v $VO_2$max) im Wechsel mit acht Sekunden laufen bei 50 % v $VO_2$max.

Drop Jumps mit akustischer Frequenzvorgabe (alle vier Sekunden ein Sprung). Die Serie wird abgebrochen, wenn die vorgegebene Sprunghöhe nicht mehr erreicht wird oder wenn die Qualität der Sprünge abnimmt und die Bodenkontaktzeit verlängert wird.

Rad fahren bergaufwärts mit einer grossen Übersetzung, Treppensprints, 30 bis 100 m Hügelläufe, Schwimmen mit Paddels.

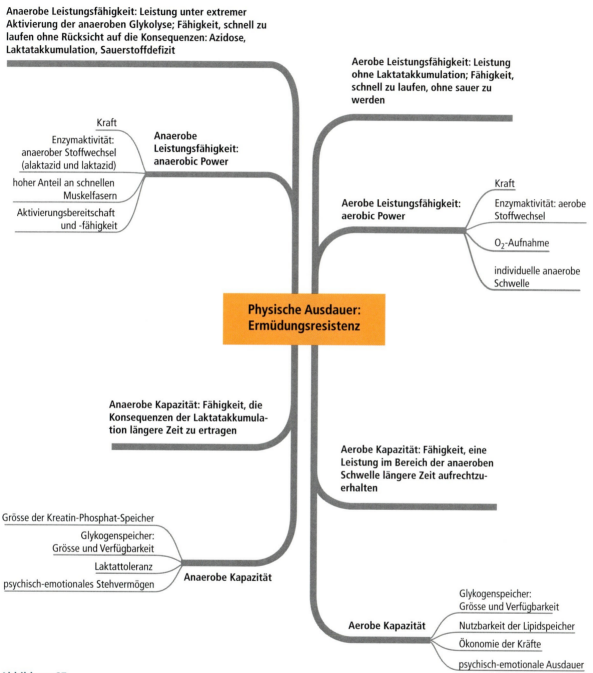

**Abbildung 67**
Physische Ausdauer: Ermüdungsresistenz.

## Aerobe Leistungsfähigkeit und aerobe Kapazität

| Begriffe | Aerobe Leistungsfähigkeit («aerobic power») | Aerobe Kapazität (Ermüdungsresistenz) |
|---|---|---|
| | Wie schnell? Mit welcher Leistung (P)? (P = Kraft × Geschwindigkeit = Arbeit pro Zeiteinheit) | Wie lang? (Umfang) |
| Bedeutung | Wie schnell kann ich schwimmen und dabei den ATP-Bedarf mit dem aeroben Stoffwechsel decken? Wie schnell kann ich laufen, ohne eine $O_2$-Schuld einzugehen? Wie schnell kann ich Rad fahren, ohne «sauer» zu werden? | Wie lange reichen meine Glykogen- und Fettreserven, wenn der ATP-Bedarf weitgehend durch Energie aus dem aeroben Stoffwechsel gedeckt wird? Wie lange ertrage ich eine Belastung bei 80, 90 oder 100 % der anaeroben Schwelle? |
| Limitierende Faktoren | Die ATP-Bildungsrate bei der Nutzung der aeroben Energiequellen limitiert die aerobe Leistungsfähigkeit. Sie ist von der Menge und Aktivität der Enzyme des aeroben Stoffwechsels und von der Sauerstoffversorgung der Muskelfasern abhängig: maximale Sauerstoffaufnahme ($VO_2$max). Im Wettkampf ist entscheidend, dass die anaerobe Schwelle möglichst nahe bei der $VO_2$max (bei 90 bis 95 % $VO_2$max) liegt. | Die Grösse der für den aeroben Stoffwechsel verfügbaren Energiedepots (Glykogen- und Fettspeicher) limitiert die aerobe Kapazität. Auch die Motivation und die Leistungsbereitschaft, der Durchhaltewille und die Aktivierungsfähigkeit spielen eine wichtige Rolle. |
| Masseinheit | Leistung an der anaeroben Schwelle in Kilometern pro Stunde (km/h), Metern pro Sekunde (m/s) oder Watt (W). Relative Leistung: Watt pro kg Körpermasse. Im Gesundheitssport: Anzahl METs (Metaboic equivalent: 3,5 ml $O_2$/min/kg). | Umfang: Laufstrecke in Metern oder Dauer der Belastung in Stunden und Minuten. |
| Tests | Feldtests: 12-Minuten Lauftest nach COOPER; CONCONI-Lauftest; 4 × 1000-m-Lauftest; Shuttle Run; Wettkämpfe, in Disziplinen, welche hohe Anforderungen an die aerobe Leistungsfähigkeit stellen. Labortests: Fahrradergometer-Test nach PROBST; Laktatstufen-Test; Spiroergometrie-Test ($VO_2$max-Bestimmung). | «Time to Exhaustion-Test:»: Test, mit dem ermittelt wird, wie lange ein Proband bei einer vorgegebenen Leistung (zum Beispiel 95 % der individuellen anaeroben Schwelle) belastet werden kann. Der Test wird abgebrochen, wenn die verlangte Leistung auf einem Fahrrad- oder Ruderergometer oder die Laufgeschwindigkeit auf einer Bahn oder auf einem Laufband nicht mehr aufrechterhalten werden kann. |

**Tabelle 10**
**Aerobe Leistungsfähigkeit und aerobe Kapazität.**

## Anaerobe Leistungsfähigkeit und anaerobe Kapazität

| Begriffe | Anaerobe Leistungsfähigkeit «anaerobic power» | «Anaerobe Kapazität» «Laktat- resp. Azidosetoleranz» «Stehvermögen» |
|---|---|---|
| | Wie schnell? Mit welcher Leistung (P)? (P = Kraft × Geschwindigkeit = Arbeit pro Zeiteinheit) | Wie lange (Umfang)? |
| Bedeutung | Wie schnell kann ich schwimmen, laufen oder Rad fahren, wenn ich alle verfügbaren Energiequellen ausnutze und die anaerobe Glykolyse intensiv aktiviere? Wenn ich eine $O_2$-Schuld eingehe, ohne mich um die Konsequenzen (Laktatanhäufung, Azidose, $O_2$-Defizit) zu kümmern? | Wie lange oder wie weit kann ich mit sehr hoher Intensität laufen, schwimmen oder rudern und die unangenehmen Konsequenzen der Azidose und der $O_2$-Schuld ertragen? Wie viel Azidose oder Sauerstoffschuld toleriert der Organismus? |
| Limitierende Faktoren | Physisch: Die maximale ATP-Bildungsrate bei der Ausschöpfung aller Energiequellen limitiert die anaerobe Leistungsfähigkeit. Sie ist von der Aktivität der Enzyme des aeroben und anaeroben Stoffwechsels abhängig. Psychisch: Die Bereitschaft und Fähigkeit zur Mobilisierung der anaeroben Energiequellen auf sehr hohem Niveau ist von zentraler Bedeutung. | Physisch: Die anaerobe Kapazität wird durch die Azidosetoleranz limitiert und durch die Kapazität der lokalen Energiedepots, der energiereichen Phosphate (ATP und Kreatinphosphat) sowie der muskulären Glykogenreserven. Psychisch: Die Motivation und der Durchhaltewillen, das psychische Durchstehvermögen limitieren die anaerobe Kapazität, die Bereitschaft und Fähigkeit, die Muskulatur auf hohem oder höchstem Niveau zu aktivieren, obwohl es sehr schwer fällt. |
| Masseinheit | Leistung oberhalb der individuellen anaeroben Schwelle in Kilometern pro Stunde (km/h), Metern pro Sekunde (m/s) oder Watt (Joule pro Sekunde. Relative Leistung: Watt pro kg Körpermasse. | Die Strecke in Metern oder die Zeit in Minuten und Sekunden, über die eine sehr grosse Leistung aufrechterhalten werden kann. |
| Tests | Leistungsmessung bei maximaler Ausbelastung auf dem Fahrrad- oder Ruderergometer oder auf der Laufbahn. Wettkampf in Disziplinen, welche hohe Anforderungen an die anaerobe Leistungsfähigkeit stellen: 100 bis 400 m Schwimmen; Sprint und Langsprint in der Leichtathletik; Wettkämpfe im Kanu- oder Rudersport. | Zeitvergleich zwischen der ersten und zweiten Streckenhälfte bei Disziplinen, welche hohe Anforderungen an die anaerobe Kapazität stellen: 100, 200 und 400 m Schwimmen; 200-, 400- und 800-m-Langsprint in der Leichtathletik. |
| | Wingate-Test: Maximale Leistung über 30 Sekunden auf dem Fahrrad- oder Handkurbelergometer. Gemessen wird die durchschnittliche Leistung in Watt oder Watt pro Kilogramm Körpermasse (anaerobe 30-Sekunden-Leistung) und die Abnahme der Leistung vom Testanfang bis zum Testabbruch (Stehvermögen). | |

Tabelle 11
**Anaerobe Leistungsfähigkeit und anaerobe Kapazität.**

**Abbildung 68**
**Verwendung der verschiedenen Stoffwechselwege.**

Je grösser die Leistung (Intensität), desto mehr stehen die anaeroben Stoffwechselprozesse im Vordergrund; je geringer die Leistung, desto mehr tragen die sauerstoffabhängigen Stoffwechselprozesse (Glukose- und Fettoxidation) zur Deckung des Energiebedarfs bei.

# Ziele und Effekte des Ausdauertrainings

### Gesundheitliche Aspekte des Ausdauertrainings

Das Dauerleistungstraining ist das wirksamste Mittel zur Prävention von Zivilisationskrankheiten. Im Schul-, Fitness- und Gesundheitssport hat es neben dem Training der koordinativen Fähigkeiten, der Kraft und der Beweglichkeit eine zentrale Bedeutung.
Durch regelmässiges Dauerleistungstraining werden viele gesundheitsrelevante Faktoren direkt oder indirekt beeinflusst. Insbesondere wird die kardiovaskuläre Fitness verbessert, und die Risikofaktoren für Herz-Kreislauf-Erkrankungen werden reduziert.
– Das Herz-Kreislauf-System wird gestärkt, der Herzmuskel wird besser mit Sauerstoff versorgt, und die Blutdruckwerte werden gesenkt.
– Die vegetativen Funktionen (Herz-Kreislauf-Funktionen, Verdauung, Schlaf-Wach-Rhythmus und andere) werden besser reguliert.
– Das «gesunde» Cholesterin (HDL-Fraktion) im Blut wird erhöht.
– Die Stoffwechselaktivität und der Energieumsatz werden erhöht, so dass das Körpergewicht leichter kontrolliert werden kann.
– Das Ernährungsverhalten wird verbessert, und oft wird der Genussmittelkonsum gesenkt.
– Die Sensitivität auf Insulin (Hormon, das den Blutzuckerspiegel senkt) wird erhöht, und die Regulation des Blutzuckerspiegels wird optimiert.
– Die Stimmungslage wird verbessert, und allfällige depressive Verstimmungen und Angstzustände werden häufig reduziert.
Ausdauertraining und Bewegung sind die wirksamsten und kostengünstigsten Mittel zur Erhaltung der Gesundheit.

Gemäss einer finnischen WHO-Studie sind die für die Gesundheit relevanten Effekte unbestritten. Menschen, die regelmässig trainieren, haben statistisch gesehen
– ein halb so grosses Risiko, übergewichtig zu werden;
– 30 % weniger Bluthochdruck;
– 20 bis 60 % weniger nicht-insulinabhängige Diabetes mellitus (Zuckerkrankheit);
– ein mindestens um 50 % reduziertes Herzinfarktrisiko;
– ein halb so grosses Hirnschlagrisiko;
– 30 bis 50 % weniger Schenkelhalsfrakturen;
– 40 bis 50 % weniger Dickdarmkrebs;
– eine um zwei bis neun Jahre längere Lebenserwartung.

Die aerobe Leistungsfähigkeit bildet eine wichtige Grundlage der Lebensqualität.

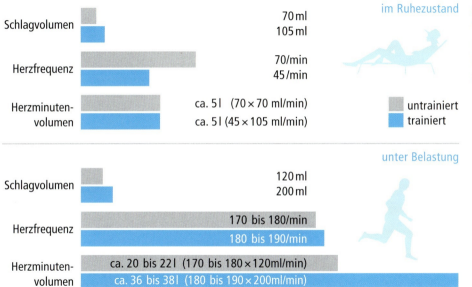

**Abbildung 69**
**Wirkungen von Ausdauertraining auf die Herz- und Kreislauf-Funktionen.**

Ein trainiertes Herz arbeitet mit einem grösseren Schlagvolumen und einer tieferen Schlagfrequenz (Puls) als ein untrainiertes.


## Bedeutung der Grundlagenausdauer im Leistungssport

Wer über eine gute aerobe Grundlagenausdauer verfügt,
– kann im Training eine hohe Bewegungsqualität über längere Zeit aufrechterhalten und im Wettkampf länger durchhalten;
– kann sich länger konzentrieren und richtig entscheiden, länger rasch und richtig antizipieren und optimal reagieren;
– kann sich in Trainings- und Wettkampfpausen und während Belastungsunterbrüchen rascher und vollständiger erholen;
– geht im Sport ein geringeres Unfall- und Verletzungsrisiko ein;
– kann rascher regenerieren und adaptieren, effizienter trainieren und sein Potenzial besser ausschöpfen.

**Maximale O₂-Aufnahme (VO₂max)**

**Anaerobe Schwelle (ANS)**

### Einfluss des Ausdauertrainings auf die VO₂max und die anaerobe Schwelle

Die VO$_2$max ist ein Bruttokriterium für die Kapazität der Sauerstoff transportierenden und verbrauchenden Systeme.

Die anaerobe Schwelle (ANS) ist Ausdruck der aeroben Leistungsfähigkeit. Je höher sie liegt, desto mehr Anteile der VO$_2$max können wir über längere Zeit nutzen, ohne Laktat im Blut zu akkumulieren.
Die Sauerstoffmenge (VO$_2$), die an der anaeroben Schwelle aufgenommen werden kann, wird durch Ausdauertraining deutlich erhöht.

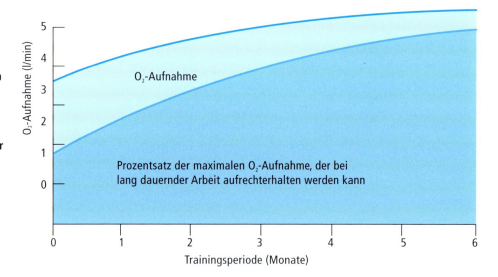

**Abbildung 70**
Effekte des Ausdauertrainings.
Zunahme der maximalen Sauerstoffaufnahme (VO$_2$max) und des Prozentsatzes der VO$_2$max, welcher bei andauernder Arbeit genutzt werden kann.

Durch ein mehrmonatiges Training kann die VO$_2$max um 15 bis 20% erhöht werden. Die individuelle anaerobe Schwelle aber, und der Anteil der VO$_2$max, den wir über längere Zeit nutzen können, lassen sich wesentlich stärker beeinflussen.
Während eine untrainierte Person 50 bis 60% ihrer VO$_2$max über etwa 20 Minuten beanspruchen kann, kann ein Hochleistungssportler während Stunden bis zu 90% seiner VO$_2$max nutzen.

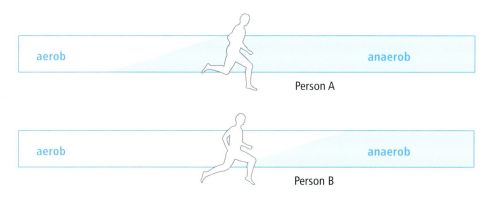

**Abbildung 71**
Deckung des Energiebedarfs bei gleicher Leistung und unterschiedlichem Trainingszustand. A und B haben die gleiche VO$_2$max.
A beginnt bei 60%, B bei 90% VO$_2$max, Laktat zu akkumulieren.

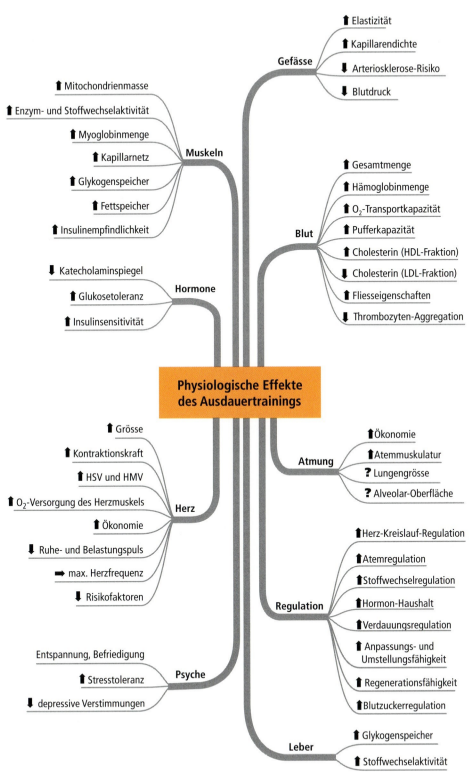

**Abbildung 72**
**Physiologische Effekte des Ausdauertrainings.**

# Methodische Aspekte des Ausdauertrainings

**Strukturierung des Ausdauertrainings: Grundlagen- und Aufbautraining**

Die Entwicklung der Leistungsfähigkeit und Ermüdungstoleranz ist mit strukturellen und funktionellen Anpassungsprozessen verbunden: Vergrösserung der Mitochondrienmasse und der Energiedepots in den Muskelfasern, Kapillarisierung der Muskulatur, Vergrösserung der Transport- und Pufferkapazität des Blutes, Optimierung der Herz-Kreislauf-Funktionen und Optimierung der Prozesse, die der vegetativen Regulation dienen. Diese Anpassungen erfordern viel Zeit. Das Ausdauertraining für Leistungssportler muss deshalb langfristig geplant und aufgebaut werden.

**Gesundheitstraining**

Ziele: Durch regelmässige, vielseitige körperliche Aktivität die Funktionstüchtigkeit des Organismus entwickeln und/oder erhalten, die Lebensqualität erhöhen und Zivilisationskrankheiten vorbeugen.

**Tabelle 12**
**Aufbau des Ausdauertrainings im Gesundheitssport.**

| Trainingsziele | Häufigkeit und Umfang | Intensität | Beispiele |
|---|---|---|---|
| Wieder in Form kommen; abnehmen und gesund bleiben | 3- bis 4-mal pro Woche 20 bis 30 min | Sehr locker, gemütlich und ruhig; Pausen einschalten; Gelenke schonen! | Wandern, Walking, Rad fahren, Schwimmen, Rudern |
| Die Fitness verbessern | 3- bis 4-mal pro Woche 30 bis 40 min | Lockeres «Plaudertempo» | Nordic-Walking, Traben, Strecken schwimmen, Biken, Step Aerobic |
| Fit bleiben | Mindestens 2-mal pro Woche 30 bis 40 min | Lockeres «Plaudertempo» bis mittlere Belastung | Traben, Velo- und Skitouren |

**Grundlagentraining**

Ziel: Durch vielseitige Beanspruchung des Organimus die Belastungstoleranz und das Adaptationspotenzial erhöhen.

**Tabelle 13**
**Grundlagentraining im Leistungssport.**

| Trainingsziele | Häufigkeit und Umfang | Methoden und Intensität | Beispiele |
|---|---|---|---|
| Die Grundlagen für ein leistungssportliches Training entwickeln | 3- bis 6-mal pro Woche 30 min bis mehrere Stunden | Kontinuierliche und wechselnde Dauermethoden; geringe bis mittlere Belastung; 70 bis 85 % der max. Herzfrequenz | Nordic-Walking, Nordic-Jogging, langer Dauerlauf, Velo fahren, MTB, Skilanglauf, Bergtouren |

Ziel: Auf einer optimal entwickelten Grundlage (Belastungstoleranz) die persönliche Bestform in einer bestimmten Disziplin entwickeln.

**Aufbautraining**

Tabelle 14
**Aufbautraining im Leistungssport.**

| Trainingsziele | Häufigkeit und Methoden | Umfang und Intensität | Beispiele |
|---|---|---|---|
| Vorbereitungsperiode I: Die Wettkampfform für Ausdauersportarten aufbauen | 3- bis 12-mal pro Woche Dauermethode und extensives Intervalltraining | Gesamtumfang hoch; 80 % sehr locker bis locker (70 bis 85 % der max. HF); 20 % mittlere Intensität (85 bis 90 % der max. HF) | Dauermethode: 60 min leichter Dauerlauf in coupiertem Gelände; Intervalltraining: 5 × 6 min mit 2 min Pause |
| Vorbereitungsperiode II: Die Wettkampfform für Ausdauersportarten aufbauen | 3- bis 12-mal pro Woche Dauermethode; extensives Intervalltraining; intensives Intervalltraining; intermittierendes Training | Gesamtumfang hoch bis mittel; 70 % locker: 70 bis 85 % der max HF; 15 bis 20 % mittel: 90 % der max. HF; 10 bis 15 % hart: 95 % der max. HF | Läufe in kontinuierlichem oder wechselndem Tempo in flachem oder coupiertem Gelände; Extensives Intervalltraining: 15 × 1 min Belastung im Wechsel mit 1 min Pause |
| Vorwettkampfperiode: Wettkampfform annähern | 3- bis 10-mal pro Woche Dauermethode; extensives Intervalltraining; intensives Intervalltraining; Wiederholungsmethode; intermittierendes Training | Gesamtumfang gering; Intensität hoch | 4 × 5 min Belastung im Wechsel mit 5 min Pause; intermittierende Belastungen nach Rhythmen, wie sie in den Sportspielen vorkommen |
| Wettkampfperiode: Wettkampfform konservieren | 3- bis 7-mal pro Woche Dauermethode; extensives Intervalltraining; intensives Intervalltraining; intermittierendes Training; Wiederholungsmethode; Wettkampfmethode | Gesamtumfang gering; Intensität und Qualität hoch bis sehr hoch | Tests und Wettkämpfe |

### Grundsätze für das Ausdauertraining im Gesundheitssport

Für die Prävention von Bewegungsmangel- und Zivilisationskrankheiten ist kein leistungssportliches Training nötig. Es genügt, wenn pro Woche 2000 kcal (etwa 8500 kJ) durch körperliche Aktivität (zusätzlich) verbraucht werden.

Das gesundheitsrelevante Ausdauertraining ist ein regelmässiges, stressfreies, abwechslungsreiches und umfangbetontes Training von geringer bis mittlerer Intensität. Wir sollten dabei auf unser Herz hören und die Belastung sorgfältig auf unsere individuellen Voraussetzungen und Bedürfnisse abstimmen. Allenfalls sollten wir die Herzfrequenz mit Hilfe eines Pulsmessgerätes kontrollieren, um dann mit der Zeit ein «Gefühl für die Belastung» zu entwickeln.

Die Empfehlungen des Bundesamtes für Sport und des Bundesamtes für Gesundheit lauten: «Ein Training der Ausdauer und der kardio-respiratorischen Fitness umfasst mindestens drei Einheiten pro Woche über 20 bis 60 Minuten mit einer Intensität, die leichtes Schwitzen und beschleunigtes Atmen bewirkt, aber zusammenhängendes Sprechen noch zulässt. Dazu eignen sich alle bewegungsintensiven Sportarten, welche grosse Muskelgruppen beanspruchen, z. B. Nordic-Walken, Laufen, Velo fahren, Skilanglaufen, Schwimmen, Aerobic-Training und Herz-Kreislauf-Training an Fitnessgeräten.»

### Grundsätze für das Ausdauertraining im Leistungssport

Die Entwicklung der Grundlagenausdauer im Leistungssport verlangt vom Organismus aufwändige Anpassungen. Im Vordergrund stehen die Vermehrung der Mitochondrien, die Verdichtung des Kapillarnetzes, die Vergrösserung des Blutvolumens und der Hämoglobinmenge sowie die Erhöhung der Leistungsfähigkeit des Herzens (Herz-Minuten-Volumen). Deshalb erfordert das Grundlagen-Ausdauertraining einen langfristigen Aufbau.

Das Training der speziellen Ausdauer muss auf das Anforderungsprofil abgestimmt und gut geplant werden. Trainingsformen, die zu hohen Laktatwerten führen, sind nur dann sinnvoll, wenn die Wettkampfdisziplin eine hohe Laktattoleranz verlangt.

Die Regeneration ist ebenso wichtig wie die Belastung. Durch Überforderungen im Training und/oder Vernachlässigung der regenerativen Massnahmen kommt es häufig zu einem Verlust an Leistungsfähigkeit oder gar zu krankhaften Zeichen der Überlastung.

Im Leistungssport sollte die Entwicklung der aeroben Leistungsfähigkeit regelmässig durch Tests evaluiert werden, so dass die Belastungen in Bezug auf Umfang und Intensität immer wieder den individuellen Voraussetzungen angepasst und systematisch variiert werden können.

Schliesslich muss beachtet werden, dass es für gute Wettkampfresultate in Ausdauersportarten nicht nur einen leistungsfähigen Stoffwechsel, sondern in erster Linie auch ein hochentwickeltes Aktivierungspotenzial (Kampfgeist, Siegeswille, emotionales Durchhaltevermögen) braucht.

## Tipps für das Ausdauertraining

- Baue das Ausdauertraining langfristig auf und beachte bei der Planung und Durchführung des Trainings die allgemein gültigen Trainingsgrundsätze.
- Trainiere regelmässig und meide längere Trainingsunterbrüche.
- Dosiere die Belastungen sorgfältig und höre auf die Signale deines Körpers.
- Entwickle zuerst die Grundlagenausdauer und verzichte auf Belastungsformen, für welche deine physischen und psychischen Voraussetzungen nicht ausreichend entwickelt sind.
- Mach dein Trainingsprogramm davon abhängig, wie du dich fühlst, und verzichte auf das Training, wenn du krank bist oder eine Infektionskrankheit durchgemacht hast.
- Verzichte auf Belastungen, welche zu einer Sauerstoffschuld und zu einer massiven Azidose führen, bevor du die Grundlagenausdauer optimal entwickelt hast.
- Trainiere vielseitig und abwechslungsreich.
- Trainiere als Anfänger hauptsächlich im aerob-anaeroben Übergangsbereich.
- Wärme dich vor jeder Trainingseinheit auf und denk dabei auch an die Vorbereitung der Gelenke.
- Leite die Regeneration nach jedem Training aktiv ein (Auslaufen und Gymnastik) und vergiss dabei die regenerativen Massnahmen für die Gelenke nicht.

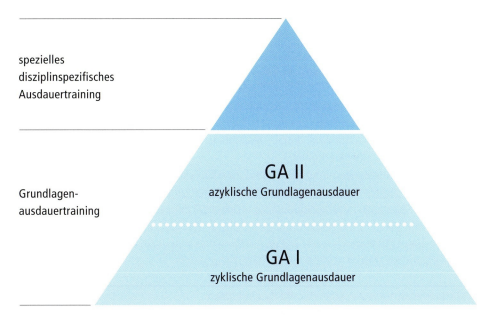

**Abbildung 73**
**Methodischer Aufbau des Ausdauertrainings.**

Auf der Basis einer optimalen Grundlagenausdauer können in relativ kurzer Zeit auch die disziplinspezifische Leistungsfähigkeit und Ausdauer entwickelt werden.

# Methoden im Ausdauertraining

– Dauermethoden
– Intervallmethoden
– Wiederholungsmethoden
– Intermittierende Methoden
– Kontroll- und Wettkampfmethoden

| | |
|---|---|
| **Dauermethoden** | Training mit ununterbrochenen Belastungen von gleich bleibender oder wechselnder Intensität über längere Zeit.<br>**Beispiele:** Kontinuierlicher Dauerlauf (extensiv oder intensiv), variable Dauermethode («Fahrtspiel»): Dauerlauf mit mehr oder weniger systematischem Wechsel zwischen Abschnitten von höherer und geringerer Intensität. |
| **Intervallmethoden** | Training mit systematischem Wechsel von Phasen der Belastung und der Erholung. Die Länge der Pausen lässt eine unvollständige Erholung zu, die Pausen werden aktiv gestaltet (lockeres Traben, lockeres Schwimmen, leichte Gymnastik).<br>**Beispiele:** Intensives oder extensives Intervalltraining, Kurz-, Mittel- und Langzeit-Intervalltraining.<br>Schwimmen: 6 × 400 m in fünf Minuten mit Pausen von zwei Minuten. |
| **Wiederholungsmethoden** | Training mit systematischem Wechsel von Phasen der Belastung und der Erholung. Die Länge der Pause ist so bemessen, dass eine weitgehend vollständige Erholung möglich ist (die Pause wird aktiv und passiv gestaltet).<br>**Beispiele:** Intensives oder extensives Wiederholungstraining; Kurz-, Mittel- und Langzeit-Wiederholungsmethoden. Leichtathletik: 6 × 50 m Sprint (100 %) mit Pausen von sechs Minuten, 6 × 1000 m Laufen in drei Minuten mit Pausen von zehn Minuten. |
| **Intermittierende Methoden** | Hochintensives Intervalltraining, kurze, hochintensive Belastungen im kontinuierlichen Wechsel mit kurzer, aktiver Erholung.<br>**Beispiele:** 15/15-Sekunden-Intervalle: 10 bis 20 × 15 Sekunden Laufen mit 100 % $VO_2max$ (100 % v $VO_2max$) im Wechsel mit Traben bei 70 % v $VO_2max$. Während fünf Minuten acht Sekunden Seilspringen mit Doppeldurchzug im Wechsel mit acht Sekunden Traben.<br>Während fünf Minuten vier Hürdensprünge auf Zeit im Wechsel mit zehn Sekunden Traben.<br>Fussball: Sprint (20 Meter) – locker traben (50 Meter) – Slalom-Lauf um acht Stäbe (100 %) – locker traben (50 Meter) – Dribbling (20 Meter) – usw. |
| **Kontroll- und Wettkampfmethoden** | Belastungen unter Test- und Wettkampfbedingungen.<br>**Beispiele:** 12-Minuten- oder CONCONI-Lauftest, Wingate-Test, Wettkämpfe (Halbmarathon für Marathonläufer), Freundschaftsspiele im Fussballsport. |

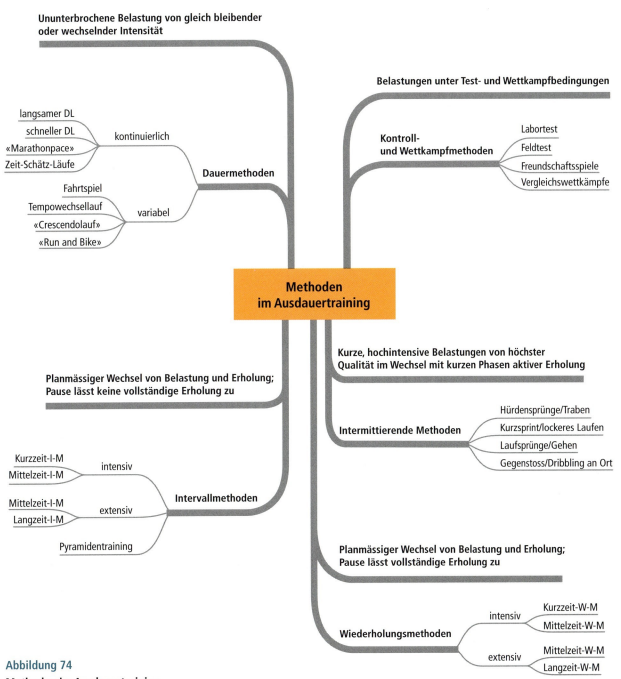

**Abbildung 74**
**Methoden im Ausdauertraining.**

## Dauermethoden

**Dauermethoden**

Ununterbrochene Belastungen von gleich bleibender oder wechselnder Intensität über längere Zeit.

**Tabelle 15**
Dauermethoden: Beispiele und prospektive Wirkungen.

|  | Prospektive Wirkungen | Trainingsbeispiele |
|---|---|---|
| Extensive Dauermethode | – Ökonomisierung der Herz-Kreislauf-Arbeit<br>– Kapillarisierung (Herz- und Skelettmuskulatur)<br>– Optimierung des Fettstoffwechsels<br>– Optimierung der Grundlagenausdauer<br>– Optimierung der Regenerationsfähigkeit<br>– Prävention von Bewegungsmangel- und Zivilisationskrankheiten | – Kontinuierliche Beanspruchung des ganzen Organismus durch Walking, Nordic Walking, Bergwandern, Laufen, Schwimmen, Rad fahren, Low Impact Aerobic, Spinning usw.<br>– Extensiv: grosser Umfang, geringe Intensität |
| Intensive Dauermethode | – Erhöhung der $VO_2$max<br>– Erhöhung der anaeroben Schwelle und der aeroben Leistungsfähigkeit<br>– Optimierung des anaeroben und aeroben Stoffwechsels | – Kontinuierliche Beanspruchung des ganzen Organismus durch Mountain-Biking, Langlaufen, Skating, Step-Aerobic, Schwimmen usw.<br>– Intensiv: kleiner Umfang, mittlere bis hohe Intensität |
| Variable Dauermethode (Fahrtspiele) | – Erhöhung der Belastungstoleranz bei variierender Beanspruchung des Organismus<br>– Optimierung der Umstellungs- und Anpassungsfähigkeit an wechselnde Belastungen<br>– Optimierung der Regenerationsfähigkeit<br>– Erhöhung der Pufferkapazität und der Laktateliminationsfähigkeit | – Beanspruchung des ganzen Organismus mit beliebig variierter oder systematisch-planmässig wechselnder Intensität<br>– Fahrtspiele<br>– Training nach dem Pyramidensystem<br>– Laufen und Velo fahren (Run and Bike) in hügeligem Gelände, Mixed Impact Aerobic, Spinning, Indoor-Rowing, Aqua Aerobic usw. mit variablen Belastungen |

## Intervallmethoden

Wechsel von Phasen der Belastung und der Erholung. **Intervallmethoden**
Die Pausen werden aktiv gestaltet (lockeres Traben, lockeres Schwimmen, leichte Gymnastik) und lassen nur eine unvollständige Erholung zu («lohnende Pause»).

Spezielle Trainingsform im Rahmen der Intervallmethoden. Es werden vier Parameter definiert (DIRT): Distance, Intervalls (Länge der Pausen zwischen den Wiederholungen und zwischen den Serien), Repetitions (Anzahl Wiederholungen), Time (Belastungszeit). **Intervalltraining**

|  | Prospektive Wirkungen | Trainingsbeispiele | | | |
|---|---|---|---|---|---|
|  |  | Distanz Belastungsart | Belastungszeit | Repetitionen | Pausen |
| Extensive Intervallmethode Langzeit-Intervallmethode (3 bis 8 min) | – Optimierung der aeroben Leistungsfähigkeit und der aeroben Kapazität<br>– Anheben der anaeroben Schwelle<br>– Entwicklung und Erhaltung der aeroben Kraftausdauer<br>– Entwicklung der anaerob-laktaziden Leistungsfähigkeit und des Stehvermögens | 2000 m laufen | 8 min | 3 bis 6 | max. 3 min aktiv |
| Extensive Intervallmethode Mittelzeit-Intervallmethode (1 bis 3 min) |  | 200 m schwimmen | 200-m-Bestzeit + 15 % | 10 bis 12 | 1 bis 3 min aktiv |
|  |  | Circuit-Training | 1 min | 2 Durchgänge | 1 min |
| Intensive Intervallmethode Mittelzeit-Intervallmethode (60 bis 90 sec) | – Optimierung der anaerob-laktaziden Leistungsfähigkeit und des Stehvermögens<br>– Verbesserung der Laktattoleranz und der Laktateliminationsfähigkeit<br>– Optimierung der Schnelligkeits- und Kraftausdauer | Indoor-Rowing | 90 sec | 2 Serien zu 5 Wiederholungen | 30 bis 90 sec/ 5 min (Serie) |
| Intensive Intervallmethode Kurzzeit-Intervallmethode (20 bis 40 sec) |  | Rope Skipping (Seilspringen) | 60 sec | 8 | 40 sec passiv |
|  |  | 200 m sprinten | 22 sec | 4 bis 6 | 15 min aktiv |
|  |  | 80 m laufen | 9 sec | 6 bis 8 | 4 bis 5 min aktiv |

**Tabelle 16**
**Intervallmethoden: Beispiele und prospektive Wirkungen.**

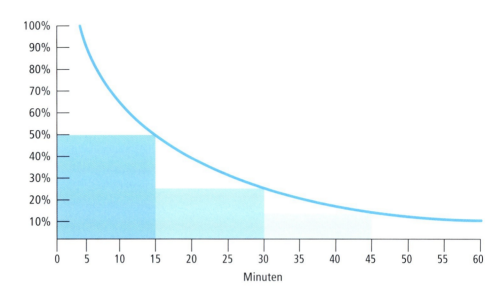

**Abbildung 75**
«Lohnende Pause» bei der Intervallmethode.

«Lohnende Pause» — Die Zeit zur «vollständigen» Erholung nach einer Belastung kann lange dauern. Die Halbwertzeit beim Laktatabbau beträgt etwa 15 Minuten. Beim Intervalltraining wird bewusst auf eine «vollständige» Erholung verzichtet, so dass sich die Ermüdungsrückstände von Wiederholung zu Wiederholung akkumulieren.

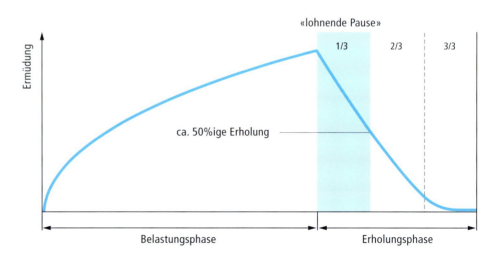

**Abbildung 76**
«Lohnende Pause» bei der Intervallmethode.
Im Intervalltraining wird die Pausenlänge so bemessen, dass es möglich ist, sich zu etwa 50 % zu erholen. Bis zur «vollständigen» Erholung würde es dreimal länger dauern.

## Wiederholungsmethoden

Systematische Wechsel von Phasen der Belastung und Erholung, wobei die Länge der Pausen so bemessen wird, dass eine weitgehend vollständige Erholung möglich ist (aktive und passive Regeneration).
Die Wiederholungsmethode ist (auch) die wichtigste Methode im Schnelligkeitstraining.

| Wiederholungsmethoden im Leistungssport | Prospektive Wirkungen | Trainingsbeispiele |
|---|---|---|
| Wiederholungsmethode im Langzeit-Intervallbereich (3 bis 8 min) | – Optimierung der disziplin- und wettkampfspezifischen Leistungsfähigkeit, der Schnelligkeit und der Belastungsdynamik<br>– Optimierung der Anpassungs-, Umstellungs- und Regulationsfähigkeit<br>– Optimierung der kurzfristigen Erholungsfähigkeit<br>– Optimierung der disziplinspezifischen Leistungsfähigkeit | – 5 × 2000 m Laufen, persönliche 2000-m-Bestzeit + 15 %<br>– dazwischen Pause bis zur vollständigen Erholung (ca. 15 min bei HF <100) |
| Wiederholungsmethode im Mittelzeit-Intervallbereich (1 bis 2 min) | | – 8 × 600 m Laufen, mit 100 % der 800-m-Wettkampfgeschwindigkeit<br>– dazwischen Pause bis zur vollständigen Erholung (ca. 20 min, bis HF < 80 oder Laktat < 2 mmol/l) |
| Wiederholungsmethode im Kurzzeit-Intervallbereich (10 bis 30 sec) | – Entwicklung der Sprint-Schnelligkeit (Aktionsschnelligkeit) | – 8 × 60 m-Sprint mit Beschleunigungshilfe (Speedy)<br>– dazwischen aktive Pause bis zur vollständigen Erholung (10 bis 20 min, bis HF <90) |
| Wiederholungsmethode im Freizeit- und Gesundheitssport | – Angewöhnung an Dauerbelastungen<br>– Entwicklung Grundlagenausdauer | – 6 × 400 m Laufen im Wechsel mit 5 min Gehen |
| Wiederholungsmethode im Langzeitbereich | – Optimierung der Grundlagenausdauer<br>– Prävention von Zivilisationskrankheiten | – auf der Finnenbahn, 5 × 3 Runden Traben bei HF 140 im Wechsel mit 1 Runde Gehen bei HF <100 |

**Tabelle 17**
Wiederholungsmethoden: Beispiele und prospektive Wirkungen.

## Intermittierende Methoden

**Intermittierende Methoden**

Effiziente Trainingsformen zur Entwicklung des disziplinspezifischen Leistungspotenzials in Ausdauer-, Spiel- und Zweikampfsportarten: kurze bis sehr kurze hochintensive Belastungen im Wechsel mit kurzer aktiver Erholung

**Tabelle 18**
**Intermittierendes Training: Beispiele und prospektive Wirkungen.**

| | Prospektive Wirkungen | Trainingsbeispiele |
|---|---|---|
| Intermittierendes Training in der Leichtathletik | – Optimierung der wettkampfspezifischen Leistungsfähigkeit auf dem höchsten individuellen Funktionsniveau<br>– Optimierung der Aktivierungsfähigkeit und der Leistungsbereitschaft in disziplinspezifischer Belastungsdynamik<br>– Entwicklung der Ermüdungsresistenz ohne Verlust an Schnelligkeit und «Spritzigkeit» | – Während 5 min: 5 sec hochintensives Skipping an Ort im Wechsel mit 20 sec lockerem Traben<br>– 10 bis 20 × 10 sec Laufen mit 100 % v $VO_2$max im Wechsel mit 20 sec Traben mit 50 % v $VO_2$max<br>– 15 × 100 m und 50 m Laufen in je 15 sec im Wechsel<br>– Während 5 min: 5 Einbeinsprünge links – 5 Einbeinsprünge rechts im Wechsel mit 20 sec Gehen<br>– 18 × 5 Hürdensprünge im Wechsel mit 15 sec aktiver Pause (zurücktraben)<br>– Hochintensive Sprungfolgen über 3 bis 6 Hürden im Wechsel mit lockerem Traben über 100 bis 200 m |
| Intermittierendes Training im Radsport | | – 10 × 10 sec Sprinten mit 100 % P $VO_2$max im Wechsel mit 15 sec Fahren mit 70 % P $VO_2$max |
| Intermittierendes Training im Fussballsport | – Entwicklung der spielspezifischen Leistungsfähigkeit auf dem höchst möglichen Funktionsniveau<br>– Entwicklung der Ermüdungsresistenz durch sportspielspezifische Belastungsformen | – Während 12 min auf dem Spielfeld: Sprint (20 m) – Traben seitwärts (20 m) – Sprint (20 m zur Ballannahme) – lockeres Dribbling (30 m zur Ballabgabe an Mitspieler) – Sprint (5 m zur Ballannahme und Torschuss) – lockeres Traben (50 m) – 5 Sprünge über Hürden (70 cm) – lockeres Traben (50 m)<br>– Während 12 min auf dem Spielfeld: Skipping (6 sec mit hohem Knieheben) – lockeres Traben (40 m) – 4 Pendel-Sprints (5 m mit Start aus Bauchlage) – langsames Dribbling (40 m) – schnelles Slalom-Dribbling (20 m) – lockeres Traben (40 m) – Sprint (15 m) zur Ballannahme und Torschuss – lockeres Traben (40 m) |

P $VO_2$max bedeutet Leistung bei $VO_2$max, v $VO_2$max bedeutet Geschwindigkeit bei $VO_2$max.

## Test- und Wettkampfmethoden

Belastung unter Test- und Wettkampfbedingungen.

| | **Prospektive Wirkungen** | **Trainingsbeispiele** |
|---|---|---|
| Test- und Wettkampfmethode im Leistungssport | – Standortbestimmung<br>– Optimierung der wettkampfspezifischen Leistungsfähigkeit auf dem höchsten individuellen Funktionsniveau<br>– Sammeln von Erfahrungen in Bezug auf die Belastungsdynamik und das taktische Verhalten | – Tests und Wettkämpfe in der entsprechenden Sportart/Disziplin<br>– Halbmarathon unter Wettkampfbedingungen für Marathonläufer<br>– Teilnahme an Cross-Meisterschaft für 5000-m-Bahnläufer |
| | | – Vorbereitungs- und Freundschaftsspiele vor Cup- und Meisterschaftsspielen |
| | | – Labor- und Feldtests mit oder ohne vollständige Ausbelastung<br>– CONCONI-Lauftest/12-Minuten-Lauftest<br>– Spiroergometrie-Test/Laktatstufentest<br>– Wingate-Test |

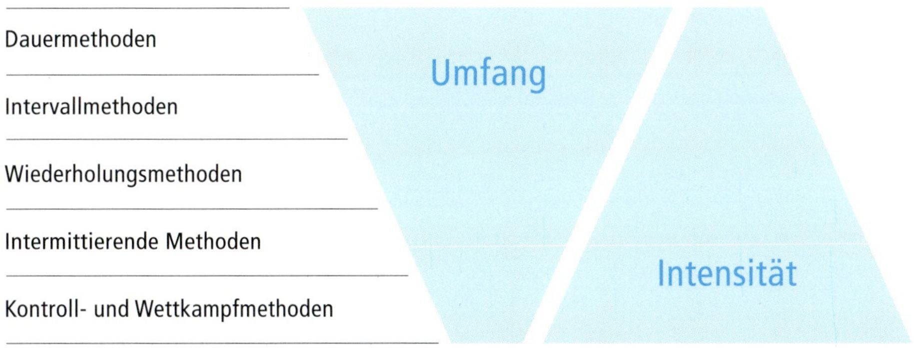

**Tabelle 19**
**Test- und Wettkampfmethoden: Beispiele und prospektive Wirkungen.**

Dauermethoden

Intervallmethoden

Wiederholungsmethoden

Intermittierende Methoden

Kontroll- und Wettkampfmethoden

Umfang

Intensität

**Abbildung 77**
**Verhältnis von Umfang und Intensität bei den verschiedenen Trainingsmethoden.**

# Belastungsdosierung im Laufsport

| | sehr locker | locker | mittel | hart | sehr hart |
|---|---|---|---|---|---|
| subjektives Empfinden | gemütlich und ruhig; singen ist möglich | sprechen in zusammenhängenden Sätzen ist möglich | sprechen in kurzen Sätzen ist möglich | beschleunigte Atmung, am Schluss erschöpft | stark beschleunigte Atmung, «saure Beine» |
| subjektives Empfinden nach Borg (6 bis 20) | 6 bis 9 Punkte | 10 bis 12 Punkte | 13 bis 14 Punkte | 15 bis 16 Punkte | 17 bis 20 Punkte |
| Beanspruchung in % $VO_2$max | 45 bis 60 % $VO_2$max | 60 bis 70 % $VO_2$max | 70 bis 80 % $VO_2$max | 80 bis 90 % $VO_2$max | 90 bis 100 % $VO_2$max |
| Geschwindigkeit (% der Geschwindigkeit an der anaeroben Schwelle) | 55 bis 70 % ANS | 70 bis 80 % ANS | 80 bis 93 % ANS | 93 bis 103 % ANS | > 103 % ANS |
| Herzfrequenz % HF max | 70 bis 80 % HF max | 80 bis 85 % HF max | 85 bis 90 % HF max | 90 bis 95 % HF max | 95 bis 100 % HF max |
| Laktatwert bei trainierten Ausdauersportlern | um 1 mmol/l | um 1 mmol/l | 2 bis 3 mmol/l | 3 bis 5 mmol/l | 5 bis 10 mmol/l |
| Laktatwert bei Nicht-Ausdauertrainierten | um 2 mmol/l | 2,5 bis 3,5 mmol/l | 3,5 bis 4,5 mmol/l | 4,5 bis 7 mmol/l | 7 bis 12 mmol/l |
| Hauptenergiequellen | aerobe ATP-Gewinnung (Fett und Glukose) | aerobe ATP-Gewinnung (Fett und Glukose) | aerobe ATP-Gewinnung (Glykogen) | aerobe und anaerob-laktazide ATP-Gewinnung (anaerobe Glykolyse) | anaerobe Glykolyse |
| Trainingsformen | regenerative Belastung, z. B. ruhiger, sehr lockerer Dauerlauf | lockerer Dauerlauf Überdistanztraining (60 bis 240 min) | mittelschneller Dauerlauf (30 bis 90 min) | schneller Dauerlauf (15 bis 60 min) Fahrtspiel | Training der anaeroben Leistungsfähigkeit und Ausdauer, Hügelläufe, Intervalltraining |

**Tabelle 20**
**Trainingsbelastungen im Laufsport.**

### Pulsregeln und andere Kontrollmöglichkeiten

Die Herzfrequenz ist eine Messgrösse für die Beurteilung der Herz-Kreislauf-Belastung. Es haben sich verschiedene Puls-Empfehlungen für die Dosierung der Belastung im Ausdauertraining etabliert. Dabei ist zu beachten, dass die Faustregeln zur Bestimmung der maximalen Herzfrequenz und auch zur Bestimmung der optimalen Trainings-Herzfrequenz relativ ungenau sind, weil grosse individuelle Unterschiede bestehen.

| Trainings-Herzfrequenz | Regel für die Belastung im Gesundheitssport | Bemerkungen |
| --- | --- | --- |
| 180 minus Alter | Lauf mit einer HF von 180 minus dein Alter (in Jahren). | Die Regel basiert auf der falschen Annahme, dass die maximale HF mit jedem Lebensjahr generell um einen Schlag pro Minute abnimmt.<br>Individuelle Unterschiede werden ignoriert. |
| 170 minus ½ Alter | Lauf mit einer HF von 170 minus dein halbes Alter (in Jahren). | Die Regel basiert auf der falschen Annahme, dass die maximale HF mit jedem Lebensjahr um einen halben Schlag pro Minute abnimmt.<br>Individuelle Unterschiede werden ignoriert. |
| 80 % $HF_{max}$<br>70 % $HF_{max}$<br>50 bis 60 % $HF_{max}$ | Berechne die maximale Herzfrequenz (HFmax) nach der Formel 220 minus dein Alter (in Jahren) und trainiere mit 80 respektive 70 oder 50 bis 60 % deiner maximalen Herzfrequenz. | Die Regel basiert auf der falschen Annahme, dass die maximale HF nur vom Alter abhängig ist.<br>Individuelle Unterschiede werden ignoriert. |
| Ruhe HF + ($HF_{max} - HF_{rest}$) Int-% | Bestimme die Herzfrequenzreserve (HFR) (Differenz zwischen Ruhepuls und maximaler Herzfrequenz).<br>Bestimme die maximale Herzfrequenz mit einem Ausbelastungstest mit ansteigender Belastung über mindestens 5 Minuten und die Ruhe-Herzfrequenz bei vollständiger Ruhe.<br>Trainiere mit einer Frequenz von «Ruhepuls + x % HFR».<br>Verwende als Intensitäts-Prozente:<br>60 bis 80 % für den aeroben Trainingsbereich und 80 bis 90 % für den Bereich, in dem die individuelle anaerobe Schwelle liegt. | Die Regel berücksichtigt die individuellen Unterschiede im Pulsfrequenzverhalten.<br>Die Bestimmung der maximalen Herzfrequenz mit einem Ausbelastungstest erfordert eine Anstrengung, welche die Gesundheit gefährden kann. |
| «OWN-Zone» | Bestimme vor jedem Training deine «Tagesform» und die «OWN-Zone» mittels dem POLAR®-Sporttester und belaste deinen Organismus im ermittelten Bereich. | Die Empfehlung basiert auf folgendender Beobachtung: Das Herz schlägt in einem Bereich von 50 bis etwa 70 % der maximalen Herzfrequenz nicht regelmässig. Die Variabilität ist messbar.<br>Die optimale Trainings-HF für ein gesundheitsorientiertes Fitnesstraining liegt dort, wo der Herzrhythmus regelmässig wird (bei etwa 70 % der maximalen HF). Die Belastung an diesem Punkt nennen wir «OWN-Zone». Die Sporttester der Firma POLAR bestimmen die HF-Variabilität mit der Genauigkeit eines Elektrokardiograms (EKG). |
| Individuell festgelegte Belastung nach Test | Die Trainings-Herzfrequenz wird nach einem Stufentest festgelegt. | Im Gesundheitstraining für Menschen mit einem erhöhten Risikopotenzial und für Patienten in der Rehabilitation (zum Beispiel nach Herz-Kreislauf-Erkrankungen) muss die Trainingsbelastung durch eine erfahrene Fachperson festgelegt und kontrolliert werden. |

### Abbildung 78
Dauermethode: ununterbrochene Belastung über längere Zeit.
Belastungsintensität: 70 bis 90 % der Bestleistung.
Pausen: keine.
Belastungsdauer: gross bis sehr gross, 20 Minuten bis Stunden.

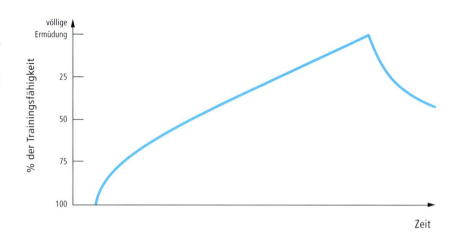

### Abbildung 79
Intervallmethode: systematischer Wechsel zwischen Belastung und Erholung.
Belastungsintensität: mittel bis hoch (60 bis 80 % VO$_2$max).
Pause: «lohnende Pause».
Belastungsumfang: 6 bis 12 Wiederholungen.
Belastungsdauer: Kurzzeit-Intervallmethode (KZI), 15 bis 60 sec.
Belastungsdauer: Mittelzeit-Intervallmethode (MZI), 1 bis 8 min.
Belastungsdauer: Langzeit-Intervallmethode (LZI), 8 bis 15 min.

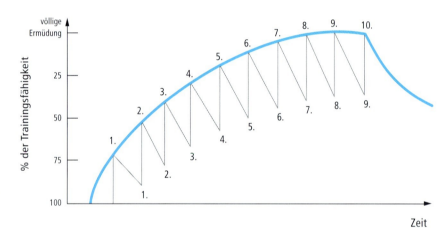

### Abbildung 80
Intervallmethode nach dem Serienprinzip: vier Serien zu fünf Wiederholungen.
Belastungsintensität: hoch (70 bis 90 % VO$_2$max).
Pause zwischen den Wiederholungen: «lohnende Pause».
Pause zwischen den Serien: 3 bis 10 min.
Belastungsumfang: hoch, insgesamt 12 bis 40 Wiederholungen.
Belastungsdauer pro Wiederholung: 30 bis 90 sec, auch 2 bis 3 min.

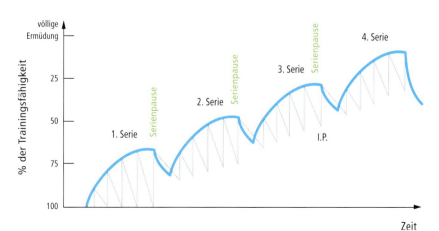

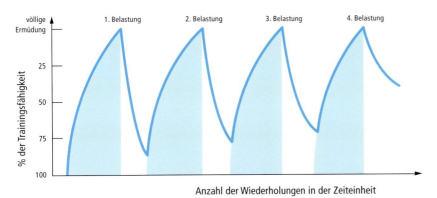

**Abbildung 81**
Wiederholungsmethode: systematischer Wechsel zwischen Belastung und «vollständiger» Erholung.
Belastungsintensität: hoch bis sehr hoch (90 bis 100% VO$_2$max).
Pause: 4 bis 30 min («vollständige» Erholung; Pulsfrequenz < 80).
Belastungsumfang: gering.
Belastungsdauer: je nach Streckenlänge kurz, mittel bis lang.

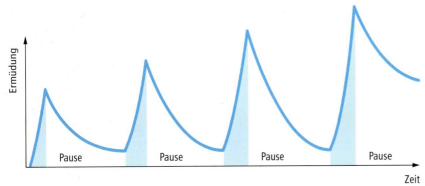

**Abbildung 82**
Wiederholungsmethode bei sehr kurzer Wiederholungsarbeit (Sprinttraining): wiederholte, intensive Belastung im anaerob-alaktaziden Bereich.
Verhältnis Belastungsdauer: Pausendauer 1:10 bis 1:50; die Pausen werden von Wiederholung zu Wiederholung länger.

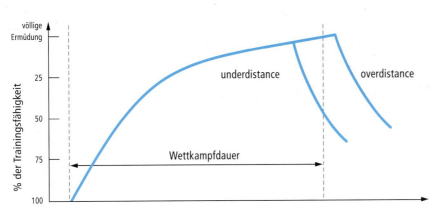

**Abbildung 83**
Test- und Wettkampfmethode: Belastung unter möglichst wettkampfspezifischen Bedingungen, wobei die Belastungsdauer der Wettkampfdauer entsprechen, aber auch kürzer oder länger sein kann.
Belastungsintensität: 95 bis 105% der Wettkampfleistung.
Belastungsumfang und -dauer: Wettkampfdauer, allenfalls kürzer (underdistance) oder länger (overdistance).

BEWEGLICHKEIT

# Erscheinungsformen der Beweglichkeit

Beweglichkeit ist die Fähigkeit, Bewegungen willkürlich mit der optimalen Schwingungsweite der beteiligten Gelenke auszuführen.

Die Beweglichkeit ist (insbesondere auch im Seniorenalter) ein wichtiges Element der Lebensqualität und eine elementare Bedingung für qualitativ und quantitativ optimale Bewegungsausführungen. «Bei optimaler Beweglichkeit können Bewegungen mit grosser Amplitude leichter, schneller, fliessender und ausdrucksvoller realisiert werden» (Weineck 2000, S. 488).

Eine optimale Beweglichkeit ist in vielen Sportarten sehr wichtig:
– für bestimmte Techniken wie Hürdenlaufen oder Delphinschwimmen;
– für viele Elemente im Kunstturnen, in der Sportgymnastik und in anderen Sportarten;
– für die ökonomische Ausführung schneller Bewegungen;
– für die Erhöhung der Belastungstoleranz und für die Verletzungsprophylaxe.

**Beweglichkeit Gelenkigkeit**

Die Beweglichkeit wird durch die Struktur der Gelenke sowie die Länge und Dehnungstoleranz von Sehnen, Bändern und Muskeln bestimmt. Die Gelenkstruktur limitiert den anatomischen Aktionsradius. Wie weit dieser ausgenutzt werden kann, ist von der Elastizität der Sehnen, Bänder und Muskeln abhängig.

In Bezug auf die Beweglichkeit bestehen grosse individuelle, vor allem durch die Gene bedingte Unterschiede.

Die Grundspannung (Tonus) und die Dehnungstoleranz der Muskeln werden auch durch emotionale Faktoren beeinflusst.

**Allgemeine Beweglichkeit**

Wir sprechen von einer guten allgemeinen Beweglichkeit, wenn in allen Gelenken ein optimales Mass an Mobilität besteht.

**Spezifische Beweglichkeit**

Die spezifische Beweglichkeit ist die disziplinspezifische Mobilität in bestimmten Gelenken (Hüftgelenke bei Hürdenläufern, Schultergelenke bei Schwimmern, spezielle Beweglichkeit für das Kunstturnen und die Sportgymnastik).

**Aktive Beweglichkeit**

Die aktive Beweglichkeit ist die Gelenkmobilität, die durch die eigene Muskelkraft erreicht wird.

**Passive Beweglichkeit**

Die passive Beweglichkeit ist die Gelenkmobilität, die durch die Wirkung äusserer Kräfte ermöglicht wird (durch die Schwerkraft, die Einwirkung eines Partners oder durch Nachhelfen mit den Händen).

Die passive Beweglichkeit ermöglicht immer grössere Amplituden als die aktive Beweglichkeit. Die Differenz entspricht der Bewegungsreserve. Je grösser diese ist, desto leichter kann die aktive Beweglichkeit durch Kräftigung verbessert werden.

**Hypermobilität**

Hypermobilität ist die extreme, übermässig ausgeprägte Beweglichkeit, die oft mit einem Mangel an Gelenkstabilität verbunden ist.

Die Beweglichkeit wird durch verschiedene Faktoren beeinflusst.

**Alter:** Die Beweglichkeit ist im Alter von sieben bis elf Jahren am grössten.
Sie lässt sich durch regelmässiges Beweglichkeitstraining lange Zeit weitgehend erhalten.

Der altersbedingte Verlust an Beweglichkeit beruht auf einer Abnahme der elastischen Fasern in den Bändern, Sehnen und Faszien.

**Geschlecht:** Frauen sind beweglicher als Männer. Diese Überlegenheit ist anatomisch und hormonell bedingt. Unter dem Einfluss von Östrogen weisen Frauen eine geringere Gewebedichte und einen etwas schwächeren Muskeltonus auf.

**Körpertemperatur:** Durch sorgfältiges Aufwärmen wird die Viskosität der Muskulatur reduziert und der Widerstand gegen das Dehnen herabgesetzt.

**Kraft:** Die Beweglichkeit wird durch die Kraft nicht negativ beeinflusst. Im Gegenteil: Um einen möglichst grossen Teil der Bewegungsreserve aktiv auszuschöpfen, braucht es genügend Kraft (aktive Beweglichkeit).

**Ermüdung:** Ermüdete Muskeln tolerieren weniger Dehungsspannung als erholte Muskeln, und sie sind deshalb auch anfälliger für Verletzungen.

**Tageszeit:** Die Beweglichkeit ist in der Regel mittags und abends etwas grösser als am Morgen.

# Disbalance: funktionelle Anpassung oder Fehlentwicklung?

Der aktive Bewegungsapparat setzt sich aus Muskeln mit unterschiedlichen Funktionen und Eigenschaften zusammen. Gelenknahe, kurze eingelenkige Muskeln haben in erster Linie statische Aufgaben. Sie sind vorwiegend für die Stabilität der Wirbelsäule und der Gelenke zuständig. Andere Muskeln erfüllen vor allem dynamische Aufgaben, sie sind in der Regel länger und spindelförmig und oft mehrgelenkig. Sie dienen eher der Zielmotorik als der Stützmotorik. Die Muskeln weisen entsprechend ihrer Funktionen spezielle Eigenschaften auf und verhalten sich im Alltag und im Sport unterschiedlich.

### Neuromuskuläre Disbalancen

Bei Fehlbelastungen oder allzu einseitiger Beanspruchung neigen bestimmte Muskeln zu einem erhöhten Tonus und allenfalls zu Verkürzungen. Bei mangelnder Beanspruchung tendieren alle Muskeln zur Abschwächung.
Bei chronischer Fehlbelastung können neuromuskuläre Disbalancen entstehen. Solche führen häufig zu einer unphysiologischen Belastung von passiven Strukturen und mit der Zeit zu strukturellen Veränderungen mit Beschwerden an den Gelenken und der Wirbelsäule.
Wir können neuromuskulären Disbalancen vorbeugen, indem wir ausgeglichen und vielseitig trainieren, Fehlbelastungen vermeiden, die Gelenke täglich mobilisieren und die Muskulatur systematisch kräftigen, entspannen, lockern und dehnen. Dehnen allein reicht zur Prävention und Therapie von neuromuskulären Disbalancen nicht aus.

**Funktionelle Anpassungen**

Bei spezieller und einseitiger Beanspruchung im Sport kommt es zu funktionellen Anpassungen: Eishockeyspieler haben oft eine verkürzte Hüft-Beugemuskulatur, Radfahrer weisen häufig ein Ungleichgewicht zwischen hinterer und vorderer Oberschenkelmuskulatur auf, Tennisspieler haben meistens eine besonders stark entwickelte Muskulatur und eine erhöhte Knochendichte auf der Seite des Schlagarms. Bei solchen Verhältnissen sprechen wir von funktionellen Anpassungen. Sie können für Leistungssportler von Vorteil sein. Für die Alltagsmotorik aber sind sie problematisch.

Gesundheits- und Freizeitsportler sollten einseitige Belastungen vermeiden und Leistungssportler durch regelmässiges systematisches Ergänzungstraining für einen Ausgleich sorgen.

# Methodische Aspekte des Beweglichkeitstrainings

Aufgrund der praktischen Erfahrungen lassen sich folgende Thesen und Grundsätze für die Erhaltung der Beweglichkeit formulieren:
— Mobilisieren, Spannen und Entspannen, Dehnen und Lockern sind wichtige funktionserhaltende Massnahmen. Sie fördern das Körpergefühl und das Wohlbefinden, dienen der Regulierung des Muskeltonus und gehören zur täglichen Pflege der Gelenke und des neuromuskulären Systems.
— Stretching kann das dynamische Aufwärmen (Einlaufen, Einfahren, Einschwimmen) als vorbereitende Massnahme im Sport und das Auslaufen ergänzen; es kann aber weder das eine noch das andere ersetzen.
— Das statische Dehnen kann wie das dynamische zur Erhöhung der Dehnungstoleranz der Muskulatur und zur Optimierung der Beweglichkeit beitragen.
— Unkontrolliertes, übermässiges Wippen kann zu Schäden am Bewegungsapparat führen und ist zu vermeiden.
— Ob Stretching eine wirksame Massnahme zur Verletzungsprophylaxe ist, bleibt umstritten. Sicher ist, dass nach ungewohnter exzentrischer Beanspruchung eines Muskels der Schaden (Muskelkater) durch Dehnen nicht rückgängig gemacht werden kann.
— Unmittelbar nach intensiver körperlicher Tätigkeit sollte mobilisiert, entspannt, gelockert und ausgelaufen, aber nicht statisch gedehnt werden.
— Für die Verbesserung der aktiven Beweglichkeit reicht das Dehnen alleine nicht: Die Muskeln müssen gekräftigt und gedehnt werden.
— Das Training der Beweglichkeit sollte immer mit einem Krafttraining zur Erhaltung einer möglichst grossen Gelenkstabilität kombiniert werden.
— Ob statisch oder dynamisch, passiv oder aktiv gedehnt werden soll, ist eine Frage der individuellen Vorlieben und Bedürfnisse in der gegebenen Situation.

Dehnen kann den Bewegungsumfang vergrössern und die Beweglichkeit verbessern, weil die Muskeln nach dem Dehnen kurzfristig mehr Dehnungsspannung tolerieren.
Der Dehnungsreflex ist kein Schutzreflex. Er steht im Dienste der Tonusregulation und eignet sich nicht für die Begründung der Stretchingregeln.

Die Erfahrung zeigt, dass ein Muskel nach statischem Dehnen für einige Zeit weniger kontraktionsbereit ist und weniger Explosivkraft erzeugen kann. Um die Kontraktionsbereitschaft und die Stiffness eines Muskels zu erhöhen, empfiehlt es sich, die Muskeln vor der sportlichen Aktivität nicht statisch zu dehnen, sondern durch dynamische Aktivität und intensives Spannen zu tonisieren.

Verkürzungen haben häufig emotionale Ursachen. Das bedeutet, dass «muskuläre Disbalancen» nicht nur strukturelle (muskuläre), sondern vor allem funktionelle, eben neuromuskuläre Phänomene sind. Es ist deshalb wichtig, dass wir uns beim Dehnen bewusst entspannen.

Über die Wirkungen der verschiedenen Dehnmethoden kann man geteilter Meinung sein. Es ist nicht erwiesen, dass statisches Dehnen (Stretching) mehr bringt als dynamisches Dehnen.

# Methoden im Beweglichkeitstraining

In der Praxis des Sports und in der Physiotherapie haben sich verschiedene Muskeldehntechniken etabliert. Während in den Siebziger- und Achtzigerjahren des 20. Jahrhunderts vor allem das statische Dehnen empfohlen wurde, liegt heute (im Sport) das dynamische Dehnen wieder im Trend.

### Dynamisches Dehnen

Wir können dynamisch langsam, aktiv und kontrolliert dehnen oder Schwunggymnastik machen. **Schwunggymnastik**

Bei einer intensiven Schwunggymnastik mit unkontrollierten Dehnungen bis an den Anschlag der Gelenke besteht ein gewisses Verletzungsrisiko. Zudem ist der Dehnreiz bei schneller dynamischer Ausführung sehr kurz.

Das dynamisch langsame, aktive, bewusst kontrollierte Dehnen hat sich im Sport bewährt. Wir wenden es im Rahmen des Einlaufens und Aufwärmens und in der unmittelbaren Vorbereitung auf intensive Belastungen genauso an wie beim Auslaufen und Regenerieren.

### Statisches Dehnen (Stretching)

Das statische Dehnen kann «passiv» oder «aktiv» erfolgen. Dabei ist zu beachten, dass ein Muskel sich nicht selber dehnen kann. Eine Dehnung kommt immer durch die Zugkraft der Antagonisten oder durch Einwirkung von aussen zustande.

Wir sprechen von «aktivem Dehnen», wenn ein bestimmter Muskel durch die Kontraktion seiner Antagonisten in die Dehnstellung gebracht wird. **Aktiv-statisches Dehnen**

Wir sprechen von «passivem Dehnen», wenn Muskeln oder Muskelketten durch äussere Kräfte (Partner oder Gravitation) oder durch Muskeln, welche nicht zu den eigentlichen Antagonisten gehören, gedehnt werden. **Passiv-statisches Dehnen**

**Anspannungs-Entspannungs-Dehnen**

Wir sprechen von Anspannungs-Entspannungs-Dehnen, wenn ein Muskel in der Dehnstellung während drei bis sieben Sekunden isometrisch angespannt und dann nach einer kurzen Entspannungsphase während etwa zehn Sekunden passiv-statisch gedehnt wird. In der nach dieser Zeit erreichten Dehnstellung wird der Vorgang wiederholt: Isometrisch spannen – entspannen – dehnen – isometrisch spannen – entspannen – dehnen und so weiter (2- bis 5-mal). Mit jeder Wiederholung nimmt der Widerstand des Muskels gegen die Dehnung ab.

**Abbildung 84**
**Methoden des Dehnens.**

Durch Dehnen wird die Dehnungstoleranz erhöht. Die Länge der Muskeln und Sehnen hingegen wird in der Regel nicht verändert.
Die statischen Formen des Dehnens werden vor allem in der Physiotherapie und im Rahmen des speziellen Beweglichkeitstrainings angewendet.

## Tipps für das Dehnen

Aufgrund muskelphysiologischer Erkenntnisse lassen sich einige Tipps für das Beweglichkeitstraining formulieren.

Durch eine systematische Anwendung von statischen und dynamischen Dehnübungen, verbunden mit Krafttraining, wird die Beweglichkeit verbessert und die Gelenkstabilität bleibt erhalten.

**Beweglichkeitstraining**

– Vor dem Dehnen aufwärmen und sich bewusst entspannen.
– Die Dehnposition langsam einnehmen und sich dann mit subtil dosierten, federnden Bewegungen der maximalen Dehnstellung annähern.
– Die Intensität langsam steigern und die Schmerzgrenze respektieren.
– Agonisten und Antagonisten im Wechsel dehnen.
– Dehnen mit Kräftigen verbinden.
– Ein Gespür für den optimalen Dehnreiz und für die korrekte Dehntechnik entwickeln.
– Im ermüdeten Zustand auf intensives Dehnen verzichten.

Auch im Rahmen normaler sportlicher Aktivitäten sollten wir dem Dehnen genügend Raum geben.

Das Dehnen soll das Aufwärmen und Mobilisieren in der unmittelbaren Trainings-, Spiel- und Wettkampfvorbereitung ergänzen, aber nicht ersetzen.
Das Aufwärmen wird nicht durch Dehnungsübungen, sondern durch Tonisieren abgeschlossen.
So wirds gemacht: Sorgfältig einlaufen und die Gelenke im vollen Umfang mobilisieren, damit sie ausreichend mit Synovialflüssigkeit versorgt werden, aktiv-dynamisch dehnen (leicht und kontrolliert wippen), die Muskeln tonisieren (spannen und disziplinspezifisch aktivieren).

**Vor der Belastung im Sport**

Die Regeneration wird durch aktives «Auslaufen» eingeleitet, das durch Dehnungsübungen ergänzt wird.
So wirds gemacht: Auslaufen und dann intermittierend dehnen; langsam in die Dehnstellung gehen, zwei bis vier Sekunden dehnen und wieder langsam in die Ausgangsstellung zurückgehen; 3- bis 8-mal wiederholen und dabei die Dehnstellungen den Bedürfnissen entsprechend variieren.
Danach die Gelenke mobilisieren, so dass sie zu Beginn der Regenerationsphase nochmals optimal mit Synovialflüssigkeit versorgt werden.

**Nach der Belastung im Sport**

# Dehnübungen zur Optimierung der Beweglichkeit

Die folgenden Übungen eignen sich für die Erhaltung der Beweglichkeit im Alltag und im Sport. Sie können statisch oder dynamisch ausgeführt werden. Vor Belastungen im Sport empfiehlt es sich, die Übungen dynamisch, das heisst leicht wippend, auszuführen.

Dehnen der Wadenmuskulatur (M. triceps surae). Die Ferse des hinteren Fusses wird auf den Boden gedrückt.
Die Übung sollte mit gestrecktem und mit gebeugtem Kniegelenk ausgeführt werden. Bei gestrecktem Kniegelenk (des hinteren Beins) werden die beiden langen Köpfe des dreiköpfigen Wadenmuskels (M. gastrognemius) gedehnt, bei gebeugtem Kniegelenk wird der kurze Kopf (M. soleus) gedehnt.

Dehnen des geraden Oberschenkelmuskels (M. recutus femoris). Die Übung kann im Liegen, im Sitzen und im Stehen ausgeführt werden. Die Dehnung sollte vor allem durch die Streckung des Hüftgelenks (und nicht in erster Linie über die Beugung des Kniegelenks) erfolgen.

Dehnen des Hüft-Lendenmuskels (M. illiopsoas). In der Kniebeugestellung wird das Hüftgelenk nach vorne geschoben und der Oberkörper aktiv aufgerichtet.

Dehnung der hinteren Oberschenkelmuskulatur (ischiocrurale Muskulatur, Hamstrings). Aus dem Stand mit vorgebeugtem Oberkörper, leicht überstreckter Lendenwirbelsäule (Hohlkreuzhaltung) und gebeugten Kniegelenken werden die Beine aktiv gestreckt. Dabei stützt man sich mit den Händen auf einem Objekt ab.

Dehnung der inneren Oberschenkelmuskulatur (Adduktorengruppe). Aus dem Stand mit vorgebeugtem Oberkörper, leicht überstreckter Lendenwirbelsäule (Hohlkreuzhaltung) und gebeugten Kniegelenken werden die Beine aktiv gestreckt. Dann wird das Becken langsam nach links und rechts verschoben. Dabei stützt man sich mit den Händen auf einem Objekt ab.

Dehnen der mittleren und kleinen Gesässmuskeln (Abduktorengruppe). In der Rückenlage wird der Unterschenkel des einen Beins auf den Oberschenkel des anderen Beins gelegt. Dann wird das Knie des unteren Beins mit den Händen leicht gegen die Brust gezogen.

Dehnen der seitlichen Rumpfmuskulatur. Aus dem Stand mit überkreuzten Beinen und den in der Hochhalte verschränkten Händen wird der Rumpf seitwärts gebeugt.

Dehnen des grossen Brustmuskels (M. pectoralis major). Eine Hand wird bei rechtwinklig gebeugtem Ellbogen gegen die Hand eines Partners oder an einer Wand abgestützt. Dann wird durch eine Drehbewegung des Rumpfes der grosse Brustmuskel gedehnt.

# Beweglichkeitstest für die Schule

Die folgenden sechs Übungen eignen sich für die Beurteilung der Beweglichkeit.

Stand auf flacher Unterlage, die Arme sind gestreckt in der Vorhalte. Das Becken bis zur tiefen Kniebeuge senken.
Wenn die Fersen abgehoben werden müssen, bevor die Endstellung erreicht ist, deutet dies auf eine Verkürzung der kurzen Wadenmuskeln (M. soleus) hin.

Stand auf einem Kasten oder Tisch. Den Rumpf bei vollständig gestreckten Kniegelenken langsam vorwärts beugen.
Die Beugehaltung ohne Wippen zwei Sekunden halten. Gemessen wird die Entfernung der Fingerspitzen zur Standfläche. Der Messwert ist 0, wenn die Fingerspitzen die Standfläche erreichen. Er wird in + cm angegeben, wenn die Fingerspitzen über die Standfläche hinunter geführt werden, in – cm, wenn die Fingerspitzen die Standfläche nicht erreichen. Wenn die Fingerspitzen die Standfläche erreichen, ist die Beweglichkeit des Rumpfes optimal.
Wenn die Fingerspitzen die Standfläche nicht erreichen, sind die Beweglichkeit des Rumpfes und/oder die Dehnungstoleranz der hinteren Oberschenkelmuskulatur ungenügend.

Rückenlage. Die Testende fixiert ein Bein auf der Unterlage und führt das andere gestreckte Bein nach oben.
Wenn im Hüftgelenk ohne Spannungsschmerz in der hinteren Oberschenkelmuskulatur ein Winkel von 90° erreicht wird, besteht eine gute Dehnungstoleranz der hinteren Oberschenkelmuskulatur.
Wird nur ein Winkel von 80 bis 90° erreicht, besteht eine leichte Verkürzung.
Wird nur ein Winkel von 60 bis 80° erreicht, besteht eine starke Verkürzung und/oder eine eingeschränkte Gelenkigkeit im Hüftgelenk.

Beweglichkeit 219

Seitenlage. Die Verbindungslinie zwischen den beiden Hüftgelenken steht senkrecht zur Unterlage. Die Testende fixiert das Becken und hebt das obere gestreckte Bein seitwärts hoch (Abduktion).
Wenn ein Winkel von 60° erreicht wird, besteht eine optimale Dehnungstoleranz der Adduktorengruppe.
Wird nur ein Winkel von 40 bis 60° erreicht, besteht eine leichte Verkürzung.
Wird nur ein Winkel von < 40° erreicht, besteht eine starke Verkürzung und/oder eine eingeschränkte Gelenkigkeit im Hüftgelenk.

Rückenlage auf einem Tisch, so dass die Gesässfalte auf der Höhe der Tischkante liegt. Ein Knie wird gegen den Brustkorb gezogen und mit beiden Händen fixiert. Die Testende kontrolliert, ob die Lendenwirbelsäule auf der Unterlage aufliegt.
Wenn der freie Oberschenkel ohne Spannungsschmerz in die Verlängerung der Unterlage gebracht werden kann und die Lendenwirbelsäule dabei gestreckt auf der Liegefläche aufliegt, besteht eine optimale Dehnungstoleranz des Hüft-Lenden-Muskels (M. illiopsoas).
Wenn der Oberschenkel nicht in die Verlängerung der Liegefläche gebracht werden kann, ohne dass in eine Hohlkreuzhaltung ausgewichen wird, ist dieser Muskel verkürzt.

Sitz auf einem Tisch oder Kasten. Der Oberkörper wird nach vorne gebeugt.
Wenn die Stirn die Kniescheiben erreicht, besteht eine genügende Flexionstoleranz der Wirbelsäule.
Wenn der Abstand zwischen der Stirn und den Kniescheiben 5 bis 10 cm beträgt, besteht eine leichte Verkürzung der Rückenstreckmuskulatur (Mm. erector spinae).
Wenn der Abstand mehr als 10 cm beträgt, besteht eine starke Verkürzung dieser Muskeln oder eine ungenügende Flexionstoleranz.

AUFWÄRMEN

# Aufwärmen: Bestandteil jeder sportlichen Tätigkeit

Das Aufwärmen umfasst alle Massnahmen zur unmittelbaren Vorbereitung auf sportliche Tätigkeiten. Wir wollen damit optimale psycho-physische und koordinativ-kinästhetische Bedingungen schaffen und Verletzungen vorbeugen.

Aufwärmen ist besonders notwendig, wenn koordinativ anspruchsvolle Tätigkeiten bevorstehen, bei denen ein erhöhtes Unfall- und Verletzungsrisiko besteht.

| | |
|---|---|
| **Einflüsse auf das neuromuskuläre System** | Aufgewärmte Muskeln sind dehnbarer und belastbarer, sie werden besser mit Sauerstoff versorgt und können ökonomischer arbeiten. Sie bauen Laktat schneller ab und werden auch mit andern «Abfällen» aus dem Stoffwechsel leichter fertig.<br>In aufgewärmten Muskeln sind die Sensoren für die Tonuskontrolle empfindlicher. Sie übermitteln dem ZNS präzisere Informationen.<br>Durch Aufwärmen und Tonisieren werden die sensomotorischen Regelsysteme aktiviert, die Reflex- und Kontraktionsbereitschaft gesteigert und die intermuskuläre und intramuskuläre Koordination gefördert. |
| **Einflüsse auf das Atmungssystem und das Herz-Kreislauf-System** | Aufwärmen regt die Atmung und die Herzaktivität an. Es erhöht die Pulsfrequenz und den Blutdruck und verbessert die Durchblutung der Muskulatur, wobei die Durchblutung der inneren Organe reduziert wird. |
| **Einflüsse auf das Nervensystem** | Durch Aufwärmen werden wir wach und aufmerksam.<br>Nach dem Aufwärmen können wir Informationen rascher und präziser aufnehmen, verarbeiten und umsetzen; wir können rascher antizipieren, besser reagieren und schneller agieren, leichter lernen und uns subtiler an unterschiedliche Bedingungen anpassen. |
| **Einflüsse auf das vegetative Nervensystem und die Hormone** | Beim Aufwärmen wird der Organismus vom Zustand der relativen Ruhe auf Leistung umgestellt. Dadurch werden die Leistungs- und die Handlungsbereitschaft verbessert. |
| **Einflüsse auf die passiven Strukturen** | Durch das Aufwärmen werden die Gelenke geschmiert und auf die mechanische Belastung vorbereitet. Die Reibung zwischen den Gelenkflächen wird reduziert, und die Ernährungssituation des Gelenkknorpels wird verbessert.<br>Aufwärmen erhöht die Elastizität der Bindegewebsstrukturen und reduziert das Verletzungsrisiko.<br>Aufwärmen dient der Prävention von Schäden im Bereich der Wirbelsäule und der Gelenke. |
| **Unfall und Verletzungsprophylaxe** | Wer aufgewärmt ist, kann in kritischen Situationen richtig reagieren und dadurch Unfälle und Verletzungen vermeiden. |

# Methodische Aspekte des Aufwärmens

## Allgemeines Aufwärmen

| Grundsatz | Umsetzung |
|---|---|
| Den ganzen Körper einbeziehen. | – Gehen und Laufen vorwärts, seitwärts, rückwärts;<br>– Laufen mit Armkreisen, mit Knieheben, mit Anfersen und mit Kreuzschritten;<br>– leichte gymnastische Übungen. |
| Die Intensität langsam und kontinuierlich steigern. | – vom Gehen übers Laufen zu Laufsprüngen und zu intensiven Formen der Gymnastik. Die Übungen so oft wiederholen, bis wir leicht schwitzen. |
| Die Gelenke im vollen Umfang mobilisieren, so dass sie durch die Gelenkflüssigkeit geschmiert werden. | – Armschwingen und -kreisen im Schultergelenk;<br>– Ellbogen beugen und strecken, Unterarme einwärts und auswärts drehen, Handgelenke beugen, strecken, rotieren;<br>– Hüftgelenke beugen, strecken, rotieren, Kniegelenke beugen, strecken, «kreisen», Fussgelenke beugen, strecken, einwärts und auswärts kreisen;<br>– Wirbelsäule in allen (physiologischen) Richtungen mobilisieren, die Mobilisierungsübungen durch Laufen und Hüpfen unterbrechen und ergänzen. |
| Spannen, entspannen, lockern und aktiv-dynamisch dehnen. | – spannen, entspannen und lockern im Wechsel;<br>– aktiv-dynamisch dehnen: langsam, behutsam beginnen und dann den Dehnungsreiz steigern. Alle Muskelgruppen einbeziehen. |
| Durch Koordinationsübungen das Körperbild aktualisieren. | – kleine Kombinations- und Geschicklichkeitsübungen ausführen. |

## Spezielles Aufwärmen

| | |
|---|---|
| Einzelne Muskelgruppen durch Dehn- und Lockerungsübungen speziell ansprechen. | Die Muskelgruppen besonders berücksichtigen, welche in der entsprechenden Sportart eine wichtige Funktion erfüllen oder besonders exponiert sind (Verletzungsprophylaxe). |
| Einzelne Gelenksysteme speziell vorbereiten. | Die Gelenke, welche bei der entsprechenden Sportart besonderen Belastungen ausgesetzt sind, besonders mobilisieren und «schmieren». |
| Die leistungsbestimmenden Muskeln tonisieren. | Durch isometrische sowie dynamisch-konzentrische und dynamisch-exzentrische Muskelkontraktionen die Reflex- und Kontraktionsbereitschaft der Muskeln erhöhen. Reaktive Lauf-, Sprung- und Hüpf-, Schlag- und Wurfformen. |
| Disziplinspezifische Reaktions- und Koordinationsübungen durchführen und sportartspezifische Bewegungsmuster aktualisieren. | Beispiel Fussball: Ballannahmen und Zuspiele, Dribbling, Finten, Antritte, Stop and Go, Freilaufen und Verfolgen, Rollen vorwärts und rückwärts (Stürze mit Abrollen), mehr oder weniger sanfte Körperkontakte… wie im Spiel! |

In den Spielsportarten kann der Teamgeist durch gemeinsam eingeübte, ritualisierte Formen des Aufwärmens gefördert werden.

# REGENERATIVE MASSNAHMEN

# Regeneration:
# ebenso wichtig wie die Belastung

Während der Regenerationsphase passt sich der Organismus den erhöhten Ansprüchen an. Damit es zu den gewünschten Anpassungen kommt, müssen die Regenerationsprozesse durch aktive und passive Massnahmen unterstützt werden.

# Auslaufen:
# aktive Einleitung der Regeneration

Durch eine aktive Gestaltung der Pausen und dynamische Formen des Abwärmens (Auslaufens) wird die Blutzirkulation aufrechterhalten. Der Rückfluss des Blutes aus den unteren Extremitäten zum Herzen wird durch den kontinuierlichen Wechsel von Spannung und Entspannung in der Beinmuskulatur (Muskelpumpe) unterstützt.
Der Stoffwechsel bleibt aktiv, so dass das Laktat von den Muskelfasern aufgenommen, verwertet und eliminiert wird.
Auslaufen ist deshalb die beste Massnahme zur Einleitung der Regeneration.

# Methodische Grundsätze
# zur Optimierung der Regeneration

Zu den regenerativen Massnahmen gehören:

| | |
|---|---|
| **Unmittelbar nach der Belastung** | Trinken: Ersatz des belastungsbedingten Flüssigkeitsverlustes durch einen «Regenerationsdrink». <br> Cool down: auslaufen, ausfahren, ausschwimmen, leichte Gymnastik. <br> Mobilisieren und entspannen, lockern und dehnen: allfällige «Kontraktionsrückstände» beseitigen! <br> Duschen. |
| **Nach dem Duschen** | Trinken. <br> Nährstoffe zuführen: Bau- und Betriebsstoffe, Vitamine und Elektrolyte. <br> Auf Alkohol und Nikotin verzichten. <br> Stress meiden. <br> Psychoregulative Massnahmen wie meditatives Bewegen, autogenes Training, Yoga, Qigong, T'ai Chi und Feldenkrais-Gymnastik anwenden. |
| **Nachts** | Genügend schlafen. |

Die Regenerationsprozesse nochmals aktivieren: sich locker und moderat bewegen (Gymnastik, Laufen, Schwimmen, Rad fahren, Wassergymnastik, Aerobic oder Step Aerobic). Allenfalls massieren (Teil- oder Ganzkörpermassage, Unterwasserstrahlmassage). Allenfalls ein Dampfbad oder die Sauna besuchen.

**Am nächstfolgenden Tag**

Die Vernachlässigung der Regeneration führt häufig zu einer Leistungsstagnation oder gar zum berüchtigten Zustand des Übertrainings.

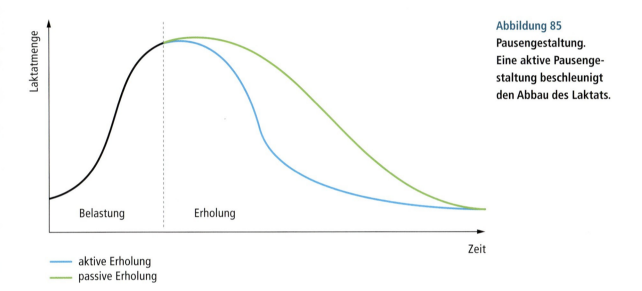

**Abbildung 85**
**Pausengestaltung.**
Eine aktive Pausengestaltung beschleunigt den Abbau des Laktats.

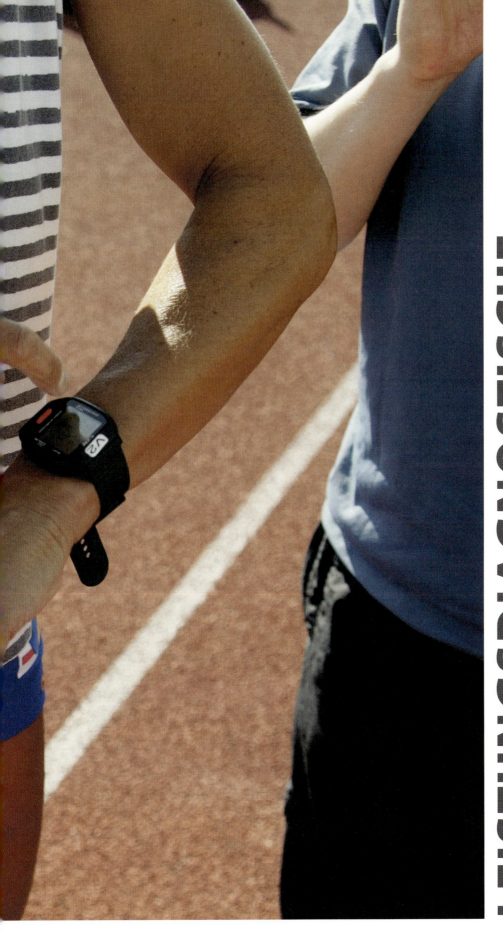

# LEISTUNGSDIAGNOSTISCHE VERFAHREN

# Ziele der Leistungsdiagnostik

**Leistungsdiagnostische Tests**

Leistungsdiagnostische Tests sind empirische Verfahren zur Beurteilung der Leistungsfähigkeit. Das Ziel jedes Tests ist eine quantitative Aussage.
Jeder Test sollte unter standardisierten Bedingungen ablaufen und den wissenschaftlichen Kriterien (Haupt- und Nebengütekriterien) genügen.
In der Regel werden konkrete sportliche Bewegungstätigkeiten als Indikatoren für ein empirisch abgrenzbares Merkmal oder mehrere empirisch abgrenzbare Merkmale der sportbezogenen Leistungsfähigkeit untersucht.

**Ziele**

Mit leistungsdiagnostischen Verfahren können wir
– den Leistungsstand und die Leistungsentwicklung erfassen und darstellen;
– die (individuell unterschiedlichen) Reaktionen auf Belastungsreize erkennen;
– Informationen für die Trainings- und Wettkampfsteuerung und für eine Leistungsprognose gewinnen;
– die Athletinnen und Athleten motivieren und im Hinblick auf einen Wettkampf Zuversicht vermitteln;
– für die Athletinnen und Athleten die Leistungsentwicklung und die Trainingseffekte erkennbar machen;
– Grundlagen für wissenschaftliche Untersuchungen gewinnen und Informationen für eine allfällige Selektion erhalten.

**Gütekriterien**

Die Testverfahren müssen eine Reihe von Kriterien erfüllen.
Hauptgütekriterien (Objektivität, Zuverlässigkeit und Validität): Testverfahren sollten objektiv und zuverlässig sein. Probanden, welche im Test die besten Resultate erzielen, sollten auch zu den Besten im Wettkampf gehören.
Nebengütekriterien: Testverfahren sollten einfach sein und ohne grossen finanziellen Aufwand und allzu starke Belastung der Probanden durchgeführt werden können. Die Resultate sollten sportartspezifische Aussagen, Leistungsprognosen und Trainingsempfehlungen ermöglichen.

**Relevanz von Messdaten**

Sportliche Leistungen kommen durch das Zusammenspiel von physischen und psychischen Faktoren zustande. Mit leistungsphysiologischen Testverfahren können wir die in Wechselwirkung stehenden Komponenten nur zu einem geringen Teil erfassen. Die Befunde müssen deshalb mit Vorsicht und unter Berücksichtigung möglichst vieler zusätzlicher Informationen interpretiert werden.

**Gesundheitliche Risiken**

Bei den im Folgenden vorgestellten Tests wird von den Testpersonen eine relativ grosse Leistung gefordert.
Um gesundheitliche Risiken auszuschliessen, sollten allfällig vorhandene Risikofaktoren sorgfältig abgeklärt werden. Personen mit einem erhöhten Risiko für Herz-Kreislauf-Vorfälle dürfen nicht ohne ärztliche Betreuung getestet werden.

**Laktatmessungen**

Für die Bestimmung von Blutlaktatwerten sind Blutentnahmen erforderlich. Diese dürfen ausschliesslich von geschultem Fachpersonal gemacht werden.
Blutentnahmen dürfen bei Kindern und minderjährigen Jugendlichen niemals ohne ausdrückliche Zustimmung der Eltern vorgenommen werden.

# 12-Minuten-Lauftest von COOPER

Anhand der in 12 Minuten maximal erreichten Laufdistanz kann eine Klassifizierung der Laufleistung erfolgen.

Im Idealfall werden anhand der Mittelwerte und der Standardabweichungen innerhalb bestimmter Gruppen von Testpersonen spezielle Wertungstabellen (Perzentilentabellen) erstellt. Andernfalls ermöglichen die folgenden Tabellen eine einigermassen befriedigende Beurteilung der Laufleistungen.

**Prinzip**

| Knaben | | | | | | | | | | |
|---|---|---|---|---|---|---|---|---|---|---|
| Alter | 7 | 8 | 9 | 10 | 11 | 12 | 13 | 14 | 15 | 16 |
| ausgezeichnet | 2600 | 2650 | 2700 | 2750 | 2800 | 2850 | 2900 | 2950 | 3000 | 3050 |
| sehr gut | 2400 | 2450 | 2500 | 2550 | 2600 | 2650 | 2700 | 2750 | 2800 | 2850 |
| gut | 2000 | 2050 | 2100 | 2150 | 2200 | 2250 | 2300 | 2350 | 2400 | 2450 |
| befriedigend | 1600 | 1650 | 1700 | 1750 | 1800 | 1850 | 1900 | 1950 | 2000 | 2050 |
| mangelhaft | 1000 | 1050 | 1100 | 1150 | 1200 | 1250 | 1300 | 1350 | 1400 | 1450 |

**Tabelle 21**
12-Minuten-Lauftest: Leistungsbewertung für Kinder und Jugendliche (Knaben), für Mädchen gelten jeweils 200 m weniger.

| Männer | bis 30 Jahre | 30 bis 39 Jahre | 40 bis 49 Jahre | 50 Jahre |
|---|---|---|---|---|
| sehr gut | 2800 m | 2650 m | 2500 m | 2400 m |
| gut | 2400 m | 2250 m | 2100 m | 2000 m |
| befriedigend | 2000 m | 1850 m | 1650 m | 1600 m |
| mangelhaft | 1600 m | 1550 m | 1350 m | 1300 m |
| ungenügend | <1600 m | <1550 m | <1350 m | <1300 m |

**Tabelle 22**
12-Minuten-Lauftest: Leistungsbewertung für Erwachsene (nicht für Leistungssportler).

| Frauen | bis 30 Jahre | 30 bis 39 Jahre | 40 bis 49 Jahre | 50 Jahre |
|---|---|---|---|---|
| sehr gut | 2600 m | 2500 m | 2300 m | 2150 m |
| gut | 2150 m | 2000 m | 1850 m | 1650 m |
| befriedigend | 1850 m | 1650 m | 1500 m | 1350 m |
| mangelhaft | 1550 m | 1350 m | 1200 m | 1050 m |
| ungenügend | <1550 m | <1350 m | <1200 m | <1050 m |

## 12-Minuten-Lauftest: Vergleichswerte

Aufgrund der im 12-Minuten-Lauftest zurückgelegten Strecke lassen sich einige Vergleichswerte abschätzen.

Die durchschnittliche Laufgeschwindigkeit lässt sich beim 12-Minuten-Lauftest nach der folgenden Formel berechnen: V in km/h = 5 × Laufdistanz in km.
**Beispiel:** Wer im 12-Minuten-Lauftest 3 km zurücklegt, läuft mit einer durchschnittlichen Geschwindigkeit von v = 5 × 3 km/h = 15 km/h.

**Laufgeschwindigkeit**

**Vergleich mit anaerober Schwelle**

Untrainierte laufen im 12-Minuten-Lauftest ziemlich genau an der anaeroben Schwelle.
Trainierte laufen im 12-Minuten-Lauftest oberhalb der anaeroben Schwelle (etwa 1 km/h schneller als an der individuellen anaeroben Schwelle).
Faustformel zur Berechnung der ungefähren Laufleistung an der anaeroben Schwelle in km/h = Distanz (m im 12-Minuten-Lauftest)/200.

**$VO_2$max**

Die $VO_2$max lässt sich annäherungsweise wie folgt abschätzen:
$VO_2$max ~ v (km/h im 12-Minuten-Lauftest) × 4;
oder $VO_2$ max ~ 0,02 × Distanz (Meter im 12-Minuten-Lauftest) − 5,4.

Aufgrund von Vergleichsuntersuchungen zwischen den Ergebnissen im 12-Minuten-Lauftest und solchen aus Labortests konnten den Laufleistungen entsprechende $VO_2$max-Werte zugeordnet werden:

**Tabelle 23**
**Vergleichswerte für 12-Minuten-Lauftest-Leistungen und maximale Sauerstoffaufnahmefähigkeit.**

| Meter | Sauerstoffaufnahme (ml/kg/min) | Meter | Sauerstoffaufnahme (ml/kg/min) |
|---|---|---|---|
| 1500 | 28,2 | 2700 | 48,6 |
| 1600 | 29,9 | 2800 | 50,4 |
| 1700 | 31,6 | 2900 | 52,1 |
| 1800 | 33,8 | 3000 | 53,8 |
| 1900 | 35,0 | 3100 | 55,5 |
| 2000 | 36,7 | 3200 | 57,2 |
| 2100 | 38,4 | 3300 | 58,9 |
| 2200 | 40,1 | 3400 | 60,6 |
| 2300 | 41,7 | 3500 | 62,3 |
| 2400 | 43,4 | 3600 | 64,0 |
| 2500 | 45,1 | 3700 | 65,7 |
| 2600 | 46,9 | 3800 | 67,4 |

# CONCONI-Lauftest

**Grundlagen**

Der CONCONI-Lauftest ist ein Feldtest zur Ermittlung der CONCONI-Schwelle und der aeroben Leistungsfähigkeit, zur Ableitung von Trainingsempfehlungen, zur Evaluation der Leistungsentwicklung und zur Leistungsprognose im Hinblick auf Wettkämpfe.
Anhand des Pulsfrequenzverhaltens bei stufenförmig ansteigender Laufbelastung wird ermittelt, wie schnell eine Person laufen kann, «ohne sauer zu werden».
Der Test basiert auf der Beobachtung, dass die Herzfrequenz bei ansteigender Belastung bis zur individuellen anaeroben Schwelle (iANS) linear ansteigt. Wenn die Belastung über die iANS hinaus erhöht wird, flacht die Pulsfrequenzgerade ab.

Die Leistung beim Knick (Deflexionspunkt) in der Pulsfrequenzgeraden wurde von CONCONI als «Leistung an der anaeroben Schwelle» definiert. Diese Definition ist nicht ganz korrekt. Deshalb bezeichnen wir die Schwelle, welche mit dem CONCONI-Lauftest ermittelt wurde, als CONCONI-Schwelle.

Herzfrequenz beim Deflexionspunk (HF$_d$);  **Messgrössen**
Laufgeschwindigkeit beim Deflexionspunkt (v$_d$).

## Praktische Durchführung des CONCONI-Lauftests

Die Testpersonen unterziehen sich auf einer flachen Laufstrecke (400-m-Bahn) einer stufen-  **Prinzip**
förmig ansteigenden Belastung.
Auf jeder Belastungsstufe bleibt die Arbeit (W) konstant (200 m Laufarbeit), während die Leistung (P = Arbeit pro Zeiteinheit) gesteigert wird (die gleiche Arbeit wird jeweils in kürzerer Zeit erledigt).
Die Herzschlagfrequenz wird mittels eines Pulsmessgerätes registriert.
Die Laufgeschwindigkeit wird durch ein akustisches Leitsignal vorgegeben. Sie wird jeweils nach 200 Metern um 0,5 km/h gesteigert (Streckeninkrement = 200 m; Geschwindigkeitsinkrement = 0,5 km/h).
Die Belastung wird abgebrochen, wenn die Testperson die (durch das Leitsignal) vorgegebene Geschwindigkeit nicht mehr mithalten kann.
Die Auswertung erfordert einige Erfahrung. Mit einem PC-Programm kann die Herzfrequenz-Leistungskurve aufgezeichnet werden. In der Regel gelingt es, einen Knick (Deflexionspunkt HF$_d$) zu erkennen und die CONCONI-Schwelle zu bestimmen.

In der Praxis wird wie folgt verfahren:
– Pacing-System für das Leitsignal bereitstellen (PC oder Tonbandgerät und Lautsprecher  **Vorbereitung**
 oder Signalpfeife);
– Herzfrequenz-Messgeräte mit Speichermöglichkeit bereitstellen: Speicher entleeren
 und für die Registrierung vorbereiten;.
– Laufbahn einrichten: Teilstrecken von 10 m (evtl. 20 resp. 25 m) abmessen und durch
 Flaggen oder Kegel am Rande der Laufbahn markieren.

Probelauf mit akustischem Leitsignal (Anfangsgeschwindigkeit 6 bis 8 km/h) über 400 bis  **Durchführung**
600 m.
Den Test mit einer Anfangsgeschwindigkeit von 6 bis 8 km/h beginnen (Einlaufphase!).
Stufenförmige Steigerung der Laufgeschwindigkeit nach jeder 200-m-Teilstrecke (Streckeninkrement: 200 m) um 0,5 km/h.
Den Übergang zur nächsthöheren Geschwindigkeit durch ein spezielles Signal ankündigen.
Die Geschwindigkeit muss über die jeweiligen Teilstrecken konstant gehalten werden. Ungenauigkeiten dürfen nicht abrupt korrigiert werden (Ausgleich über zwei bis drei Teilstrecken).
BORG-Wert: Wenn möglich sollte das subjektive Belastungsempfinden der Testpersonen (nach der BORG-Skala) am Ende jeder 200-m-Teilstrecke notiert werden.
Abbruch des Tests (individuell), wenn die Testperson der durch das Pacing vorgegebenen Laufgeschwindigkeit nicht mehr folgen kann.
Die Pulsfrequenzwerte steigen annähernd linear an, wenn die Testpersonen sich auf ihr Lauftempo konzentrieren. Jede Unregelmässigkeit im Lauftempo und im Verhalten wirkt sich auf die Pulsfrequenz aus und erschwert die Auswertung. Auch die Witterungsverhältnisse können die Pulsfrequenzen störend beeinflussen (Rücken- und Gegenwind).

| | |
|---|---|
| **Auswertung und Interpretation** | Erstellen eines Diagramms: Herzfrequenz auf der Ordinate, Laufgeschwindigkeit (km/h) auf der Abszisse.<br>Die Auswertung wird durch die Verwendung eines Computerprogramms wesentlich erleichtert: Die Pulsfrequenzwerte werden von den Pulsmessgeräten über ein Interface direkt in einen Rechner übertragen und mit dem entsprechenden Programm ausgewertet. |
| **Interpretationshilfen** | BORG-Wert: An der CONCONI-Schwelle geben die Testpersonen in der Regel einen Wert von 15 bis 16 an.<br>Pulsfrequenz: Wenn die Testperson ausbelastet ist, erreicht sie annähernd die maximale Pulsfrequenz. An der CONCONI-Schwelle liegt die Pulsfrequenz etwa zehn Schläge tiefer.<br>Informationsaustausch: Für die Interpretation ist ein Informationsaustausch zwischen dem Auswerter, dem Trainer und dem Athleten oft nützlich. |
| **Überprüfung** | Die Resultate sollten durch Kontrollbelastungen überprüft werden: Kontinuierlicher Lauf an der CONCONI-Schwelle mit Kontrolle der Laufgeschwindigkeit (Pacing), der Pulsfrequenz und allenfalls der Laktatwerte. |
| **Wiederholungen** | Ein einzelner Test genügt in der Regel nicht zur Leistungsdiagnose: Drei bis sechs Tests pro Jahr und Längsschnittvergleiche sind anzustreben!<br>Die Rahmenbedingungen müssen möglichst konstant gehalten werden. |

## Vor- und Nachteile des CONCONI-Lauftests

| | |
|---|---|
| **Vorteile** | Die aerobe Leistungsfähigkeit kann relativ zuverlässig ermittelt werden. Wettkampfprognosen sowie Trainingsempfehlungen können abgeleitet werden.<br>Der Test ist einfach, kurz, billig und auf jeder Laufbahn möglich.<br>Bis zu 40 Personen können gleichzeitig getestet werden.<br>Der Test ist wenig belastend, wenn die Testpersonen nicht bis an die Grenze der Leistungsfähigkeit gehen.<br>Es handelt sich um ein nicht invasives (unblutiges) Verfahren. |
| **Nachteile** | Bei 20 % der Probanden kann kein Deflexionspunkt gefunden werden.<br>Die Bestimmung der CONCONI-Schwelle ist mehr oder weniger subjektiv.<br>Die Leistung an der CONCONI-Schwelle ist oft höher als die Leistung an der anaeroben Schwelle.<br>Das Resultat ist (wie bei jedem Feldtest) von äusseren Bedingungen abhängig (Wind, Bodenverhältnisse). |

# 4 × 1000-m-Lauftest

Der 4 × 1000-m-Lauftest wurde am Sportwissenschaftlichen Institut in Magglingen im Jahr 2000 entwickelt.
Er lässt aufgrund von vier 1000-m-Läufen eine Beurteilung der aeroben Leistungsfähigkeit zu.

## Praktische Durchführung des 4 × 1000-m-Lauftests

Jede Testperson läuft 4 × 1000 Meter. Das Lauftempo wird von der Testperson bestimmt und sollte jeweils über 1000 m konstant gehalten werden. Von Stufe zu Stufe wird es erhöht: Die ersten drei 1000-m-Strecken werden mit einer Geschwindigkeit gelaufen, die einem lockeren, einem mittleren und einem schnellen Dauerlauf entsprechen. Die vierte 1000-m-Strecke muss mit dem höchstmöglichen Lauftempo absolviert werden, das über 1000 m durchgehalten werden kann. **Prinzip**
Zwischen den einzelnen Stufen wird eine Pause von zwei Minuten gewährt.
Die Instruktionen für die Testpersonen liegen schriftlich vor. Sie sollten jeweils unmittelbar vor den einzelnen 1000-m-Laufstrecken in Ruhe durchgelesen werden.
Die Laufzeiten werden mit einer Stoppuhr erfasst. Die Bekanntgabe von Zwischenzeiten erleichtert die Regulierung des Lauftempos.
Mit einem Pulsmessgerät werden die Herzfrequenzwerte registriert. Die mittlere Herzfrequenz auf den letzten 50 Metern der einzelnen 1000-m-Strecken wird notiert.
Für die Testauswertung werden die Laufgeschwindigkeiten in ein Liniendiagramm mit den entsprechenden Kennlinien eingetragen. Die Interpretation erfordert etwas Erfahrung.

## Geschwindigkeitsstufen

Lauf die 1000 m in einem gleich bleibenden Tempo, das den folgenden Vorgaben entspricht: **Stufe I: «locker»**
Lockerer Dauerlauf: Du fühlst dich beim Laufen wohl. Die Atmung ist nur leicht beschleunigt, du kannst problemlos sprechen.

Lauf die 1000 m in einem gleich bleibenden Tempo, das den folgenden Vorgaben entspricht: **Stufe II: «mittel»**
Mittelschneller Dauerlauf: Dein Tempo ist etwas schneller als bei einem «lockeren Dauerlauf». Die Atmung ist etwas mehr beschleunigt als auf Stufe I, aber du kannst immer noch sprechen.

Lauf die 1000 m in einem gleich bleibenden Tempo, das den folgenden Vorgaben entspricht: **Stufe III: «schnell»**
Schneller Dauerlauf: Du empfindest das Laufen in diesem Tempo als sehr anstrengend, die Atmung ist deutlich beschleunigt, und du kannst nicht sprechen.

Wähle das höchstmögliche Tempo, das du über 1000 m durchhalten kannst. Nach dieser letzten Stufe solltest du das Gefühl haben, dass du das Maximum gegeben hast. Beginne den Lauf so, dass du das angeschlagene Tempo durchhalten kannst. Spare keine Energien für den Endspurt: Wenn du merkst, dass du noch Reserven hast, dann versuche frühzeitig, das Tempo zu steigern. **Stufe IV: «maximal»**

## Auswertung und Interpretation

Für die Auswertung und Interpretation des Tests werden die Messwerte (Laufgeschwindigkeiten in km/h) in das entsprechende Liniendiagramm übertragen und mit einer Linie verbunden. Um die anaerobe Schwelle abzuschätzen, vergleicht man die eingezeichnete Linie mit den vorgedruckten Kennlinien.

Verläuft die eingezeichnete Linie mehr oder weniger parallel und leicht oberhalb einer bestimmten Kennlinie, wird interpoliert.

**Beispiel:** Die Linie verläuft oberhalb der Kennlinie 15 km/h: Die anaerobe Schwelle der Testperson liegt bei etwa 15,2 km/h (Abb. 86).

Wenn die Vorgaben nicht in idealer Weise umgesetzt werden konnten und die Laufgeschwindigkeit nicht von Stufe zu Stufe gleichmässig gesteigert wurde, dann verläuft die Linie nicht parallel zu einer Kennlinie. In diesem Fall wird die aerobe Leistungsfähigkeit anhand der Maximalgeschwindigkeit (Stufe IV) abgeschätzt.

**Beispiel:** Die Maximalgeschwindigkeit liegt auf der Kennlinie 17 km/h: Die anaerobe Schwelle der Testperson liegt bei 17 km/h (Abb. 87).

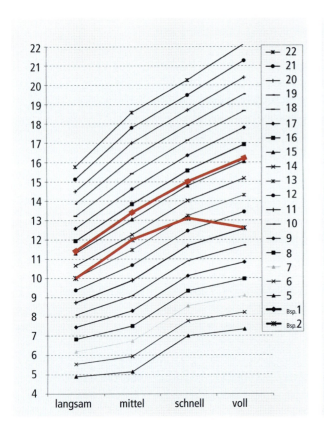

**Abbildung 86**
Liniendiagramm zur Interpretation des 4 × 1000-m-Lauftests. Schätzung der Laufgeschwindigkeit bei Frauen an der anaeroben Schwelle.

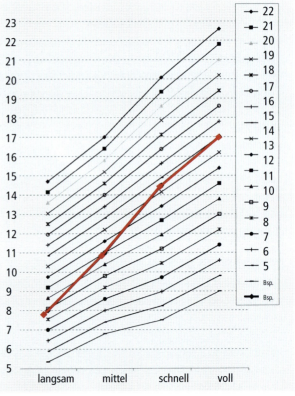

**Abbildung 87**
Liniendiagramm zur Interpretation des 4 × 1000-m-Lauftests. Schätzung der Laufgeschwindigkeit bei Männern an der anaeroben Schwelle aufgrund der Maximalgeschwindigkeit.

| Zeit in sec | km/h | Zeit in sec | km/h | Zeit in sec | km/h | Zeit in sec | km/h | Zeit in sec | km/h |
|---|---|---|---|---|---|---|---|---|---|
| 600,0 | 6,0 | 410,0 | 8,8 | 300,0 | 12,0 | 230,0 | 15,7 | 197,0 | 18,3 |
| 580,0 | 6,2 | 400,0 | 9,0 | 295,0 | 12,2 | 227,0 | 15,9 | 195,0 | 18,5 |
| 560,0 | 6,4 | 390,0 | 9,2 | 290,0 | 12,4 | 224,0 | 16,1 | 193,0 | 18,7 |
| 540,0 | 6,7 | 380,0 | 9,5 | 285,0 | 12,6 | 221,0 | 16,3 | 191,0 | 18,8 |
| 520,0 | 6,9 | 370,0 | 9,7 | 280,0 | 12,9 | 218,0 | 16,5 | 189,0 | 19,0 |
| 500,0 | 7,2 | 360,0 | 10,0 | 275,0 | 13,1 | 215,0 | 16,7 | 187,0 | 19,3 |
| 480,0 | 7,5 | 350,0 | 10,3 | 248,0 | 14,5 | 212,0 | 17,0 | 185,0 | 19,5 |
| 460,0 | 7,8 | 340,0 | 10,6 | 245,0 | 14,7 | 209,0 | 17,2 | 183,0 | 19,7 |
| 450,0 | 8,0 | 330,0 | 10,9 | 242,0 | 14,9 | 206,0 | 17,5 | 181,0 | 19,9 |
| 440,0 | 8,2 | 320,0 | 11,3 | 239,0 | 15,1 | 203,0 | 17,7 | 179,0 | 20,1 |
| 430,0 | 8,4 | 310,0 | 11,6 | 236,0 | 15,3 | 201,0 | 17,9 | 177,0 | 20,3 |
| 420,0 | 8,6 | 305,0 | 11,8 | 233,0 | 15,5 | 199,0 | 18,1 | 175,0 | 20,6 |

Tabelle 24
**Umrechnungstabelle Zeit – Geschwindigkeit im 4 × 1000-m-Lauftest.**

| Männer | | | | Frauen | | | |
|---|---|---|---|---|---|---|---|
| Vmax (km/h) | VO$_2$max ml/kg/min | Vmax (km/h) | VO$_2$max ml/kg/min | Vmax (km/h) | VO$_2$max ml/kg/min | Vmax (km/h) | VO$_2$max ml/kg/min |
| 7 | 29,4 | 17 | 57,1 | 5 | 17,8 | 15 | 50,4 |
| 7,5 | 30,8 | 17,5 | 58,5 | 5,5 | 19,4 | 15,5 | 52,0 |
| 8 | 32,2 | 18 | 59,9 | 6 | 21,0 | 16 | 53,6 |
| 8,5 | 33,6 | 18,5 | 61,2 | 6,5 | 22,7 | 16,5 | 55,2 |
| 9 | 35,0 | 19 | 62,6 | 7 | 24,3 | 17 | 56,9 |
| 9,5 | 36,3 | 19,5 | 64,0 | 7,5 | 25,9 | 17,5 | 58,5 |
| 10 | 37,7 | 20 | 65,4 | 8 | 27,6 | 18 | 60,1 |
| 10,5 | 39,1 | 20,5 | 66,8 | 8,5 | 29,2 | 18,5 | 61,8 |
| 11 | 40,5 | 21 | 68,2 | 9 | 30,8 | 19 | 63,4 |
| 11,5 | 41,9 | 21,5 | 69,6 | 9,5 | 32,4 | 19,5 | 65,0 |
| 12 | 43,3 | 22 | 70,9 | 10 | 34,1 | 20 | 66,6 |
| 12,5 | 44,6 | 22,5 | 72,3 | 10,5 | 35,7 | 20,5 | 68,3 |
| 13 | 46,0 | 23 | 73,7 | 11 | 37,3 | 21 | 69,9 |
| 13,5 | 47,4 | 23,5 | 75,1 | 11,5 | 39,0 | 21,5 | 71,4 |
| 14 | 48,8 | 24 | 76,5 | 12 | 40,6 | 22 | 73,2 |
| 14,5 | 50,2 | 24,5 | 77,9 | 12,5 | 42,2 | 22,5 | 74,8 |
| 15 | 51,6 | 25 | 79,2 | 13 | 43,8 | 23 | 76,4 |
| 15,5 | 52,9 | 25,5 | 80,6 | 13,5 | 45,5 | 23,5 | 78,0 |
| 16 | 54,3 | 26 | 82,0 | 14 | 47,1 | 24 | 79,7 |
| 16,5 | 55,7 | | | 14,5 | 48,7 | | |

Tabelle 25
**Schätzung der maximalen Sauerstoffaufnahme (VO$_2$max) aufgrund der maximalen Laufgeschwindigkeit beim 4 × 1000-m-Lauftest.**

**Tabelle 26**
Beurteilung der aeroben Leistungsfähigkeit aufgrund der maximalen Sauerstoffaufnahme (VO$_2$max, ml/kg/min): Standards für Frauen, ermittelt durch das Bundesamt für Sport.

| ♀ Alter | sehr schwach | schwach | unterdurchschnittlich | genügend | gut | sehr gut | ausgezeichnet |
|---|---|---|---|---|---|---|---|
| 20–24 | <27 | 27–31 | 32–36 | 37–41 | 42–46 | 47–51 | >51 |
| 25–29 | <26 | 26–30 | 31–35 | 36–40 | 41–44 | 45–49 | >49 |
| 30–34 | <25 | 25–29 | 30–33 | 34–37 | 38–42 | 43–46 | >46 |
| 35–39 | <24 | 24–27 | 28–31 | 32–35 | 36–40 | 41–44 | >44 |
| 40–44 | <22 | 22–25 | 26–29 | 30–33 | 34–37 | 38–41 | >41 |
| 45–49 | <21 | 21–23 | 24–27 | 28–31 | 32–35 | 36–38 | >38 |
| 50–54 | <19 | 19–22 | 23–25 | 26–29 | 30–32 | 33–36 | >36 |
| 55–59 | <18 | 18–20 | 21–23 | 24–27 | 28–30 | 31–33 | >33 |
| 60–65 | <16 | 16–18 | 19–21 | 22–24 | 25–27 | 28–30 | >30 |

**Tabelle 27**
Beurteilung der aeroben Leistungsfähigkeit aufgrund der maximalen Sauerstoffaufnahme (VO$_2$max, ml/kg/min): Standards für Männer, ermittelt durch das Bundesamt für Sport.

| ♂ Alter | sehr schwach | schwach | unterdurchschnittlich | genügend | gut | sehr gut | ausgezeichnet |
|---|---|---|---|---|---|---|---|
| 20–24 | <32 | 32–37 | 38–43 | 44–50 | 51–56 | 57–62 | >62 |
| 25–29 | <31 | 31–35 | 36–42 | 43–48 | 49–53 | 54–59 | >59 |
| 30–34 | <29 | 29–34 | 35–40 | 41–45 | 46–51 | 52–56 | >56 |
| 35–39 | <28 | 28–32 | 33–38 | 39–43 | 44–48 | 49–54 | >54 |
| 40–44 | <26 | 26–31 | 32–35 | 36–41 | 42–46 | 47–51 | >51 |
| 45–49 | <25 | 25–29 | 30–34 | 35–39 | 40–43 | 44–48 | >48 |
| 50–54 | <24 | 24–27 | 28–32 | 33–36 | 37–41 | 42–46 | >46 |
| 55–59 | <22 | 22–26 | 27–30 | 31–34 | 35–39 | 40–43 | >43 |
| 60–65 | <21 | 21–24 | 25–28 | 29–32 | 33–36 | 37–40 | >40 |

## 4 × 1000-m-Lauftest: Resultatblatt

Name: .................................................... Uhr-Nr.: ....................................................
Datum: .................................................. Geburtsdatum: ..........................................
Zeit: ..................................................... Sportart: ...................................................

| Stufe «locker» | | Lap-Zeit |
|---|---|---|
| Zwischenzeit 1 | s | s |
| Zwischenzeit 2 | s | s |
| Zwischenzeit 3 | s | s |
| Zwischenzeit 4 | s | s |
| Gesamtzeit | s | s |
| Laufgeschwindigkeit | km/h | |
| Herzfrequenz | /min | |
| Umrechnung: Geschwindigkeit in Prozent der Maximalgeschwindigkeit | | % |

| Stufe «mittel» | | Lap-Zeit |
|---|---|---|
| Zwischenzeit 1 | s | s |
| Zwischenzeit 2 | s | s |
| Zwischenzeit 3 | s | s |
| Zwischenzeit 4 | s | s |
| Gesamtzeit | s | s |
| Laufgeschwindigkeit | km/h | |
| Herzfrequenz | /min | |
| Umrechnung: Geschwindigkeit in Prozent der Maximalgeschwindigkeit | | % |

| Stufe «schnell» | | Lap-Zeit |
|---|---|---|
| Zwischenzeit 1 | s | s |
| Zwischenzeit 2 | s | s |
| Zwischenzeit 3 | s | s |
| Zwischenzeit 4 | s | s |
| Gesamtzeit | s | s |
| Laufgeschwindigkeit | km/h | |
| Herzfrequenz | /min | |
| Umrechnung: Geschwindigkeit in Prozent der Maximalgeschwindigkeit | | % |

| Stufe «voll» | | Lap-Zeit |
|---|---|---|
| Zwischenzeit 1 | s | s |
| Zwischenzeit 2 | s | s |
| Zwischenzeit 3 | s | s |
| Zwischenzeit 4 | s | s |
| Gesamtzeit | s | s |
| Laufgeschwindigkeit | km/h | |
| Herzfrequenz | /min | |
| Umrechnung: Geschwindigkeit in Prozent der Maximalgeschwindigkeit | | % |

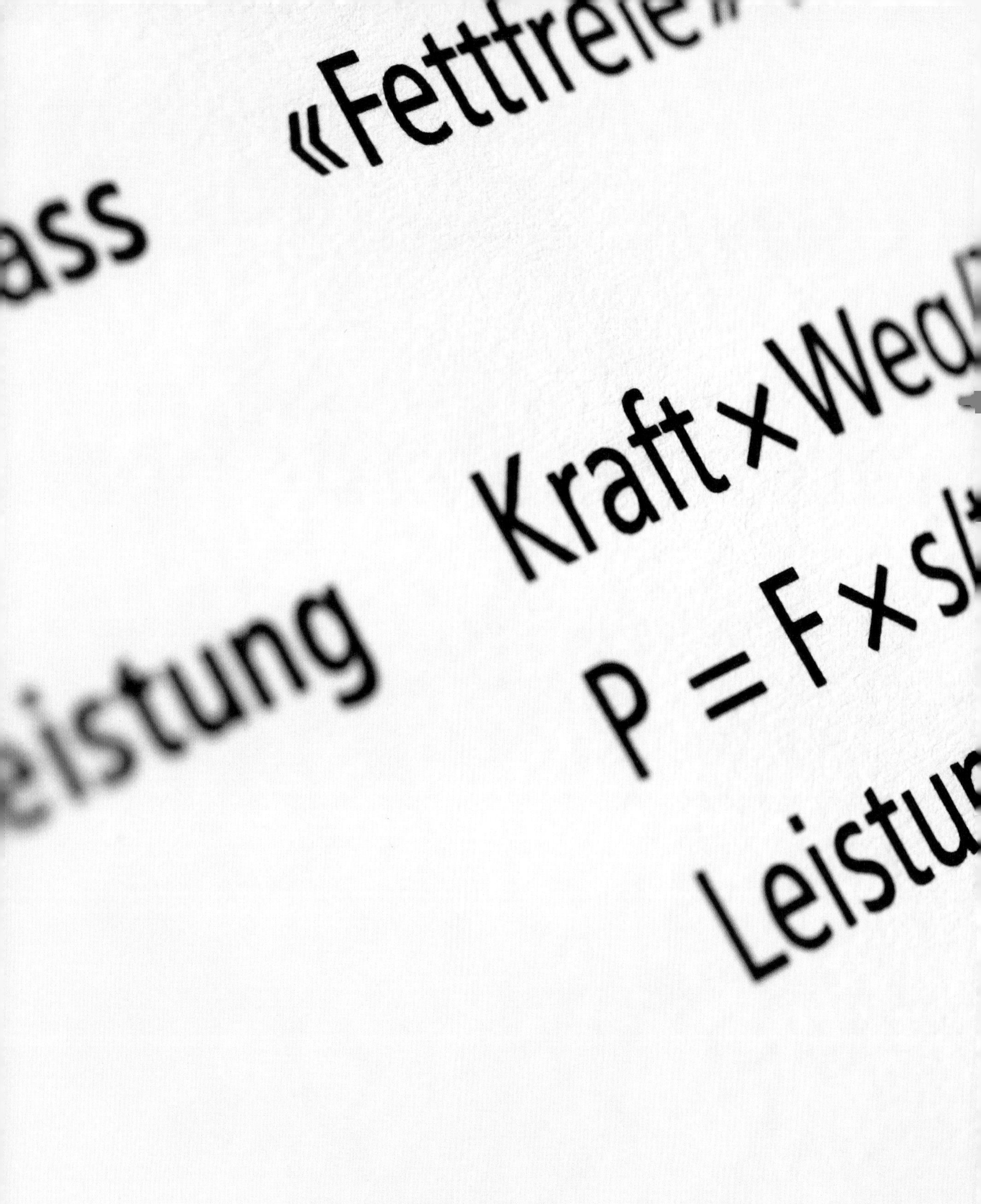

ass «Fettfreie

Kraft × Weg

Leistung

$P = F \times s/$

Leistu

**GLOSSAR: NATUR- UND SPORT-WISSENSCHAFTLICHE BEGRIFFE**

# Glossar: natur- und sportwissenschaftliche Begriffe

| | |
|---|---|
| Absolutkraft | Höchste Kraft, die ein Muskel oder eine Muskelgruppe bei einer vom Willen weitgehend unabhängigen Stimulation (z. B. Elektrostimulation) aufbringen kann. |
| Adaptation | Trainingsinduzierte Anpassung bestimmter Gewebe, Organe und Organsysteme. Morphologische und oder funktionelle Modifikation des Organismus auf innere oder äussere Anforderungen. |
| Adoleszenz | Zweite puberale Phase; Ausreifung oder Jugendalter. |
| Adrenalin | Neurotransmitter und Hormon des Nebennierenmarks.<br>Gehört zusammen mit Noradrenalin und Dopamin zu den Katecholaminen (Stresshormone).<br>Hauptwirkung: rasche Steigerung der Energiebereitstellung. |
| ADP | Adenosin-Di-Phosphat. Entsteht als Spaltprodukt, wenn bei Muskelkontraktionen und anderen zellulären Leistungen ATP gespalten wird. |
| aerobe Energiebereitstellung | Aerobe Phosphorylierung: Energiefreisetzung (d. h. ATP-Resynthese aus ADP und freien Phosphatgruppen) durch Oxidation von Glukose und/oder freien Fettsäuren. Der Prozess ist sauerstoffabhängig und findet in den Mitochondrien statt. |
| aerobe Kapazität | Es existieren verschiedene Definitionen. Synonym: aerobe Ausdauer.<br>Summe aller Arbeitsbeträge, die durch den aeroben Abbau der chemisch gespeicherten Energie gewonnen werden kann.<br>Fähigkeit, über längere Zeit im maximalen Laktat-Steadystate zu arbeiten.<br>Es geht um den Umfang einer Belastung, die Arbeit, die unter aeroben Stoffwechsel-Bedingungen erbracht werden kann: Wie lange kann ich mit meinen körpereigenen Reserven im Bereich der anaeroben Schwelle laufen?<br>Die aerobe Kapazität ist abhängig von der Grösse der durch den Stoffwechsel nutzbaren Energiespeicher. |
| aerobe Leistungsfähigkeit | Fähigkeit, eine bestimmte Leistung im Rahmen des maximalen Laktat-Steadystates zu erbringen.<br>Diese Leistung ist abhängig von der Aktivität der Enzyme des aeroben Stoffwechsels in den Mitochondrien und der Leistungsfähigkeit des Sauerstoff-Aufnahme- und -Transportsystems. |
| aerobe Schwelle | Belastungszustand, bei welchem der Energiebedarf «vollumfänglich» durch den aeroben Stoffwechsel gedeckt wird.<br>Im Rahmen eines Laktatstufentests steigen an der aeroben Schwelle die Blutlaktatkonzentration und das Sauerstoffäquivalent erstmals an.<br>Die aerobe Schwelle wird bei ca. 70 bis 80 % der maximalen Herzfrequenz, einem Borgwert zwischen 11 und 13 und einem Blut-Laktat-Spiegel von etwa bei 2 mmol/l erreicht. |

| | |
|---|---|
| afferent | Afferente Nervenfasern: Aufsteigende, zum zentralen Nervensystem (Rückenmark und Gehirn) hinführende Nervenfasern. |
| Afferenz | Information, welche über afferente Nervenfasern aus der Peripherie zum ZNS geleitet wird. |
| Agonist | Muskel, der bei der Realisierung einer Bewegung in die Hauptbewegungsrichtung wirkt. Seine Arbeit kann konzentrischer oder exzentrischer Natur sein.<br>Durch die optimal koordinierte Zusammenarbeit von Agonisten und Antagonisten kommen differenziert angepasste Bewegungen zustande. |
| Akkomodation | Kognitiver Prozess: Modifikation von bereits existierenden affektiv-kognitiven Schemata anhand von Umwelterfahrungen, so dass die Auseinandersetzung mit der Umwelt besser den Gegebenheiten und Relationen angepasst ist. |
| Aktinfilament | Komplexe Proteinstruktur innerhalb der Myofibrille. Die Aktinfilamente bilden zusammen mit den Myosinfilamenten die kontraktilen Komponenten der Muskelfaser innerhalb der Sarkomere. |
| Aktionspotenzial | Bei der Erregung einer Nerven- oder Muskelfaser durch Depolarisation entstehende elektrische Erscheinung. Das Aktionspotenzial wird, dem «Alles-oder-nichts-Gesetz» gehorchend, weitergeleitet. |
| aktive Körpersubstanz | Differenz von Körpermasse und Körperdepotfett; Anteil der Muskelmasse. |
| Akzeleration | Beschleunigung der Wachstums- und Entwicklungsvorgänge.<br>Säkuläre Akzeleration: A. im Bevölkerungsdurchschnitt in einem grösseren Zeitraum. Individuelle Akzeleration: A. im Vergleich zum Altersdurchschnitt.<br>Akzelerierte Kinder und Jugendliche sind biologisch weiter entwickelt als durchschnittlich Entwickelte im gleichen Alter. |
| allgemeine physische Ausdauer | Physische Ermüdungsresistenz (bei Belastungen, bei denen ein grosser Teil des Organismus [mehr als $1/6$ der gesamten Skelettmuskelmasse] beteiligt ist). |
| Alles- oder Nichts-Regel | Regel, welche die Funktion von Nerven- und Muskelfasern beschreibt: Unterschwellige Reize lösen kein Aktionspotenzial aus. Sobald eine bestimmte Reizschwelle überschritten wird, entsteht ein Aktionspotenzial, das wieter geleitet wird und durch Reizverstärkung nicht gesteigert werden kann. |
| Alveole | Traubenförmig angeordnete Lungenbläschen am Ende der Bronchiolen (Luftwege). Hier findet der Gasaustausch statt: Sauerstoff diffundiert vom Alveolarraum ins Kapillarblut, und Kohlendioxid gelangt vom Kapillarblut in den Alveolarraum und wird dann ausgeatmet. |
| anabol | Aufbauend. |
| anaerobe Glykolyse | Energiefreisetzung durch sauerstoffunabhängige Stoffwechselprozesse: Glukose wird durch die Enzyme des anaeroben Stoffwechsels zu Brenztraubensäure (Pyruvat) abgebaut, und diese wird grösstenteils dem aeroben Stoffwechsel zugeführt. |

Wenn der Organismus eine «Sauerstoffschuld» eingeht, wird ein Teil des Pyruvats zu Milchsäure umgewandelt.

**anaerobe Kapazität**
Mass für den Umfang einer (intensiven) Arbeit, welche unter anaeroben Stoffwechselbedingungen, d. h. unter Milchsäure-Anhäufung, geleistet werden kann.
Sie ist abhängig von der Laktat-Toleranz, der Fähigkeit (und Bereitschaft), trotz Laktatakkumulation und Übersäuerung mit hoher Intensität zu arbeiten.
Diese Fähigkeit wird auch Stehvermögen genannt.

**anaerobe Leistungsfähigkeit**
Fähigkeit, eine bestimmte Leistung zu realisieren, indem alle Energiequellen submaximal oder maximal ausgeschöpft werden.
Die anaerobe Leistungsfähigkeit ist von den Kreatinphosphat- und Glykogenreserven und von der Aktivität der Enzyme des anaeroben Stoffwechsels abhängig. Sie befähigen den Menschen, über kurze Zeit sehr intensiv zu arbeiten.
Es geht um die Frage: Wie schnell kann ich laufen, wenn ich die unangenehmen Konsequenzen der anaeroben Glykolyse (Azidose und Laktatakkumulation) in Kauf nehme?

**anaerobe Schwelle (MAXLASS)**
Belastungszustand, bei welchem der Energiebedarf durch aerobe und anaerobe Stoffwechselprozesse gedeckt wird. Das anfallende Laktat wird durch die (weniger belasteten) Muskelfasern, den Herzmuskel und die Leber grösstenteils eliminiert.
An der anaeroben Schwelle wird das maximale Laktat-Steadystate (MAXLASS) erreicht, die maximale Laktat-Eliminationsrate wird vollkommen ausgeschöpft und das Kohlendioxidequivalent (Atemminutenvolumen/$CO_2$-Abgabe) steigt überproportional an. Es werden 85 bis 95 % der maximalen Herzfrequenz erreicht und das subjektive Belastungsempfinden nach Borg liegt zwischen 15 und 17.
Die Leistung an der anaeroben Schwelle kann während 20 Minuten aufrechterhalten werden, ohne dass die Laktatkonzentration im Blut um mehr als 1 mmol/l ansteigt (Boutelier, U. in: Schweiz. Zschr. für «Sportmedizin und Sporttraumatologie» 3/1999, S. 118).

**Androgene**
Männliche Sexualhormone.

**Antagonist**
Muskel, der bei der Realisierung einer Bewegung gegen die Bewegungsrichtung wirkt. Er leistet als «Gegenspieler» des Agonisten einen wichtigen Beitrag zur Realisierung einer optimal koordinierten Bewegung oder Teilbewegung.

**Apophyse**
Knochenvorsprung, an dem Bänder oder Muskeln ansetzen.

**Apophysenfuge**
Wachstumsfuge, die im Kindes- und Jugendalter das Wachstum der Apophyse ermöglicht.

**Arbeit**
Physikalischer Begriff: Arbeit = Kraft × Weg (W = F × s). Die Arbeit wird in Joule (J) gemessen.
Arbeit/Zeit oder Kraft × Geschwindigkeit bedeutet Leistung.
1 Joule pro Sekunde: 1 J/s = 1 Watt.

**Arterie**
Blutgefäss, welches Blut vom Herzen wegtransportiert. Die Arterien des Körperkreislaufs transportieren sauerstoffreiches (arterielles Blut) aus der linken Herzkammer in den Körper und die Arterien des Lungenkreislaufs transportieren sauerstoffarmes (venöses) Blut aus der rechten Herzkammer in die Lungen.

| | |
|---|---|
| **Arteriole** | Kleine Arterie. |
| **Arteriosklerose** | Abnutzungserscheinungen im Bereich der Arterien; können mit Kalkeinlagerungen an den Gefässwänden einhergehen. |
| **Arthron** | Funktionseinheit des Bewegungsapparates. Sie umfasst ein Gelenk und die involvierten Rezeptoren sowie die Bänder und Muskeln, welche an der Funktion und Stabilisierung dieses Gelenks beteiligt sind. |
| **Assimilation** | Kognitiver Prozess: Jede neue Interaktionserfahrung mit der Umwelt wird in ein bereits bestehendes affektiv-kognitives Schema integriert. Durch aktive Organisations- und Verarbeitungsleistungen des Individuums wird die neue Information an bisherige Gedächtnisinhalte «angeglichen». |
| **Atemäquivalent** | Verhältnis von Atem-Minuten-Volumen und Sauerstoffaufnahme pro Minute ($AV/VO_2$). Ein Atemäquivalent von 25 bedeutet, dass zur Aufnahme von 1 l $O_2$ 25 l Atemluft ventiliert werden müssen. Je kleiner das AÄ ist, desto effektiver ist die Atmung.<br>Bei einer kontinuierlichen Belastung im aeroben Bereich liegt das AÄ bei 25 bis 27. Bei einem AÄ von 29 ist die Atmung erschwert, der Sauerstoffbedarf wird nicht mehr gedeckt und der Organismus geht eine «Sauerstoffschuld» ein. |
| **Atemfrequenz (AF)** | Anzahl der Atemzüge pro Minute.<br>In Ruhe atmen wir durchschnittlich 12- bis 16-mal pro Minute; bei körperlicher Anstrengung bis 80-mal. |
| **Atemgrenzwert** | Die maximale in Ruhe ventilierbare Luftmenge pro Minute. |
| **Atem-Minuten-Volumen (AMV)** | Luftvolumen, das pro Minute ein- und ausgeatmet wird: Produkt aus Atemzugvolumen und Atemfrequenz.<br>Bei Ruhe beträgt das AMV 6 bis 10 l/min; bei Belastung erreichen Leistungssportler ein AMV von 150 bis 180 l/min. |
| **Atemzugvolumen (AZV)** | Luftvolumen, das mit jedem Atemzug ein- und ausgeatmet wird.<br>Bei ruhiger Atmung beträgt das AZV ca. 0,5 l. |
| **Atrophie** | Rückbildung; Zell- und Gewebeschwund. |
| **ATP** | Adenosin-Tri-Phosphat. Universeller Energieträger, der auch für Muskelkontraktionen unentbehrlich ist.<br>ATP liefert auch die Energie für Transport- und Syntheseleistungen in den Zellen. |
| **Ausdauer** | Psycho-physische Widerstandsfähigkeit gegen Ermüdung.<br>Fähigkeit, bei geistiger, sensorischer, emotionaler und physischer Belastung möglichst lange keine Ermüdungssymptome zu produzieren.<br>Physische Ausdauer: Fähigkeit, eine bestimmte Leistung (Kraft × Geschwindigkeit) über eine bestimmte Zeit aufrechtzuerhalten. |

| | |
|---|---|
| **Ausdauertraining polarisiert** | Trainingskonzept für das Ausdauertraining von Leistungssportlern: 80 % wird im Bereich unterhalb der aeroben Schwelle und 20 % oberhalb der anaeroben Schwelle trainiert. Der aerob-anaerobe Übergangsbereich wird mehr oder weniger konsequent gemieden. |
| **autochthon** | An Ort und Stelle entstanden. Die autochthone Rückenmuskulatur liegt der Wirbelsäule unmittelbar auf und wird in ihrer Gesamtheit als M. erector spinae bezeichnet, während die übrigen Rückenmuskeln (M. latissimus dorsi, M. trapezius, M. rhomboideus) zu den Muskeln des Schultergürtels gehören und nicht autochthon sind. |
| **Automatismen** | Einfache Programmbausteine für Bewegungsmuster, die (wahrscheinlich) im Hirnstamm gespeichert sind. Sie können bei der Realisierung von komplexen Bewegungen vom Grosshirn abgerufen und sinnvoll in ein Bewegungsprogramm eingebaut werden. |
| **auxoton** | Kontraktionsform eines Muskels bei dynamisch-konzentrischer und dynamisch-exzentrischer Arbeitsweise (Gegensatz zu isometrischer Kontraktionsform bei statischer Muskelaktivität). |
| **Axon (Neurit)** | Kabelartiger Fortsatz eines Neurons, welcher Informationen in Form von elektrischen Impulsen vom Zellkörper wegführt. Die Axone bilden an ihren Enden Kontaktstellen (Synapsen) zu anderen Nervenzellen sowie zu Drüsenzellen und Muskelfasern. |
| **Azidose** | «Übersäuerung» durch Akkumulation von $H^+$-Ionen (pH-Wert-Senkung). Sie entsteht bei intensiver Beanspruchung des anaeroben Stoffwechsels, wenn eine «Sauerstoffschuld» eingegangen wird. |
| **Basen** | Substanzen, die in Lösungen Wasserstoffionen aufnehmen und binden können (Protonen-Akzeptoren). |
| **Beta-Oxidation** | Erster Schritt der «Fettverbrennung» in den Mitochondrien. Bei der Beta-Oxidation entsteht Azetyl-CoA (aktivierte Essigsäure), welche in den Zitronensäurezyklus eingeschleust wird. |
| **Beweglichkeit** | Fähigkeit, willkürliche Bewegungen mit einer grossen Schwingungsweite auszuführen. Sie wird durch die strukturellen Eigenschaften und die Funktionstüchtigkeit der beteiligten Gelenke sowie die Länge und die elastischen Eigenschaften der Muskeln, Sehnen und Bänder beeinflusst.<br>Die aktive Beweglichkeit ist zudem von der intra- und intermuskulären Koordination sowie vom Muskelquerschnitt abhängig. |
| **Bewegungstalent** | Person, welche im koordinativen Bereich überdurchschnittlich gute Lern- und Leistungsvoraussetzungen zeigt.<br>Diese Voraussetzungen bestehen aus den ererbten Anlagen und aus den Einflüssen des Umfeldes. Beide, die Gene und die Umwelt, gehören zu einem Bewegungstalent. Ohne die Bereitschaft und den Willen, etwas zu erreichen, und ohne rechtzeitige, qualifizierte Förderung werden auch die besten Anlagen verkümmern. |
| **Biopsie** | Gewinnung von Muskelgewebeproben, z.B. zur Bestimmung des Glykogengehalts und der Fasertypenanteile. Für die Biopsie werden Hohlnadeln mit einem Durchmesser von |

3 oder 5 mm verwendet. Damit können Proben von 10 oder 100 mg Muskelgewebe entnommen werden. Die Biopsie erfordert eine lokale Anästhesie und einen Hautschnitt von etwa 5 mm.

| | |
|---|---|
| **Blut-pH** | Normaler pH des Blutplasmas bei 37° C: 7,37 bis 7,43. |
| **Bronchie/Bronchus** | Luft leitende Röhre: Unterhalb des Kehlkopfes teilt sich die Luftröhre in die beiden Hauptbronchien, welche sich nach wenigen Zentimetern in kleinere Bronchien aufteilen, welche zu den drei Lappen der rechten und zu den zwei Lappen der linken Lunge führen. |
| **Bronchiolen** | Kleine, dünnwandige Bronchien, welche sich immer stärker verzweigen und schliesslich in den Alveolen (Lungenbläschen) blind endigen. |
| **Cholesterin** | Zu den Fetten gehörendes Molekül, das in der Leber synthetisiert wird: Bestandteil der Zellmembran, Ausgangsstoff für die Synthese von Steroiden (männliche und weibliche Sexualhormone sowie Nebennierenrinden-Hormone) sowie von Vitamin D und von Gallensalzen. |
| **Clearance-Rate** | Rate, mit der Laktat aus dem Plasma eliminiert wird. |
| **Coenzym** | Bestimmte Komponente eines Enzyms. |
| **Countermovement Jump** | Test-Übung für die Bestimmung der Explosiv- und Reaktivkraft: Vertikalsprung mit Ausholbewegung. Er besteht aus einer exzentrischen und einer konzentrischen Phase der Streckschlinge. |
| **craniosacrale Therapie** | Ganzheitliches Behandlungskonzept zur Optimierung des Liquor-Transports (Liquor: Gehirn-/Rückenmarkflüssigkeit). |
| **Cybex** | Firma, welche Krafttrainingsgeräte entwickelt und produziert. Das bekannteste Cybex-Gerät ist ein Kraft-Diagnostik-Instrument und ein Gerät für isokinetisches Krafttraining. |
| **Cytosol** | Konzentriertes wässeriges Gel, das von einer Zelle übrig bleibt, wenn die Plasmamembran und alle membranumschlossenen Organellen (z. B. der Zellkern und die Mitochondrien) entfernt werden. |
| **Dehydration** | Wasserverlust, Austrocknung. |
| **Dendrit** | Astähnliche Fortsätze einer Nervenzelle, welche Informationen aufnehmen und zum Zellkörper transportieren. |
| **Depolarisation** | Bio-elektrisches Phänomen auf der Nerven- oder Muskelfaser-Membran. Umkehrung des Ruhe-Membran-Potenzials; Erregung; Entstehung des Aktionspotenzials. |
| **Diastole** | Erschlaffungsphase des Herzmuskels. Folgt auf die Kontraktion der Herzkammer (Systole). Während der Diastole füllt sich die Herzkammer mit Blut. |

| | |
|---|---|
| Distorsion | Gelenkverstauchung. |
| Drehmoment | Das Drehmoment (M) beschreibt die Wirkung einer Kraft: Produkt aus der Kraft (F) und dem Abstand (r) ihrer Wirkungslinie vom Drehpunkt: $M = F \times r$. Die Masseinheit ist das Newton-Meter (Nm). |
| DOMS | Delayed onset muscle soreness (Muskelkater). |
| Drop Jump | Test-Übung für die Bestimmung der Reaktivkraft: Tief-Hochsprung aus geringer Höhe (max. 30 cm) mit kurzer Bodenkontaktzeit. |
| efferentes Neuron | Absteigende Nervenfaser. Leitet die Erregungen (Impulse) vom ZNS an die Peripherie zu den (ausführenden) Organen. |
| EKG: Elektrokardiogramm | Aufzeichnung der elektrischen Phänomene im Rahmen der Herztätigkeit. |
| EMG: Elektromygogramm | Ableitung und Aufzeichnung der elektrischen Phänomene (Aktionspotenziale) in der Muskulatur. |
| endokrin | Auf innerer Sekretion beruhend: Endokrine Zellen geben chemische Botenstoffe (Hormone) ab, die (grösstenteils über die Blutbahn) im Körper verteilt werden. Sie werden dann an oder in den Zielzellen durch spezifische Hormonrezeptoren gebunden, um ihre Wirkung zu erzielen (Ingangsetzung oder Unterbrechung von bestimmten Zellaktivitäten). |
| Entzündung | Unspezifische Reaktion von durchblutetem Gewebe auf eine lokale Schädigung. |
| Enzyme | Biokatalytisch wirksame Proteine (Biokatalysatoren, Werkzeuge des Stoffwechsels). Sie beschleunigen chemische Reaktionen, um den Faktor $10^8$ bis $10^{20}$, ohne dass sie sich dabei verändern. |
| Epiphysenfuge | Wachstumsfuge beim kindlichen/jugendlichen Knochen (Schwachstelle des jugendlichen Bewegungsapparates). |
| EPO | Erytrhropoietin: Hormon, das in der Niere produziert wird und im roten Knochenmark die Bildung (Reifung und Proliferation) von roten Blutkörperchen reguliert.<br>EPO ist seit 1987 als Medikament für Nierenpatienten auf dem Markt und seit 1990 auf der Dopingliste. Bei gesunden Personen wird durch EPO der Hämatokrit erhöht. Als Folge kann es zu Embolien in der Lunge und im Hirn kommen. |
| Ergometrie | Leistungsmessung, z. B. durch einen Stufentest auf dem Fahrradergometer oder auf dem Laufband. |
| Ergonomie | Erforschung der Arbeitsbedingungen und der Leistungsmöglichkeiten des Menschen. Ergonomisch: optimale Arbeitsbedingung. |
| Erholungspulssumme | Gesamtzahl der Herzschläge, die nach einer Arbeit noch über dem Ruhewert liegen. Die Erholungspulssumme kann als Mass für die vorangegangene Belastung angesehen werden. |

| | |
|---|---|
| **Ermüdung** | Zeitpunkt, zu dem eine gegebene Leistung nicht mehr aufrechterhalten werden kann, oder Prozess, der bei Beginn einer Belastung beginnt, immer weiter fortschreitet und schliesslich zur Reduktion der Leistung führt. |
| **Erythrozyten** | Rote Blutkörperchen. Enthalten Hämoglobin, welches Sauerstoff bindet. |
| **Explosivkraft** | Wichtige Komponente der Schnellkraft: Fähigkeit des neuromuskulären Systems, einen bereits begonnenen Kraftanstieg (Startkraft) maximal weiterzuentwickeln.<br>Die Explosivkraft manifestiert sich in der Steilheit der Kraftbildungskurve. |
| **Exspiration** | Ausatmung. |
| **Extension** | Streckung: Bewegung, die zu einer Zunahme des Gelenkwinkels führt. |
| **Exterozeptoren** | Rezeptoren, welche dem zentralen Nervensystem die Informationen über die Wechselwirkungen des Menschen mit den Umweltobjekten übermitteln.<br>Rezeptoren der Sinnesorgane. Sie nehmen nicht nur Informationen auf, sondern beteiligen sich auch als erste Instanz an der Informationsverarbeitung. |
| **exzentrisch** | Dynamisch «negative», nachgebende, bremsende Muskelarbeit (vgl. konzentrisch). |
| **Fahrtspiel** | Trainingsform im Ausdauertraining: andauernde Belastung von unterschiedlicher Intensität (variable Dauermethode). |
| **Faser-Rekrutierung** | Einbezug von Muskelfasern in eine Muskelaktion. |
| **Faszie** | Breite, flächenförmige Sehne, auch sehnenartige, derbe Muskelhülle. |
| **Fettsäuren** | Lipide. Sie bestehen aus langen Kohlenwasserstoffketten.<br>Ungesättigte FS: Kohlenwasserstoffketten mit Doppelbindungen.<br>Gesättigte FS: Kohlenwasserstoffketten ohne Doppelbindungen.<br>Essenzielle FS: mehrfach ungesättigte FS, die im Organismus nicht synthetisiert werden können (wichtige Nahrungsbestandteile). |
| **Fitness** | Allgemeine Lebenstauglichkeit mit entsprechenden Leistungsreserven: Eignung des Menschen für beabsichtigte Handlungen.<br>Fähigkeit eines Individuums, ein glückliches und ausgewogenes Leben zu führen. Dieser Begriff (nach Kent/Rost 1996) umfasst nicht nur körperliche, sondern auch intellektuelle, emotionale, soziale und spirituelle Aspekte. |
| **Fitnesstraining** | Training zur Steigerung der allgemeinen Leistungsfähigkeit und zur Bildung von Leistungsreserven. |
| **FT-Fasern** | Schnell kontrahierende Muskelfasern (fast twitch fibres; Typ-II-Fasern).<br>Die Rekrutierung der FT-Fasern erfolgt nur bei grösserem Krafteinsatz. |

| | |
|---|---|
| Gamma-Faser | Nervenfaser, die im Gegensatz zu den Alpha-Fasern nur eine relativ dünne Myelinscheide aufweist. |
| Gamma-Innervation | Efferente Innervation der Muskelspindeln (Dehnungsrezeptoren in der Skelettmuskulatur). Durch Gamma-Innervation wird die Empfindlichkeit der Muskelspindeln reguliert. |
| Ganglion/Ganglien | Ausserhalb des zentralen Nervensystems liegende Ansammlung von Nervenzellen (Zellkörpern).<br>Spinalganglien: links und rechts vom Rückenmark angeordnete Ganglien, welche die Zellkörper der afferenten Nervenfasern enthalten. |
| Gen | Teil der Erbsubstanz (DNA-Abschnitt), der die Information für die Synthese einer Aminosäurekette enthält. |
| Genexpression | Umsetzung genetischer Information: Prozess, bei dem die Information eines Teils der Erbsubstanz (DNA) durch Transkription auf ein «Informations-Transport-Molekül» (mRNA) übertragen und anschliessend von den Ribosomen durch die Bildung einer Aminosäurekette oder eines Proteins umgesetzt wird (Translation). |
| Genotyp | Gesamtheit der Erbanlagen eines Lebewesens. |
| Gesundheitssport | Form sportlicher Betätigung, die durch ein ausgewogenes Training alle motorischen Grundeigenschaften gleichermassen entwickelt und schult.<br>Gesundheitssport umfasst alle moderaten sportlichen Aktivitäten zur Erhaltung des physischen, psychischen und sozialen Wohlbefindens und bedeutet Freude an der Bewegung und Spass durch Sporttreiben.<br>Gesundheitssport steigert die Belastungstoleranz und vermittelt Erfolgserlebnisse durch Leistungssteigerung. |
| Glukose | «Einfaches Kohlehydrat»: $C_6H_{12}O_6$, wichtiger Energielieferant der Muskelfasern und alleiniger Energielieferant des ZNS. Durch den Abbau von Glukose wird Energie frei, die zur Bildung von ATP verwendet wird. |
| glycämischer Index | Angabe über den Einfluss eines Lebensmittels auf den Blutzuckerspiegel: Je schwächer die «Blutzucker-Antwort» eines Lebensmittels ist, desto tiefer ist der GI und desto schwächer ist auch die «Insulinausschüttung». |
| Glykogen | Polysaccharid: Speicherform der Glukose, beispielsweise in der Leber und in den Muskelfasern. Entsteht durch Verknüpfung von Glukosemolekülen $(C_6H_{12}O_6)_n$. |
| Glycolyse | Anaerober (nicht sauerstoffabhängiger) Abbau von Glukose zur Energiegewinnung. Dabei wird Glukose zu Brenztraubensäure (und allenfalls zu Laktat) abgebaut. |
| Golgi-Sehnenorgane | Spannungsrezeptoren in den Sehnen. Sie spielen eine wichtige Rolle bei der Regulation der Motorik. |
| Gonaden | Keimdrüsen. |

| | |
|---|---|
| **Grundlagenausdauer** | Konditionelle Fähigkeit: Ermüdungsresistenz bei lang dauernden Belastungen mit vorwiegend aerober Stoffwechsellage.<br>Sie ist eine wichtige Komponente der wettkampfspezifischen Ausdauer und eine Voraussetzung für die Bewältigung umfangreicher Belastungen im Training und im Wettkampf. |
| **Grundumsatz** | Energiebedarf bei Körperruhe (morgens, nüchtern, in geistiger und körperlicher Ruhe bei indifferenter Umgebungstemperatur von ca. 20–22° C in leichter Bekleidung).<br>Bei Männern: pro kg Körpermasse ca. 4,2 kJ/h = 1 kcal/h.<br>Bei Frauen: 10 % weniger. |
| **Hämatokrit** | Prozentualer Volumenanteil der Blutzellen pro Einheit Blutvolumen.<br>Normwerte: ♂ im Mittel etwa 45 % (40 bis 54 %); ♀ 37 bis 47 % (nach Silbernagl/Despopoulos 2001, S. 88).<br>Die roten Blutkörperchen machen etwa 99 % aller Blutzellen aus.<br>Der Hämatokrit hat einen grossen Einfluss auf die oxidative Kapazität ($VO_2$max) und damit auf die aerobe Leistungsfähigkeit. |
| **Hämoglobin** | Blutfarbstoff der roten Blutkörperchen (Erythrozyten). Kann Sauerstoff binden und wieder abgeben.<br>Normwerte: ♂ 140 bis 180 g/l Blut; ♀ 120 bis 160 g/l Blut (nach Silbernagl/Despopoulos 2001, S. 88). |
| **Harnstoff** | Harnstoff ist das Endprodukt des Eiweiss-Stoffwechsels.<br>Erhöhte Harnstoffwerte im Blut können auf muskuläre Überbelastung, auf einen Proteinüberschuss in der Ernährung, auf ein Glykogendefizit oder auf einen übermässigen Wasserverlust (eingeschränkte Harnstoffelimination) hindeuten. |
| **Herzfrequenzreserve (HFR)** | Herzfrequenzbereich zwischen dem Ruhepuls und der maximalen Herzfrequenz (HRmax). |
| **Herz-Minuten-Volumen** | Blutmenge, die pro Minute vom Herzen in die Aorta oder Lungenarterie ausgeworfen wird. |
| **Hormöostase** | Fliessgleichgewicht (zwischen aufbauenden und abbauenden Stoffwechselprozessen). |
| **Hormon** | Chemische Verbindungen, die im Organismus bestimmte Signale von Zelle zu Zelle oder von Organ zu Organ übertragen. |
| **Hyperplasie** | Zellvermehrung. |
| **Hyperthermie** | Überhitzung. |
| **Hypothermie** | Unterkühlung, abnorm niedrige Körpertemperatur. |
| **Hypertrophie** | Vergrösserung von Zellen.<br>In der Muskulatur führt der Einbau von kontraktilen Proteinen beziehungsweise Myofibrillen zu einer grösseren Muskelmasse und zu einer Zunahme der Querschnittsfläche. Im Krafttraining sind davon in erster Linie die Typ-II-Fasern betroffen. |

| | |
|---|---|
| Hyperventilation | Übermässige Atmung, vermehrte Lungenbelüftung.<br>Dabei kommt es vor allem zum Abatmen von $CO_2$, nicht aber zu einer Mehraufnahme von $O_2$. |
| Hypophyse | Hirnanhangdrüse. |
| Hypothalamus | Hirnregion am Übergang zwischen dem Hirnstamm und dem Grosshirn unterhalb der Thalamuskerne. Er wiegt etwa 5 g und bildet ein lebenswichtiges Zentrum für die Steuerung aller vegetativen Funktionen. |
| Hypoxie | Sauerstoffmangel. |
| Innervationsverhältnis | Angabe über die Grösse einer motorischen Einheit: Anzahl Muskelfasern, die durch ein Motoneuron innerviert werden (etwa 1:5 bis etwa 1:1500). |
| Inspiration | Einatmung. |
| Insulin | Hormon der Bauchspeicheldrüse. Es wird immer ausgeschüttet, wenn der Zuckergehalt im Blut steigt. Insulin senkt den Blutzuckerspiegel, indem es die Aufnahme von Glukose aus dem Blut in die Zellen (vor allem Leber und Muskulatur) fördert. Es ist ein wichtiges anaboles (aufbauendes) Hormon.<br>Lebensmittel mit hohem glycämischem Index provozieren eine «starke Insulin-Antwort». |
| intermuskuläre Koordination | Zusammenspiel verschiedener Muskeln.<br>IK im engeren Sinne: Zusammenspiel der Synergisten oder der Agonisten und Antagonisten in einem Gelenk.<br>IK im weiteren Sinne: Koordination von Ziel- und Stützmotorik. |
| intermittierendes Training | Hochintensives Intervalltraining: Training mit sehr kurzen Intervallen.<br>Beispiel: 10 × (10 Sekunden belasten mit 100 % $PVO_2max$/10 Sekunden aktive Pause bei 50 % $PVO_2max$). |
| intramuskuläre Koordination | Fähigkeit, bei Muskelkontraktionen viele motorische Einheiten gleichzeitig zu rekrutieren. Es geht dabei in erster Linie um die Rekrutierung und Synchronisierung der schnellen Muskelfasern (räumliche Summation). |
| isokinetisches Krafttraining | Trainingsform, bei welcher die Geschwindigkeit vorgegeben und die Last der Winkel-Kraft-Relation angepasst wird. In der Folge muss bei günstiger Gelenkwinkelstellung ein grösserer Kraftwert produziert werden als bei ungünstiger Gelenkstellung.<br>Es ergibt sich eine gleichmässige Bewegungsgeschwindigkeit auch bei einem maximalen Krafteinsatz über die ganze Bewegungsamplitude. |
| isometrisch | Gleiche Länge (eines Muskels): Kontraktionsform eines Muskels bei statischer Arbeitsweise. Die kontraktilen Elemente des Muskels verkürzen sich und die elastischen Komponenten werden gedehnt; der Muskel entwickelt Kraft, ohne seine Länge zu ändern. |
| isotonisch | Gleiche Spannung: (unkorrekte) Bezeichnung für dynamische Muskelarbeit (vgl. auxoton). |

| | |
|---|---|
| **Joule** | Grundeinheit der Wärme: 1 Joule = Wärmemenge, welche entwickelt wird, wenn ein Strom von der Stärke 1 A (Ampère) während einer Sekunde einen Draht mit einem Widerstand von 1 Ohm durchfliesst.<br>Umrechnung von Kalorien zu Joule: 1 kcal = 4,184 kJ; 1 kJ = 0,239 kcal.<br>Die Kalorienzahl wird mit 4,2 (genauer mit 4,184) multipliziert. |
| **Kapazität** | Kapazität des Energiestoffwechsels: Summe aller Arbeitsbeträge, die aus chemisch gespeicherter Energie gewonnen werden können (Heck und Schulz in: Deutsche Zschr. für Sportmedizin 7+8/2002, S. 203). |
| **Kapillaren** | Haargefässe der Blutbahn. Gefäss-Strecken, auf welchen der Gas- und Substrataustausch stattfindet. |
| **katabol** | Abbauend (abbauende Stoffwechselprozesse, z. B. zur Deckung des Energiebedarfs).<br>«Stresshormone»: Adrenalin, Noradrenalin und Dopamin. |
| **Kinase** | Enzym (Transferase), welches den Phosphattransfer von ATP auf entsprechende Substrate vermittelt (Beispiel: KrP + ADP ↔ Kr + ATP). |
| **Kinästhesie** | Bewegungsempfindung. |
| **kognitiv** | Kognitive Prozesse: aufnehmen und verarbeiten von Informationen, speichern und abrufen von Gedächtnisinhalten. |
| **Kohlendioxidäquivalent** | Quotient aus Atemminutenvolumen und Kohlendioxid-Abgabe (AMV/$VCO_2$).<br>Das Kohlendioxidäquivalent wird bei spiroergometrischen Tests ermittelt und gibt Auskunft über die Qualität der Stoffwechselprozesse. |
| **Kohlehydrat** | Kohlehydrate enthalten Kohlenstoff und $H_2O$ im Verhältnis 1:1 ($C_n(H_2O)_n$).<br>Es ist eine weit verbreitete Stoffklasse und für die meisten Zellen ein leicht verwertbares Substrat zur Energiegewinnung.<br>Monosaccharide, Disaccharide, Oligosaccharide, Polysaccharide. |
| **Kondition** | Unterschiedlich definierter Begriff:<br>Enge Begriffsfassung: Komplex der (sportlichen) Leistungsfähigkeit, der in besonderem Masse durch den Aufbau und die Funktion der energieliefernden Systeme bestimmt ist.<br>Erweiterte Begriffsfassung: Summe aller leistungsbestimmenden physischen Leistungsgrundlagen wie Kraft, Schnelligkeit, Ausdauer, Beweglichkeit und Koordination.<br>Weite Begriffsfassung: Summe aller physischen, psychischen und koordinativen Leistungsvoraussetzungen in sportartspezifischer Ausprägung. |
| **Konstitution** | Gesamtes Erscheinungs-, Funktions- und Leistungsgefüge eines Individuums. Dieses wird durch die Erbeigenschaften und durch Umwelteinflüsse (auch Training) geprägt. |
| **kontrahieren** | Sich verkürzen, sich zusammenziehen. |

| | |
|---|---|
| →konzentrisch | Dynamisch positive, überwindende Muskelarbeit, bei welcher sich der Muskel verkürzt (vgl. exzentrisch). |
| Koordination | Geordnetes Zusammenspiel von Organen und Organsystemen zur Gewährleistung einer bestimmten Funktion. |
| koordinative Fähigkeiten | Hotz unterscheidet im Lehrmittel «Sporterziehung», Band 6, Broschüre Ready – steady – go, S. 27, fünf koordinative Fähigkeiten.<br>Gleichgewichtsfähigkeit: Fähigkeit, das Gleichgewicht zu halten respektive es nach Verlust wieder zu erlangen. Sie ermöglicht es, das Gleichgewicht auch in anspruchsvollen Situationen zu (er)halten oder es möglichst rasch wieder zu erlangen.<br>Orientierungsfähigkeit: Fähigkeit, sich in Raum und Zeit rasch zu orientieren. Sie ermöglicht es, vor allem zeitlich-räumliche Anhaltspunkte und Veränderungen im eigenen Bewegungsverhalten zu erfassen und zu berücksichtigen.<br>Differenzierungsfähigkeit: Fähigkeit, Reize von innen und aussen wahrzunehmen und entsprechend sensomotorisch zu reagieren. Sie erlaubt es, innere und äussere Informationen zu überprüfen und so den Krafteinsatz oder die räumlich-zeitliche Präzision dosiert abzustimmen.<br>Reaktionsfähigkeit: Fähigkeit, Reize aufzunehmen und zweckmässig zu reagieren. Sie ist die Voraussetzung, Situationen möglichst schnell zu erkennen und sinnvolle Bewegungsantworten einzuleiten.<br>Rhythmisierungsfähigkeit: Fähigkeit, Bewegungsabläufe rhythmisch zu gestalten oder einen vorgegebenen Rhythmus aufzunehmen und in Bewegung umzusetzen. |
| körperliche Leistungsfähigkeit | Quantitative und qualitative Möglichkeiten des Menschen zu willkürlichen motorischen Handlungen. |
| Kraftausdauer | Ermüdungsresistenz bei länger dauernder Beanspruchung der Kraftfähigkeiten.<br>Fähigkeit, bei einer bestimmten Wiederholungszahl von Kraftstössen innerhalb eines definierten Zeitraumes die Verringerung der Kraftstosshöhen möglichst gering zu halten (nach: Martin/Carl/Lehnertz 1991, S. 109).<br>Fähigkeit, eine bestimmte physische Leistung (Kraft × Geschwindigkeit) über eine bestimmte Zeit aufrechtzuerhalten. |
| Kraftdefizit | Differenz zwischen der Absolutkraft und der Maximalkraft. |
| Kraftfähigkeit | Fähigkeit des neuromuskulären Systems, Kraft zu generieren.<br>Erscheinungsformen der menschlichen Kraft: Maximalkraft, Startkraft, Explosivkraft, Schnellkraft, Reaktivkraft, Kraftausdauer. |
| Kreatin | Körpereigene Substanz. Sie wird durch das Enzym Kreatinkinase zu Kreatinphosphat (Phospho-Kreatin) aufgeladen. Dieses dient als Phosphat-Spender bei der ATP-Resynthese.<br>Kreatin kommt vor allem in der Skelettmuskulatur sowie im Gehirn und im Herzmuskel vor. Kreatinlieferanten sind Fisch, Geflügel sowie Rind- und Schweinefleisch. Im Körper eines Erwachsenen sind etwa 100 bis 120 g Kreatin vorhanden. |

| | |
|---|---|
| **Kreatinkinase** | Enzym des Kreatinphosphat-Stoffwechsels in der Muskelfaser. Nach intensiver Beanspruchung der Muskulatur kann es infolge erhöhter Durchlässigkeit der Muskelfaser-Membrane in erhöhter Konzentration im Blutserum nachgewiesen werden. |
| **Kreatinphosphat** | Energiereiche Phosphatverbindung, welche bei muskulärer Arbeit in der Muskelfaser das Absinken des ATP-Spiegels verhindert. |
| **Kyphose** | Konkave Krümmung der S-förmig geschweiften menschlichen Wirbelsäule im Brust- und Kreuzbeinbereich (vgl. auch Lordose). |
| **Laktat** | Laktat ist das Salz der Milchsäure. Es entsteht in der Muskulatur, wenn das Sauerstoffangebot geringer ist als der Sauerstoffbedarf, so dass die anaerobe Glykolyse einen erheblichen Teil des Energiebedarfs decken muss. In dieser Situation wird ein Teil der bei der Glykolyse anfallenden Brenztraubensäure (Pyruvat) zu Milchsäure verarbeitet.<br>Die Laktatbildung ist von der Intensität der Belastung abhängig.<br>Wie viel Laktat akkumuliert wird, ist eine Frage der Dauer einer solchen Belastung. |
| **Laktatschwelle** | Individuelle Laktatschwelle: Bezugsgrösse für Trainingsempfehlungen, welche die individuellen Variationen der Laktatantwort berücksichtigt (auch «individuelle anaerobe Schwelle», IAS).<br>Die individuelle Laktatschwelle liegt bei Untrainierten häufig oberhalb von 4 mmol Laktat pro Liter Blut, bei trainierten Ausdauersportlern liegt sie oft unterhalb von 4 mmol/l Blut. |
| **Laktat-Steadystate** | Gleichgewicht zwischen Laktatdiffusion und Laktatelimination. |
| **Lean body mass** | «Fettfreie» Körpermasse. |
| **Leistung (P)** | Kraft × Weg/Zeit = Kraft × Geschwindigkeit = Arbeit/Zeit.<br>$P = F \times s/t = F \times v$<br>Leistung ist das Mass für die Geschwindigkeit, mit der eine Arbeit verrichtet wird. |
| **Leistungsfähigkeit** | Summe der maximalen Umsatzraten (Arbeitsbeträge/Zeit) der einzelnen energieliefernden Systeme (Heck und Schulz in: Deutsche Zschr. für Sportmedizin, 7+8/2002, S. 202 f.). |
| **Leukozyten** | Weisse Blutkörperchen. |
| **Lipide** | Chemisch heterogen aufgebaute Stoffklasse. Lipide enthalten viele lipophile (hydrophobe, nicht wasserlösliche) Gruppen.<br>Zum Beispiel Fettsäuren (gesättigte und ungesättigte), Öle, Steroide. |
| **Lipolyse** | Fettabbau. |
| **lokale Ausdauer** | Physische Ermüdungsresistenz, wenn weniger als $1/6$ der gesamten Skelettmuskelmasse beteiligt ist. Fähigkeit, eine Arbeit trotz lokaler Übersäuerung fortzusetzen. |
| **Lordose** | Konvexe Krümmung der S-förmig geschweiften menschlichen Wirbelsäule im Hals- und Lendenbereich (vgl. auch Kyphose). |

| | |
|---|---|
| **Luxation** | Verrenkung. |
| **Lymphe** | Flüssigkeit (2 bis 3 Liter pro Tag), die im Kapillargebiet aus dem Blutplasma ins Gewebe gelangt. Sie wird durch die Lymphgefässe aufgenommen und wieder zurück ins Blut transportiert. |
| **maximale Sauerstoffaufnahme** | Siehe unter $VO_2max$. |
| **Maximalkraft** | Grösstmögliche Kraft, welche das Nerv-Muskel-System bei maximaler willkürlicher Kontraktion ausüben kann. 1 RM (1 Repetitionsmaximum). |
| **MAXLASS** | Maximaler Laktat-Steadystate: Wird bei Belastungen erreicht, bei denen die maximale Laktat-Eliminationsrate des Organismus gerade noch ein Ansteigen des Blut-Latkat-Spiegels verhindern kann. |
| **MET** | «Metabolic Equivalent»: Ein MET entspricht der Sauerstoffaufnahme bei Ruhe. Mit METs kann angegeben werden, um wie viel Mal höher der Energieverbrauch bei einer bestimmten Tätigkeit ist als in ruhig sitzender Position.<br>Der Energieverbrauch in sitzender Position entspricht durchschnittlich 3,5 ml Sauerstoffverbrauch pro kg Körpermasse und pro Minute oder 1 kcal/kg/h.<br>1 MET = 3,5 ml $O_2$/kg pro min. |
| **Metabolismus** | Stoffwechsel. |
| **Mitochondrien** | «Kraftwerke der Zelle»: Zellorganellen, welche dem aeroben Stoffwechsel und damit dem oxidativen Wiederaufbau von ATP aus ADP + $P_i$ dienen. |
| **mmol** | Millimol: Masseinheit, z. B. für die Laktatkonzentration im Blut. |
| **Motoneuron** | Motorische (efferente) Nervenfaser, welche im Vorderhorn des Rückenmarks liegt und einer Gruppe von Muskelfasern die Kontraktionsbefehle des ZNS übermittelt (vgl. motorische Einheit). |
| **Motorik** | Gesamtheit aller Prozesse, welche die Haltungen und Bewegungen regulieren.<br>Schnabel/Thiess 1993, S. 590: «Die Motorik beruht in erster Linie auf den Funktionen des sensorischen und neuromuskulären Systems. Die hierarchisch geordneten Strukturen des ZNS sind im Zusammenspiel mit den aktiven und passiven Elementen des Bewegungsapparates für die Sicherung von Körperhaltung und Bewegung verantwortlich; denn Bewegung setzt Haltung voraus. In der menschlichen Tätigkeit ist die Motorik universelles Mittel zur Auseinandersetzung und Kommunikation mit der Umwelt.»<br>Feinmotorik: Ausdruck kleinräumiger, präziser Bewegungen mit relativ geringem Krafteinsatz der an der Bewegung beteiligten Muskulatur.<br>Grobmotorik: Grossräumige Bewegungen, die durch den Einsatz vieler Muskelgruppen hervorgerufen werden und in der Regel den grössten Teil der kinematischen Ketten einbeziehen. |
| **motorische Einheit** | Neuromotorische Funktionseinheit. Sie besteht aus einem Motoneuron, seinem Axon und den von ihm versorgten Muskelfasern. Die motorischen Einheiten sind in Bezug auf die Muskelfasertypen homogen (FT- oder ST-Fasern). |

| | |
|---|---|
| **Muskelkater** | Pathologische strukturelle Veränderung der Muskelfaser (Mikrotrauma) infolge exzentrischer Überbeanspruchung.<br>Die damit verbundenen Schmerzen treten mit einer Verzögerung von 24 bis 48 Stunden auf (DOMS: Delayed onset muscle soreness). Sowohl der Muskelzellschaden wie die Funktionseinbusse scheinen in den meisten Fällen reversibel zu sein. |
| **Muskel-Leistungsschwelle** | Widerstand, bei welchem ein Muskel die grösstmögliche Leistung erbringen kann. |
| **Muskelspindel** | Kompliziert gebaute, hochspezialisierte Muskelfasern, welche als Dehnungsrezeptoren bei der Regulation der Motorik eine wichtige Rolle spielen. |
| **muskuläre Disbalance** | Neuromuskuläres Phänomen. Gestörtes Gleichgewicht zwischen den (oft verkürzten) tonischen Muskeln und ihren (häufig geschwächten) phasischen Antagonisten.<br>Disbalancen können auch als «funktionelle Anpassungen» an einseitige Anforderungen im Sport verstanden werden. |
| **Myoblasten** | Embryonale Zellen, die im Verlaufe der vorgeburtlichen Entwicklung zu Muskelfasern fusionieren oder als Satellitenzellen im Muskelgewebe erhalten bleiben. |
| **Myofibrille** | Kleinste funktionelle Einheit des Muskels; enthält zahlreiche hintereinander geschaltete Sarkomere. |
| **Myofilament** | Aktin- und Myosinfilamente, die durch Interaktion die Verkürzung der Sarkomere und damit der Myofibrillen und schliesslich der Muskelfasern ermöglichen. |
| **myogen** | Die Muskelfasern respektive Muskulatur betreffend. |
| **Myoglobin** | Roter Muskelfarbstoff, der Sauerstoff reversibel binden kann. |
| **Myokard** | Muskelschicht der Herzwand. |
| **Myosinfilament** | Eiweissmolekül. Die Myosinfilamente bilden zusammen mit den Aktinfilamenten die kontraktilen Komponenten innerhalb der Myofibrillen einer Muskelfaser (vgl. Myofibrillen und Sarkomer). |
| **Myosin-ATPase** | ATP-spaltendes Enzym. Es ist als Teil des Myosinkopfes zuständig für die Umwandlung von biochemischer Energie in biomechanische (kinetische) Energie. |
| **Myostatin-Gen** | Das Myostatin-Gen (GDF-8 = Growth and Differentation Factor 8) ist ein Gen, das bei Säugetieren die Entwicklung der Muskelmasse mitbestimmt. Die Grösse der Muskelmasse gilt als besonders gut vererbbar und ist ein wichtiges Talentkriterium. |
| **Neurit** | Nervenfaser, Zellfortsatz, mit dem die Nervenzelle Erregungen (Aktionspotenziale) zu anderen Zellen weiterleitet. |
| **Neuron** | Nervenzelle: Grundeinheit des Nervensystems, bestehend aus dem Nerven-Zellkörper, den Dendriten, dem Axon und seinen Synapsen. |

| | |
|---|---|
| **Noradrenalin** | «Stresshormon» (siehe auch Adrenalin). |
| **O$_2$-Defizit** | Differenz zwischen dem Sauerstoff-Steadystate-Wert und der aktuellen Sauerstoffaufnahme zu Beginn einer muskulären Belastung.<br>Das O$_2$-Defizit setzt sich zusammen aus den verbrauchten O$_2$-Depots im Blut und in den Muskeln, dem Verbrauch an Kreatin-Phosphat und ATP sowie dem Energiebetrag aus der anaeroben Glykolyse, der zur Bildung von Laktat führt. |
| **Osteoporose** | Erhöhte Knochenbrüchigkeit respektive Knochenschwund. Die Osteoporose beruht auf einem (in der Regel) hormonell bedingten Missverhältnis zwischen Substanzaufbau und Substanzabbau im Knochengewebe. Betroffen sind vor allem Frauen nach den Wechseljahren (Östrogenmangel).<br>Auch junge Frauen mit einem geringen Körpergewicht respektive einem zu geringen Körperfettanteil und/oder solche, die einen extremen Trainingsaufwand betreiben, leiden oft an Östrogenmangel und erhöhter (teilweise nicht reversibler) Knochenbrüchigkeit.<br>Die Alarmsignale (extrem geringer Körperfett-Anteil und Zyklusstörungen) dürfen auf keinen Fall überhört werden! |
| **Östrogene** | Weibliche Sexualhormone. |
| **Overreaching (OR)** | Überbelastung: Zustand, der durch einen ungeplanten Leistungseinbruch gekennzeichnet ist. OR ist das Resultat eines länger dauernden Ungleichgewichts zwischen Belastung und Erholung im Sport. |
| **Overtraining (OT)** | Siehe Übertraining. |
| **oxidative Kapazität** | Siehe VO$_2$ max. |
| **Parasympathicus** | Alle vegetativen Nervenfasern, die im Mittelhirn, im verlängerten Mark oder im Kreuzbeinabschnitt des Rückenmarks entspringen. Sie stellen den Organismus auf Ruhe ein und spielen für die Regenerationsmechanismen eine entscheidende Rolle. |
| **Peptid** | Aminosäurekette (AS). Bei Peptiden sind bis zu 10 AS miteinander verknüpft (Dipeptid, Tripeptid, Oligopeptid (3 bis 10 AS), Polypeptid (> 10 AS). Bei mehr als 100 AS spricht man von Proteinen (Makropeptid). |
| **Perzentile** | Statistische Messgrösse: Prozentrang. |
| **pH** | Der pH entspricht dem negativen dekadischen Logarithmus der molaren H$^+$-Konzentration. Einem pH-Wert von 7 entspricht eine H$^+$-Konzentration von [H$^+$]= 10 bis 7 mol/l.<br>Neutral: pH = 7,0; alkalisch: pH > 7,0; sauer: pH < 7,0.<br>Die saure oder alkalische Reaktion einer Flüssigkeit hängt von der Konzentration der jeweils vorliegenden freien Wasserstoffionen ab. Sie wird durch den pH-Wert charakterisiert. |
| **Phänotyp** | Erscheinungsbild. Es kommt auf der Grundlage der Erbeigenschaften (Genotyp) durch den Einfluss der Umwelt (auch Training) zustande. |

| | |
|---|---|
| phasische Muskeln | Muskeln, welche in erster Linie Bewegungsfunktionen erfüllen und aufgrund ihrer Nervenversorgung die Tendenz haben, bei Fehlbelastung abzuschwächen (vgl. tonische Muskeln). |
| plyometrisches Krafttraining | Sehr effizientes Krafttraining zur Optimierung der Reaktivkraft. Beim plyometrischen Training kommt es zu einer komplexen Koppelung des Effekts des exzentrischen konzentrischen Trainings. Durch die Vorinnervation, die «Aufschaltung des Dehnreflexes», und die wirkungsvolle Beanspruchung der elastischen Komponenten des Muskels werden maximale Trainingsreize erzeugt. |
| posttetanische Potenzierung | Effekt, der dazu führt, dass ein Muskel nach einer optimalen Tonisierung kurzfristig eine grössere Explosivkraft generieren kann. |
| Pressatmung | Technik, die bei hohem statischem Krafteinsatz zur Stabilisierung der Wirbelsäule und des Brustkorbes angewendet wird: Nach der Einatmung werden die äusseren Atemwege geschlossen. Gleichzeitig wird die Ausatmungsmuskulatur gespannt, so dass der Druck im Brust- und Bauchraum erhöht wird (Valsalva-Mechanismus). |
| Propriozeptor | Rezeptoren der «Tiefensensibilität». Sie dienen als Teile des kinaesthetischen Sinnessystems zur Regulation der Motorik. Messfühler für Längenveränderungen in den Muskeln (Muskelspindeln), Spannungsveränderungen in den Sehnen (Golgi-Sehnenorgane) und für die Stellung der Gelenke (Gelenkrezeptoren). |
| propriozeptives Training | Komplexe Übungen, die hohe Anforderungen an die Regulation der neuromuskulären Aktivität stellen: Übungen auf labiler oder instabiler Unterlage (Kreisel, «Swiss Ball», «Balance-Pad», Airostep und andere). |
| Protein | Makropeptid: Kette von Aminosäuren. Siehe auch Peptid. |
| Pubeszenz | Erste Phase bis zur Geschlechtsreife. |
| Puffersysteme | Puffersysteme sind Systeme, die den Effekt eines $H^+$- oder $OH^-$-Ionen-Zusatzes puffern und abschwächen. Physiologische Puffersysteme bestehen aus einer schwachen Säure HA und ihrer korrespondierenden Base A. |
| Pyruvat | Salz der Brenztraubensäure. Pyruvat entsteht als Endprodukt der anaeroben Glykolyse und wird in den Muskelfasern entweder zu Laktat umgebaut oder über den aeroben Weg zu $CO_2$ und $H_2O$ abgebaut. |
| Reaktivkraft | Kraftimpuls, der innerhalb eines Dehnungs-Verkürzungs-Zyklus generiert werden kann. Die Reaktivkraft wird von der Maximalkraft, der Kraftbildungsgeschwindigkeit und der reaktiven Spannungsfähigkeit beeinflusst. |
| Reflex | Stereotype Reaktion des Organismus auf einen Reiz. Prozess, durch den die Stabilität eines dynamischen Systems durch ständige Kontrollen und Korrekturen aufrechterhalten wird (kreisförmig geschlossener Informationsaustausch: Regelkreis). |

| | |
|---|---|
| Rehabilitation | Korrektur eines körperlichen Defizits und Wiederherstellung der normalen Belastbarkeit. |
| Rekrutierung | Vorgang zur Regulierung der Muskelspannung durch den Einbezug oder die Zuschaltung von motorischen Einheiten.<br>Rekrutierungsfähigkeit: Fähigkeit, (viele) motorische Einheiten zu aktivieren.<br>Vergleiche: Hennemann'sches Rekrutierungsprinzip. |
| Resorption | Aufnahme flüssiger oder gelöster Stoffe in die Blut- oder Lymphbahn.<br>Beispielsweise Aufnahme der gelösten Nährstoffe aus dem Dünndarm. |
| respiratorischer Quotient (RQ) | Spirometrische Messgrösse: Verhältnis von Kohlendioxidausscheidung ($VCO_2$) zu Sauerstoffaufnahme ($VO_2$); $RQ = VCO_2/VO_2$.<br>Der RQ ist eine wichtige Messgrösse in der Spiroergometrie und dient als Kriterium der Ausbelastung und gibt Hinweise auf die Substratselektion (Glukose und/oder Lipide) für die Energiebereitstellung.<br>$RQ = 1$ ($C_6H_{12}O_6 + 6\,O_2 \rightarrow 6\,H_2O + 6\,CO_2$); $6\,CO_2/6\,O_2 = 6/6 = 1$.<br>$RQ = 1$: Der Energiebedarf wird vollumfänglich durch den Glukose-Stoffwechsel gedeckt, die Leistung liegt im Bereich der anaeroben Schwelle (MAXLASS).<br>$RQ = 0{,}7$: Der Energiebedarf wird weitgehend durch die Beta-Oxidation (Fettverbrennung) gedeckt.<br>$RQ > 1$: Die Leistung liegt oberhalb der anaeroben Schwelle, es wird Laktat akkumuliert und vermehrt $CO_2$ abgeatmet, damit das Säure-Basen-Gleichgewicht im Blut aufrechterhalten werden kann. |
| Retardation | Verzögerung von Wachstums- und Entwicklungsvorgängen (Gegensatz zur Akzeleration).<br>Retardierte Kinder/Jugendliche sind biologisch noch nicht so weit entwickelt wie gleichaltrige, durchschnittlich entwickelte. |
| Rezeptoren | Messfühler: Hochspezialisierte Zellen und Nervenendigungen, welche chemische und/oder mechanische Reize in nervöse Erregungen umwandeln. |
| Ribosom | Zellstruktur, welche bei der Biosynthese von Proteinen die genetische Information von der Boten-RNA (mRNA) abliest und umsetzt. |
| RQ | Siehe respiratorischer Quotient. |
| Satellitenzellen | Den Muskelfasern angegliederte Zellen, die stammzellenähnliche Eigenschaften haben. Sie können sich bei Bedarf teilen und mit bestehenden Muskelfasern fusionieren. Die Satellitenzellen spielen eine wichtige Funktion bei Reparaturprozessen von Mikrotraumata (Muskelkater) und zur Erhaltung des optimalen Verhältnisses von Plasmavolumen und Kernzahl bei der Vergrösserung des Muskelfaservolumens durch Hypertrophie. |
| Säure | Substanz, die in Lösungen Wasserstoffionen abgibt (Protonen-Donator). |
| Säuren-Basen-Haushalt | Zustand des Säure-Basen-Gleichgewichts in Körperflüssigkeiten. Dieses wird durch extra- und intrazelluläre Puffersysteme sowie durch die Lungen und die Nieren reguliert. |

| | |
|---|---|
| Sauerstoffäquivalent | Quotient aus Atemminutenvolumen und $O_2$-Aufnahme (AMV/$VO_2$). Das Sauerstoffäquivalent wird bei spiroergometrischen Untersuchungen ermittelt und gibt Auskunft über die Ökonomie der Atmung. |
| Sauerstoffaufnahme | Sauerstoffmenge, die aus der eingeatmeten Luft aufgenommen und im Körper verwendet wird. Ruhebedarf: ca. 0,3 l Sauerstoff pro Minute. Maximale Sauerstoffaufnahme: siehe unter $VO_2$ max. |
| Sauerstoffdefizit | Sauerstoffmenge, welche zu Beginn einer Belastung oder in Folge einer Intensitätssteigerung zur Deckung des Energiebedarfs benötigt würde, aber nicht aufgenommen werden kann. |
| Sauerstoffpuls | Mass für die pro Herzschlag beförderte und im Organismus aufgenommene Sauerstoffmenge: Quotient aus der Sauerstoffaufnahme und der Herzfrequenz. Der $O_2$-Puls ist abhängig vom Herzschlag-Volumen, der Sauerstoffbindungskapazität des Blutes und der Sauerstoffverwertung im Gesamtorganismus. |
| Sauerstoffschuld | Sauerstoffmenge, welche nach Beendigung einer Belastung über den Ruhebedarf hinaus aufgenommen werden muss, um das Sauerstoffdefizit zu kompensieren und den Bedarf für die Wiederherstellung zu decken. |
| Sarkomer | Kleinste kontraktile Einheit einer Muskelfaser. In einer Myofibrille sind Tausende von Sarkomeren hintereinander geschaltet. Ein Sarkomer besteht zur Hauptsache aus Aktin- und Myosinfilamenten und verkürzt sich, wenn diese Filamente bei einer Muskelkontraktion aneinander vorbeigleiten. |
| Schnelligkeit | Fähigkeit, auf ein Signal hin schnellstmöglich zu reagieren (Reaktionsschnelligkeit). Fähigkeit, Bewegungen bei geringen Widerständen mit höchster Geschwindigkeit durchzuführen (Aktionsschnelligkeit). Fähigkeit, in komplexen Situationen rasch und adäquat zu handeln (Handlungsschnelligkeit). |
| Schnellkraft | Fähigkeit, in kurzer Zeit einen hohen Kraftstoss zu generieren. |
| Schwellengewicht | Widerstand, mit dem bei einer dynamischen Kontraktion die maximale Leistung erzielt werden kann. |
| sensomotorisch | Zusammenspiel der sensorischen und motorischen Systeme bei der Bewältigung von Bewegungsaufgaben. |
| sensorisch | Das Empfindungsvermögen betreffend, afferent. |
| Skoliose | Verkrümmung der Wirbelsäule zur Seite. |
| somatisch | Das Soma, den Körper, betreffend. |
| spezielle Ausdauer | Aerob-anaerobe Leistungsfähigkeit und Ermüdungsresistenz in Anpassung an die sportartspezifische Belastungsstruktur einer bestimmten Disziplin. |

| | |
|---|---|
| **Spiroergometrie** | Kombination von Atemfunktionsdiagnostik (Spirometrie) und Leistungsdiagnostik (Ergometrie).<br>In der Regel werden das Atem-Minuten-Volumen (AMV), die Sauerstoffaufnahme ($VO_2$) und die Kohlendioxidabgabe ($VCO_2$) gemessen und der respiratorische Quotient (RQ) berechnet. |
| **Spirometrie** | Bestimmung der Atemgrössen. |
| **Squat Jump** | Test-Übung für die Bestimmung der Explosivkraft (Sprungkraft): Vertikalsprung ohne Ausholbewegung aus einer Kniewinkelstellung von etwa 100°. |
| **Startkraft** | Vermögen, bei Kontraktionsbeginn (in den ersten 30 msec) einen hohen Kraftanstieg zu entwickeln. |
| **Steadystate** | Gleichgewichtszustand von physiologischen Systemen: Konstanz von Kreislauf-, Atmungs- und Stoffwechselparametern während einer dynamischen Arbeit von konstanter Intensität. Bei gleich bleibender submaximaler Beanspruchung sind $O_2$-Aufnahme und $CO_2$-Abgabe im Gleichgewicht; die Herzfrequenz und die Atemwerte bleiben etwa gleich. |
| **Stenose** | Einengung einer Struktur, z. B. eines Blutgefässes. |
| **Steroide** | Gruppe von fettlöslichen organischen Substanzen, die sich vom Cholesterin beziehungsweise den Lipiden ableiten. Dazu gehören männliche und weibliche Sexualhormone sowie Nebennierenrinden-Hormone (Kortikosteroide). |
| **Steuerung** | Vorgang, bei dem der Output eines offenen Systems durch Input von aussen beeinflusst wird (vgl. Regelung). |
| **ST-Fasern** | Langsam kontrahierende ermüdungsresistente Muskelfasern (ST-Fasern = Typ-I-Fasern). |
| **Stehvermögen** | Synonym für anaerobe Kapazität: Fähigkeit, trotz einer eingegangenen «Sauerstoffschuld» und einer entsprechenden Azidose eine hohe Leistung aufrechtzuerhalten (Laktattoleranz).<br>Das Stehvermögen wird in den Ausdauersportarten entweder durch den Vergleich der für die erste und die zweite Hälfte eines Wettkampfes erreichten Zeit abgeschätzt oder durch die Differenz zwischen der aktuellen Bestleistung eines Sportlers auf seiner Wettkampfstrecke zur doppelten Bestzeit auf der Halbdistanz dargestellt (Stehvermögensfaktor).<br>Nach Schnabel/Theiss (1993): Fähigkeit eines Sportlers, einen ermüdenden Wettkampf bis zu dessen Abschluss mit hoher Effizienz durchzuhalten. |
| **Stiffness** | Fähigkeit des Muskelgewebes, dehnenden Kräften einen Widerstand entgegenzusetzen.<br>Stiffness wird charakterisiert durch den Härtekoeffizienten (das Verhältnis von sich wiederherstellender Kraft zur Muskellänge [N/m] nach einer Dehnung).<br>Die Stiffness limitiert das elastische Potenzial eines Muskel-Sehnen-Komplexes und ist entscheidend für die Speicherung elastischer Energie und für deren Wiederverwendung in einem Dehnungs-Verkürzungs-Zyklus (Reaktivkraft).<br>Das Stiffnessverhalten ist von der muskulären Aktivierung abhängig, denn die elastischen Elemente eines Muskel-Sehnen-Komplexes können nur so lange Spannungsenergie speichern, wie der Muskel die notwendige Gegenkraft produziert. |

| | |
|---|---|
| Stützmotorik | Muskeltätigkeit, die für die Erhaltung der Rumpf- und Gelenkstabilität sowie des Körpergleichgewichts im Gravitationsfeld der Erde erforderlich ist (vgl. Zielmotorik). |
| Superkompensation | Kompensation über das ursprüngliche Niveau hinaus: Reaktion des Organismus auf eine Homöostasestörung. Sie führt während der Regenerationsphase zu einer Zunahme der Leistungsfähigkeit und der Belastbarkeit. |
| Sympathicus | Teil des vegetativen Nervensystems, der unter anderem den Organismus auf Leistung einstellt. |
| Symphyse | Knorpelige Verbindung zwischen zwei Knochen: Schambeinfuge (Symphysis pubica), Zwischenwirbelscheiben (Symphysis intervertebralis) und Verbindung der Rippen mit dem Brustbein (Symphysis manubriosternalis). |
| Synapse | Übertragungsort von nervösen Signalen von einer Nervenzelle auf eine andere oder von einem Motoneuron auf eine Muskelfaser (motorische Endplatte). |
| Synergisten | Muskeln, welche synergistisch (gleichgerichtet) arbeiten. |
| Synovialflüssigkeit | Gelenkschmiere. |
| Systole | Kontraktion des Herzmuskels (Druckanstiegs- und Austreibungsphase). |
| Technik | Ein in der Praxis erprobtes Verfahren zur Lösung von komplexen Bewegungsaufgaben. |
| Test | Wissenschaftlich begründete Methode zum Kenntnisgewinn in einem Gegenstandsbereich, über den bereits grundlegende Aussagen vorliegen (vgl. Test-Objektivität, -Reliabilität, -Validität). |
| Test-Objektivität | Hauptgütekriterium eines Tests: Grad der Beständigkeit der Testergebnisse, bezogen auf den Einfluss verschiedener Untersucher (Testleiter, Testauswerter). |
| Test-Reliabilität | Hauptgütekriterium eines Tests: Mass für die Beständigkeit der Testergebnisse bei Wiederholung der Durchführung des Tests mit geringem zeitlichem Abstand in der gleichen Stichprobenauswahl. |
| Test-Validität | Hauptgütekriterium eines Tests: Grad der Genauigkeit/Gültigkeit, mit der ein Test den zu prüfenden beziehungsweise zu diagnostizierenden Sachverhalt tatsächlich erfasst. |
| Testosteron | Männliches Sexualhormon, wirkt anabol (aufbauend) und beeinflusst unter anderem auch das Körperwachstum, die Entwicklung der Muskulatur, die Muskelkraft und das Verhalten. |
| Titin | Proteinstruktur: Teil des Zytoskeletts innerhalb einer Muskelfaser. Titin dient der Stabilisierung der kontraktilen Proteine in den Sarkomeren. |
| Thermoregulation | Prozess zur Aufrechterhaltung der optimalen Körperkerntemperatur. |
| Thorax | Brustkorb. |

| | |
|---|---|
| tonische Muskulatur | Auch posturale Muskeln. Sie neigen aufgrund ihrer speziellen Nervenversorgung bei Über- und Fehlbelastungen zur Verkürzung (vgl. muskuläre Disbalance). |
| Tonus | Spannung. |
| Trainierbarkeit | Anpassungsfähigkeit des Organismus. |
| Training | Komplexer Handlungsprozess mit dem Ziel der planmässigen und sachorientierten Einwirkung auf die Leistungsfähigkeit und die Belastungstoleranz. |
| Trainingsinhalte | Trainingsübungen. |
| Trainingslehre | Systematische Sammlung von handlungsrelevanten Erkenntnissen zum Training, die auf wissenschaftlichen Untersuchungen und praktischer Erfahrung beruhen. |
| Trainingsmethoden | In der Praxis entwickelte Verfahren zur Erreichung von Trainingszielen. Zum Beispiel Dauermethoden, Intervallmethoden, Wiederholungsmethoden im Ausdauertraining; Pyramidentraining, statisches und dynamisches Training, isokinetisches und plyometrisches Training im Krafttraining. |
| Trainingsmittel | Mittel und Massnahmen, welche den Trainingsprozess unterstützen. Geräte (z. B. Kraftmaschinen, Hanteln, Sitzbälle), organisatorische Massnahmen (z. B. Pyramidentraining, Circuittraining), verbale, visuelle und kinästhetische Informationen (z. B. Erklärungen, Bewegungserfahrungen unter erleichterten Bedingungen). |
| Trainingsplanung | Verfahren zur systematischen Strukturierung des lang- und mittelfristigen Trainingsprozesses. Die Trainingsplanung ist immer auf die Erreichung bestimmter Trainingsziele ausgerichtet und muss das individuelle Leistungs- und Anpassungspotenzial des Trainierenden berücksichtigen. |
| Trainingsumfang | Pro Woche geleistete Trainingsarbeit. |
| Trainingswissenschaft | Wissenschaftliche Disziplin. Sie befasst sich mit den wissenschaftlich überprüften Aussagen zu Training, Leistung und Wettkampf und generiert neue Erkenntnisse durch empirische Forschung. |
| Transfer | Fördernder Einfluss bereits erworbener Kenntnisse, Fertigkeiten und Verhaltensweisen auf die Herausbildung von neuen ähnlichen Kenntnissen, Fertigkeiten und Verhaltensweisen. |
| Transformation | Umwandlung. |
| Transkription | Erster Schritt der Genexpression: Synthese einer mRNA-Kopie von einem DNA-Abschnitt im Zellkern. Die mRNA wird vom Enzym RNA-Polymerase zusammengesetzt. |
| Translation | Prozess, bei dem der Informationsgehalt eines mRNA-Moleküls in ein Polypeptid (Protein) umgesetzt wird. |

| | |
|---|---|
| **Transmitter** | Überträgerstoff. Neurotransmitter dienen der Übertragung von Signalen von Neuronen zu Neuronen (in den Synapsen) und von den Neuronen auf entsprechende Empfänger (z. B. auf eine Muskelfaser an der motorischen Endplatte). |
| **Troponin** | Troponin und Tropomyosin sind Proteine, welche innerhalb der Sarkomere eine wichtige Rolle bei der Auslösung einer Muskelkontraktion spielen. |
| **Überbelastung** | Overreaching: Zustand, der durch einen ungeplanten und unerwarteten Leistungseinbruch gekennzeichnet ist. Der Zustand ist das Resultat eines Ungleichgewichts zwischen Belastung und Erholung. Die Erholung erfordert eine Regenerationsphase von einigen Tagen bis maximal zwei Wochen. Unter günstigen Bedingungen kann in dieser Zeit eine Superkompensation realisiert werden. |
| **Übertraining** | Symptomkomplex mit Krankheitswert, der auf eine systemische Erschöpfung des Athleten zurückzuführen ist. Die Symptome treten häufig als Folge eines länger dauernden Ungleichgewichts zwischen Belastung und Erholung auf. Die Erholung erfordert spezielle Massnahmen und dauert mehrere Wochen bis Monate. |
| **Vene** | Blutgefäss, welches Blut von der Peripherie zum Herzen zurücktransportiert. Die Venen des Körperkreislaufs transportieren sauerstoffarmes (venöses) Blut aus der Peripherie über die untere und obere Hohlvene zum rechten Vorhof des Herzens, und die Venen des Lungenkreislaufs transportieren sauerstoffreiches (arterielles) Blut aus den Lungen zum linken Vorhof des Herzens. |
| **Venolen** | Kleine Venen am Übergang von den Kapillaren zu den grösseren Venen. |
| **Vesikel** | Von einer Membran umschlossene kleine Räume (Sekretgranula) im Cytosol, welche für den Export bestimmte Substanzen (z. B. Neuro-Transmitter) enthalten. |
| **Vestibularorgan** | Gleichgewichtsorgan im Innenohr. Die drei Bogengänge registrieren Drehbeschleunigungen um alle möglichen Raumachsen, und die Maculae (Sacculus und Triculus) registrieren geradlinige Bewegungen sowie Abweichungen des Kopfes von der Senkrechten. Die Vestibularreflexe dienen der Gleichgewichtserhaltung des Körpers (Stützmotorik) und dem «Im-Auge-Behalten» der Umwelt trotz Kopf- und Körperbewegungen (Blickmotorik). |
| **Vibrations-Krafttraining** | Trainingsform, bei welcher der Trainierende auf einer Vibrationsplatte steht, die mit einer Schwingungsamplitude von 3 bis 12 mm und einer Frequenz von 20 bis ca. 60 Hz vibriert. Amplitude und Frequenz können variiert werden. Durch die Vibrationen sollen auch bei geringer Anstrengung motorische Einheiten rekrutiert werden, die sonst nur bei hohen Belastungen (auch des passiven Bewegungsapparates) zum Einsatz kommen. |
| **Viskosität** | Zähflüssigkeit, Klebrigkeit, Zähigkeit. |
| **Vitalkapazität** | Luftmenge, die nach tiefster Einatmung maximal ausgeatmet werden kann. Sie setzt sich zusammen aus: Atemzugvolumen + inspiratorische Reserve + exspiratorische Reserve. |

| | |
|---|---|
| VO$_2$ | Sauerstoffaufnahme.<br>Die VO$_2$ kann bei Hochtrainierten um das 28fache, d. h. von 0,25 l/min in Ruhe auf 7 l/min bei maximaler Belastung gesteigert werden. |
| VO$_2$max | Die VO$_2$max ist eine repräsentative Messgrösse für die Leistungsfähigkeit des respiratorischen und kardiovaskulären Systems, ein Bruttokriterium der maximalen aeroben Energiegewinnung.<br>VO$_2$max = maximales Herz-Minuten-Volumen × maximale arterio-venöse Sauerstoff-Differenz (VO$_2$max = HMVmax × a-v Diffmax).<br>Die absolute VO$_2$max wird in l/min, die relative VO$_2$max in ml/kg Körpermasse/min angegeben.<br>Weltklasseathleten in Ausdauersportarten haben ein VO$_2$max von 80 bis 90 ml/kg/min, d. h., sie können pro Minute und pro kg Körpermasse 80 bis 90 ml Sauerstoff aufnehmen (verwerten).<br>Die VO$_2$max ist weitgehend genetisch bedingt. Sie kann durch Training um etwa 15 bis 20 % verbessert werden (nach Shepard/Astrand 1993, S. 18).<br>Leistungsbestimmend ist vor allem die Fähigkeit, einen grossen Prozentsatz der VO$_2$max (über längere Zeit) zu nutzen, ohne dass es zu einer Laktat-Akkumulation kommt (diese Fähigkeit ist eng korreliert mit der individuellen anaeroben Schwelle). |
| VO$_2$peak | Bei spiroergometrischen Messungen ermittelter Peak (Höchstwert), von dem man annimmt, dass er nicht dem VO$_2$max entspricht. |
| Wingate-Test | Test zur Messung der maximalen anaeroben Leistung. Der Proband arbeitet 30 Sekunden mit maximaler Umdrehungszahl gegen hohen Widerstand an einem Ergometer.<br>Es werden drei Parameter bestimmt:<br>Die maximale Leistung während jeder 5-Sekunden-Periode, die mittlere Leistung (oder Gesamtarbeit) während 30 Sekunden und die prozentuale Ermüdung, ausgedrückt als A minus B, geteilt durch A × 100.<br>A ist die höchste, B die niedrigste Leistung während einer einzelnen 5-Sekunden-Periode: (Spitzenleistung − niedrigste Leistung/Spitzenleistung) × 100. |
| Wirkungsgrad | Verhältnis zwischen Energieumsatz und der dabei erzeugten mechanischen Leistung. Der Wirkungsgrad ist ein objektives Mass der Bewegungsökonomie. In der Optimierung des Wirkungsgrades liegt eine potenzielle Reserve für die Leistungssteigerung (zum Beispiel durch Minimierung mechanischer Widerstände). |
| Zielmotorik | Teil der Motorik, welcher sich als gezielte, nach aussen gerichtete Bewegung äussert (vgl. Stützmotorik). |
| ZNS | Zentrales Nervensystem (Gehirn und Rückenmark). |
| Zytokine | Gewebshormone, die von verschiedenen Zellen freigesetzt werden und die Differenzierung und Funktion ihrer Zielzellen regulieren. Es sind etwa 50 verschiedene Zytokine bekannt. |
| Zytoskelett | Zelluläre Strukturen, welche die Form einer Zelle stabilisieren oder einzelne Strukturen an einem bestimmten Ort innerhalb der Zelle fixieren. |

**Masseinheiten**

| | |
|---|---|
| **Masse** | Einheit der Masse: kg |
| **Beschleunigung** | Geschwindigkeitsänderung pro Zeiteinheit: $m \times s^{-1} \times s^{-1} = m \times s^{-2}$ |
| **Kraft (F)** | Kraft = Masse × Beschleunigung = $m \times s^{-2}$<br>Spezialfall: Gewichtskraft = Masse × Erdbeschleunigung (ca. 9,8)<br>Einheit der Kraft: $kg \times m \times s^{-2}$ = N (Newton) |
| **Arbeit (W)** | Kraft × Weg<br>Einheit der Kraft: N (Newton)<br>Einheit des Weges: m (Meter)<br>Einheit der Arbeit: Nm; 1 Nm = 1 J (Joule)<br>Veraltete Einheit der Arbeit/Energie: Kalorie (cal); 1 kcal = 4185 J = 4,185 kJ |
| **Leistung (P)** | Kraft × Weg/Zeit = Kraft × Geschwindigkeit = Arbeit/Zeiteinheit<br>Einheit der Leistung: J/s = W (Watt) |

Stoff...
Stufentest
Superkompen...
Training 8
88, 89
122

# VERZEICHNISSE

# Verwendete und weiterführende Literatur

| | |
|---|---|
| Alberts, B.: | Lehrbuch der molekularen Zellbiologie. Weinheim ³2005. |
| Albrecht, K., Meier, S., Zahner, L.: | Stretching, das Expertenhandbuch. Heidelberg ³2001. |
| Appell, H. J., Stang-Voss, Ch.: | Funktionelle Anatomie. München ³1996. |
| Astrand, P. O., Rodahl, K. (eds.): | Textbook of word physiology. New York, McGraw-Hill Book Company. |
| Badtke, G. (Hrsg.): | Lehrbuch der Sportmedizin. Heidelberg ⁴1999. |
| Birbaumer, N., Schmidt, R. F.: | Biologische Psychologie. Berlin ⁴2003. |
| Boeckh-Behrens, W.-U., Buskies, W.: | Fitness-Krafttraining. Reinbek bei Hamburg 2000. |
| Bührle, M. (Hrsg.): | Grundlagen des Maximal- und Schnellkrafttrainings. Schorndorf 1985. |
| Campbell, N. A., Reece, J. B.: | Biologie. Heidelberg ⁶2003. |
| Clasing, D., Weicker, H., Böning, D.: | Stellenwert der Laktatbestimmung in der Leistungsdiagnostik. Stuttgart 1994. |
| Comerford, M.: | Kinetic Control. 2001. |
| Cometti, G.: | La Pliometrie. Dijon 1988. |
| Cometti, Gl: | Les methodes modernes de musculation. Dijon 1988. |
| de Marées, H.: | Sportphysiologie. Köln 2002. |
| Delavier, F.: | Muskel-Guide, gezieltes Krafttraining. München 2001. |
| van Duijn, E.: | Hören Sie auf Ihr Herz. Zürich 1995. |
| Ehlenz, H., Grosser, M., Zimmermann, E., Zintl, F.: | Krafttraining. München ⁵1995. |
| Ehrich, D., Gebel, R.: | Therapie und Aufbautraining nach Sportverletzungen. Münster 2000. |
| Faller, A.: | Der Körper des Menschen. Stuttgart ¹⁴2004. |
| Findeisen, D., Linke, P.-G., Pickenhain, L.: | Grundlagen der Sportmedizin. Leipzig ²1980. |
| Frick, H., Leonhardt, H., Starck, D.: | Allgemeine Anatomie. Spezielle Anatomie der Extremitäten und der Rumpfwand. Stuttgart ⁴1992. |
| Gottlob, A.: | Differenziertes Krafttraining. München 2001. |
| Grosser, M., Starischka, S.: | Das neue Konditionstraining. München 1998. |
| Harre, D.: | Trainingslehre. Einführung in die allgemeine Trainingsmethodik. Berlin 1971. |
| Hawley, J. A., Hopkins, W. G.: | Aerobic Glycolytic and aerobic Lipolytic Power Systems. In Zschr. Sports Med. 19/1995. |
| Hegner, J., Hotz, A., Kunz, H. R.: | Erfolgreich trainieren. Zürich ²2005. |
| Held, T.: | Ausdauertraining. Nicht veröffentlichte Kursunterlagen. Magglingen 1997. |
| Hirtz, P.: | Koordinative Fähigkeiten im Schulsport. Berlin 1985. |
| Hirtz, P., Hotz, A., Ludwig, G.: | Bewegungskompetenzen: Gleichgewicht. Schorndorf ²2005. |
| Hohmann, A., Lames, M., Letzelter, M.: | Einführung in die Trainingswissenschaft. Wiebelsheim 2002. |
| Hollmann, W., Hettinger, Th.: | Sportmedizin. Grundlagen für Arbeit, Training und Präventivmedizin. Stuttgart ⁴2000. |
| Hottenrott, K.: | The spirit of power: Ausdauertraining. Lüneburg 1997. |
| Hotz, A.: | Qualitatives Bewegungslernen. Bern ³1997. |
| Hotz, A., Weineck, J.: | Optimales Bewegungslernen. Erlangen 1983. |
| Huppelsberg, J., Walter, K.: | Kurzlehrbuch Physiologie. Stuttgart 2003. |
| Jonath, U.: | Lexikon der Trainingslehre. Reinbek bei Hamburg 1988. |
| Kapandji, I. A.: | Funktionelle Anatomie der Gelenke. Band 1 bis 3. Stuttgart 1980. |

| | |
|---|---|
| Klee, A.: | Bewegungskonzepte: Circuit-Training. Schorndorf 2002. |
| Kleinmann, D.: | Laufen. Sportmedizinische Grundlagen, Trainingslehre und Risikoprophylaxe. Stuttgart 1996. |
| Klinke, R., Silbernagl, S.: | Lehrbuch der Physiologie. Stuttgart $^3$2001. |
| Kloos, G.: | Thema Sport: Trainingsbiologie für die Schule, Teil I: Ausdauer. Berlin 1994. |
| Kloos, G.: | Thema Sport: Trainingsbiologie für die Schule, Teil II: Kraft. Berlin 1992. |
| Komi, P. V. (Hrsg.): | Kraft und Schnellkraft im Sport. Köln 1994. |
| Kunz, H. R. et al.: | Krafttraining. Stuttgart 1990. |
| Leitner, M.: | Allgemeine Trainingslehre. Nicht veröffentlichte Kursunterlage 2003. |
| Löffler, G., Petrides, P.: | Biochemie und Pathobiochemie. Berlin $^7$2003. |
| Losch, E.: | Allgemeine Bewegungslehre. Wiebelsheim 1999. |
| Martin, D., Carl, K., Lehnertz, K.: | Handbuch Trainingslehre. Schorndorf 1991. |
| Martin, D., Nicolaus, J., Ostrowski, Ch., Rost, K.: | Handbuch Kinder- und Jugendtraining. Schorndorf 1999. |
| Meyer, S.: | Rumpfstabilität. Nicht veröffentlichte Kursunterlagen. Magglingen 2003. |
| Neumann, G., Hottenrott, K.: | Das grosse Buch vom Laufen. Aachen 2002. |
| Neumann, G., Pfützner, A., Berbalk, A.: | Optimiertes Ausdauertraining. Aachen $^4$2005. |
| Peterson, L., Renström, P.: | Verletzungen im Sport. Köln $^3$2002. |
| Reichardt, H.: | Schongymnastik. München $^8$1996. |
| Reichert, H.: | Neurobiologie. Stuttgart und New York $^2$2000. |
| Rost. R. (Hrsg.): | Lehrbuch der Sportmedizin. Köln 2001. |
| Röthig, P. u. a. (Hrsg.): | Sportwissenschaftliches Lexikon. Schorndorf $^7$2003. |
| Schäffler, A., Menche, N.: | Biologie, Anatomie, Physiologie. München/Jena $^4$2000. |
| Scharf, W. M., Scharf, K.-H.: | Biologie heute S II. Hannover $^5$1992. |
| Scheid, V., Prohl, R.: | Kursbuch Sport 2: Trainingslehre. Wiebelsheim $^8$2003. |
| Schmidt, R., Thews, G., Lang, F.: | Physiologie des Menschen. Berlin $^{29}$2005. |
| Schnabel, G., Harre, D., Borde, A.: | Trainingswissenschaft. Berlin 1994. |
| Schnabel, G., Thiess, G.: | Lexikon Sportwissenschaft. Berlin 1993. |
| Schürch, P.: | Leistungsdiagnostik. Erlangen 1987. |
| Schütz, R.: | Ausdauertraining. Nicht veröffentlichte Kursunterlagen. Bern 2001. |
| Schwegler, J. S.: | Der Mensch. Anatomie und Physiologie. Stuttgart $^3$2002. |
| Silbernagl, S., Despopoulos, A.: | Taschenatlas der Physiologie. Stuttgart $^5$2001. |
| Shepard, R., Astrand, P. O.: | Ausdauer im Sport. Köln 1993. |
| Spring, H. et al.: | Dehn- und Kräftigungsgymnastik. Stuttgart $^2$1988. |
| Villiger, B. et al.: | Ausdauer. Stuttgart 1991. |
| Weicker, H., Strobel, G.: | Sportmedizin: Biochemisch-physiologische Grundlagen und ihre sportartspezifische Bedeutung. Stuttgart 1994. |
| Weineck, J.: | Optimales Fussballtraining. Balingen $^6$2004. |
| Weineck, J.: | Optimales Training. Balingen $^{14}$2003. |
| Weineck, J.: | Sportanatomie. Balingen $^{12}$2003. |
| Weineck, J.: | Sportbiologie. Balingen $^8$2002. |
| Weitz, B.: | Atlas der Anatomie. Oldenburg 1998. |
| Wilmore, J. H., Costill, D.: | Physiology of Sport and Exercise. USA 1999. |
| Zahner, L. et al.: | Aktive Kindheit – gesund durchs Leben. Magglingen 2004. |
| Zintl, F.: | Ausdauertraining. München 1994. |
| Zintl, F., Eisenhut, A.: | Ausdauertraining. München $^6$2004. |

# Stichwörter

Adaptation   36, **92 ff.**, 242
aerob   74–84, 182, 185 f.
aerobe Kapazität   185 f., **186, 242**
aerobe Leistungsfähigkeit   185, **186, 242**
aerober Stoffwechsel   74–84, **242**
anaerobe Glykolyse   74–84, **243**
anaerobe Kapazität   185, **187, 244**
anaerobe Leistungsfähigkeit   185, **187, 244**
anaerobe Schwelle   76, **244**
Arbeit   24–26
ATP   74–84, **245**
Aufbautraining   109 f.
Ausdauer   20–23, 180–207, **245**
Ausdauertraining   188–207, **246**
Belastungsintensität   102, **114**
Belastungssteigerung   105
Belastungstoleranz   19, 36, **41**, 92 f., 101
Beweglichkeit   208–219, **246**
Beweglichkcitstraining   212 ff.
Bewegungs- und Stützsystem   35–41
BORG   **115**, 204, 233
Dauermethode   192 f., **196–198**
dehnen   135 f., **208–215**
dynamisch   44 f., 126–127, 138–144, 182 f., 213–216, 223
Energie   21, **24–30**, 43, 49 f., 62 f., 74–84, 186–188, 242 ff.
Enzyme   34, 64, **80**, 89, 96 f., 186 f., **248**
exzentrisch   44, **50**, 65, **126 f., 137–144, 249**
Feldtest   186–187, **228–239**
Fett/Fettsäuren/Lipide   27, 74–84, 89, 246, **249**, 255
Fitness   15, 135 f., 142 f., **249**
Genetik   19, 34, 95–98, **250**
Glukose/Glykogen   74–84, **250**
Glykolyse   74–84, **250**
Grundlagentraining   109 f., **134, 192**
Hochleistungstraining   15, 134, 177
Homöostase   93 f., **251**, 263
Hormone   19, 66, **73**, 77, 92, 100, 147 f., 222, **251**
Individualität   104 f.
intermittierendes Training   113, 141, 184, 193, **196 f.**, 202, **252**
intermuskuläre Koordination   127 ff., **252**
Intervalltraining   **196**, 199 ff.
intramuskuläre Koordination   127, 133, **137**, 140, **252**
isometrisch   **126**, 137, **141, 252**
Jugendalter   15, 36, 41, 87, 100, **104 ff.**, 134, 147 f., 242, 243
Kindesalter   14 f., 36, 104 f., 120, 145 f., 177

**Kondition** 19 f., 22, **253**
**Kontinuität** 95, 104, 150
**konzentrisch** **44, 50**, 126, 137 f., **254**
**Koordination** 117 f., 127 f., 134, 137 ff., 222 f., **252, 254**
**koordinative Fähigkeiten** 23, 108, **118 f.**, 174, **254**
**Kraft** **124–171**
**Krafttraining** **131–171**
**Kreatinphosphat** 74–84, 254, **255**
**Laktat** **74–84**, 185–190, 230, 242 f., **255**
**Laktat-Steadystate** 76, **255**
**Leistung** 15, **18–23, 24–28, 28–30, 255**
**Leistungsdiagnostik** 76, 85, 109–112, 170 f., 186 f., 194, 218, **229–239, 262 f.**
**MAXLASS** 76, **244, 256**
**Mitochondrien** **34 f., 74–84**, 93, 98, 182, 242 f., **256**
**Motorik** 18 f., 45 f., 66 f., **72, 118 f.**, 132, 145 f., **256**
**motorische Einheit** 71
**Muskelfasertypen** **63 f.**, 140
**Muskelkater** **64 f.**, 248, **257**
**Nervenfaser** **66–72**, 243, 248, 250, **256 f.**
**neuromuskuläres System** 21, 35, 60, 72, 98, 126, 135, 145–150, 256 f.
**Plyometrie** 113, 126, **137, 141**, 168 f., **259**
**Protein-Biosynthese** 34, 74, 94, **95–98**
**Pyramidentraining** **137**, 264
**Qualität** 18, 29, 100, 109, 114, 175 f.
**Reflexe** 67, **72**, 130, 137, 141, **259**
**Regeneration** 92 f., 102 f., 182, 194 f., 215, **226 f.**
**Schnelligkeit** 20, 109, 146, **173–178**, 201 f., **261**
**Schnelligkeitstraining** **176 ff.**
**Seniorenalter** **150**, 178, 210
**Spezialisierung** 109, 148, 150
**Spiroergometrie-Test** 76, 85, 186, 260, **262**
**Stehvermögen** 23, 183, 185, 187, **262**
**Stiffness** 49, 130, **262**
**Stoffwechsel** 74–84
**Stufentest** 205, **248**
**Superkompensation** 93 ff., 103, **263**
**Training** **91–114**
**Trainingsarten** 111–113
**Trainingseinheit** 105, 111, 114, 135, 195
**Trainingshäufigkeit** 105, 114
**Trainingsinhalte** 100, 109, 112, **113, 264**
**Trainingsintensität** **28 ff.**, 43, 75, 78–84, 100–105, 112, **114 f.**, 192 f.
**Trainingsmethoden** 110, **113**, 137, 149, 177, **192 f.**, 196–203, 213, **264**
**Trainingsmittel** 110, 112, **113 f.**, 143 f., **264**
**Trainingsperioden** 109, 193
**Trainingsplanung** 109–112, **264**
**Trainingsprinzip** **104 f.**

**Trainingswirkungen (auch Trainingseffekte)** 87, 94 f., 98–105, 131 f., 143 f., 188–191, 198 f., 213
**Trainingsziele** 104 f., 109 f., 131 f., 147, 149, 188, 192 f.
**Variation** 95, 105, 118 f.
**VO$_2$max** **76**, 186, 190, 202, **266**
**Widerstand** 29, 44, 64, 114, 134, 138, 158 f.
**Wiederholungsmethode** 113, 176, 193, **196 f., 201**, 206
**Wingate-Test** 187, 196, **266**
**zentrales Nervensystem** 60, **66–73**, 99, 121, 174, 176, **266**

# Abbildungen

| | | |
|---|---|---|
| Abbildung 1 | Komponenten der Leistungen im Sport | 19 |
| Abbildung 2 | Konditionelle Fähigkeiten | 20 |
| Abbildung 3 | Einfluss von Konstitution, Steuerung und Energie auf die Leistungen im Sport | 21 |
| Abbildung 4 | Kondition | 22 |
| Abbildung 5 | Bedingungen für optimale Leistungen im Sport | 23 |
| Abbildung 6 | Umfang, Intensität und Dynamik einer Belastung | 29 |
| Abbildung 7 | Verhältnis zwischen Umfang und Intensität | 30 |
| Abbildung 8 | Körperzelle | 35 |
| Abbildung 9 | Oberschenkelknochen mit Schenkelhals und Hüftgelenkkopf | 37 |
| Abbildung 10 | Scharniergelenk. Darstellung nach Schäffler/Menche 2000, S. 87 | 39 |
| Abbildung 11 | Menschliche Wirbelsäule. Darstellung nach Kapandji 1985, Band 3, S. 7 | 40 |
| Abbildung 12 | Wirbel aus der Lendenwirbelsäule. Darstellung nach Kapandji 1985, Band 3, S. 21 | 41 |
| Abbildung 13 | Statische und dynamische Muskelaktivität. Darstellung nach Silbernagl/Despopoulos 2001, S. 67 | 44 |
| Abbildung 14 | Alternierende Führungsarbeit von Agonisten und Antagonisten | 45 |
| Abbildung 15 | Spindelförmige und gefiederte Skelettmuskeln. Darstellung nach Faller 1984, S. 62 | 47 |
| Abbildung 16 | Drehmoment. Darstellung nach Faller 1999, S. 124 | 48 |
| Abbildung 17 | Aufbau eines Muskels | 49 |
| Abbildung 18 | Bauchmuskulatur. Darstellung der Muskelfaser-Anordnung | 50 |
| Abbildung 19 | Gerade Bauchmuskeln. Darstellung nach Kapandji 1985, Band 3, S. 91 | 51 |
| Abbildung 20 | Autochthone Rückenmuskulatur: Darstellung der Streckmuskeln der Wirbelsäule nach Frick/Leonhardt/Starck 1992, S. 489 | 52 |
| Abbildung 21 | Querschnitt durch den Rumpf auf der Höhe der Lendenwirbelsäule. Darstellung der Rumpfmuskulatur nach Kapandji 1985, Band 3, S. 81 | 53 |
| Abbildung 22 | Muskeln, welche den Schultergürtel stabilisieren. Darstellung nach Kapandji 1985, Band 1, S. 55 | 54 |
| Abbildung 23 | Rücken- und Schultermuskulatur. Darstellung nach Frick/Leonhardt/Starck 1992, S. 193 | 55 |
| Abbildung 24 | Schulter- und Oberarmmuskulatur. Ansicht von dorsal. Darstellung nach Frick/Leonhardt/Starck 1992, S. 205 | 56 |
| Abbildung 25 | Schulter- und Oberarmmuskulatur. Ansicht von ventral. Darstellung nach Frick/Leonhardt/Starck 1992, S. 207 | 57 |
| Abbildung 26 | Hüftbeugemuskulatur und vordere Oberschenkelmuskulatur. Darstellung nach Frick/Leonhardt/Starck 1992, S. 338 | 58 |
| Abbildung 27 | Gesässmuskulatur und hintere Oberschenkelmuskulatur. Darstellung nach Frick/Leonhardt/Starck 1992, S. 330 | 58 |
| Abbildung 28 | Adduktorengruppe des Hüftgelenks. Darstellung nach Frick/Leonhardt/Starck 1992, S. 335 | 59 |
| Abbildung 29 | Sarkomer. Darstellung nach Silbernagl/Despopoulos 2001, S. 61 | 61 |
| Abbildung 30 | Drei Myofibrillen. Darstellung nach Findeisen/Linke/Pickenhain 1980, S. 46 | 62 |
| Abbildung 31 | Abhängigkeit der Kraftbildung von der Länge der Sarkomere. Darstellung nach Silbernagl/Despopoulos 1983, S. 41 | 63 |
| Abbildung 32 | Motoneuron | 68 |
| Abbildung 33 | Feedback-Systeme der Motorik. Darstellung nach Wilmore/Costill 1999, S. 73 | 69 |
| Abbildung 34 | Synapse. Darstellung nach Schäffler 2000, S. 151 | 70 |

| | | |
|---|---|---|
| Abbildung 35 | Motorische Einheit. Darstellung nach Campbell/Reece 2003, S. 1295 | 71 |
| Abbildung 36 | Einfacher monosynaptischer Reflex. Darstellung nach Scharf 1992, S. 300 | 72 |
| Abbildung 37 | ATP-Produktion in den Muskelfasern | 79 |
| Abbildung 38 | Energieumsatz bei verschiedenen Tätigkeiten | 80 |
| Abbildung 39 | Stoffwechselsituation in einer untrainierten Muskelfaser nach einer Skizze von Ruedi Billeter (unveröffentlicht) | 81 |
| Abbildung 40 | Stoffwechselsituation in einer auf aerobe Leistung trainierten Muskelfaser nach einer Skizze von Ruedi Billeter (unveröffentlicht) | 81 |
| Abbildung 41 | Stoffwechselsituation in einer auf anaerobe Leistung trainierten Muskelfaser nach einer Skizze von Ruedi Billeter (unveröffentlicht) | 82 |
| Abbildung 42 | Substratselektion für die ATP-Resynthese. Darstellung nach einer Vorlage von Leitner 2003 (unveröffentlicht) | 83 |
| Abbildung 43 | ATP-bildende Systeme in der Muskelfaser. Darstellung nach Hawley und Hopkins in Zschr. Sports Med 19/1995, S. 240–250 | 84 |
| Abbildung 44 | Lunge. Darstellung nach Weitz 1998, S. 153 | 86 |
| Abbildung 45 | Blutkreislauf. Darstellung nach Campbell/Reece 2003, S. 902 | 88 |
| Abbildung 46 | Superkompensation. Darstellung nach Harre 1971, S. 69 | 94 |
| Abbildung 47 | Summation von Trainingseffekten. Darstellung nach Harre 1971, S. 71 | 95 |
| Abbildung 48 | Erhöhung der Genexpression durch Trainingsreize. Darstellung nach Campbell/Reece 2003, S. 360 | 97 |
| Abbildung 49 | Endogene und exogene Faktoren, welche die Anpassungsprozesse beeinflussen | 100 |
| Abbildung 50 | Bedeutung der individuell optimal angepassten Dosis im Training. Schematische Darstellung nach Weineck, J. 2000, S. 25 | 101 |
| Abbildung 51 | Verhältnis zwischen Leistungsniveau und Trainingsaufwand | 101 |
| Abbildung 52 | Reizschwelle des Trainings | 102 |
| Abbildung 53 | Body Mass Index bei Mädchen: Verteilung vom 3. bis zum 21. Lebensjahr. Perzentilen, basierend auf den Daten der Ersten Zürcher Longitudinalstudie in: Helvetica Paediatrica Acta, Supplementum 52 (1989) | 106 |
| Abbildung 54 | Body Mass Index bei Knaben: Verteilung vom 3. bis zum 21. Lebensjahr. Perzentilen, basierend auf den Daten der Ersten Zürcher Longitudinalstudie in: Helvetica Paediatrica Acta, Supplementum 52 (1989) | 107 |
| Abbildung 55 | Faktoren, welche die Kraft beeinflussen | 126 |
| Abbildung 56 | Kraftentwicklungskurve bei maximaler isometrischer Kontraktion. Darstellung nach Bührle/Schmidtbleicher in: Zschr. Sportwissenschaft 11/1981, S. 11–27 | 129 |
| Abbildung 57 | Unterschiedlich verlaufende Kraftentwicklungskurven. Nach einer Skizze von Hansruedi Kunz (unveröffentlicht) | 129 |
| Abbildung 58 | Effekte des Krafttrainings | 131 |
| Abbildung 59 | Erhöhung des Kraftpotenzials | 131 |
| Abbildung 60 | Effekte des Krafttrainings | 132 |
| Abbildung 61 | Stufen der Kraftentwicklung im Leistungssport | 133 |
| Abbildung 62 | Ziele des Krafttrainings in verschiedenen Lebensabschnitten | 145 |
| Abbildung 63 | Krafttraining im Kindesalter | 147 |
| Abbildung 64 | Krafttraining im Jugendalter | 149 |
| Abbildung 65 | Ausdauer: Ermüdungsresistenz | 183 |
| Abbildung 66 | Begriffe in der Ausdauerdiskussion | 184 |
| Abbildung 67 | Physische Ausdauer | 185 |

| | | |
|---|---|---|
| Abbildung 68 | Verwendung der verschiedenen Stoffwechselwege | 188 |
| Abbildung 69 | Wirkungen von Ausdauertraining auf die Herz- und Kreislauf-Funktionen. Darstellung nach Hohmann/Lames/Letzelter 2002, S. 61 | 189 |
| Abbildung 70 | Effekte des Ausdauertrainings. Darstellung nach Hollmann/Hettinger 2000, S. 359 | 190 |
| Abbildung 71 | Deckung des Energiebedarfs bei gleicher Leistung und unterschiedlichem Trainingszustand | 190 |
| Abbildung 72 | Physiologische Effekte des Ausdauertrainings | 191 |
| Abbildung 73 | Methodischer Aufbau des Ausdauertrainings | 195 |
| Abbildung 74 | Methoden im Ausdauertraining | 197 |
| Abbildung 75 | «Lohnende Pause» bei der Intervallmethode. Darstellung nach Heck 1990 | 200 |
| Abbildung 76 | «Lohnende Pause» bei der Intervallmethode. Darstellung nach Schmolinski 1973 | 200 |
| Abbildung 77 | Verhältnis von Umfang und Intensität bei den verschiedenen Trainingsmethoden. Darstellung nach einer Vorlage von Roland Schütz (unveröffentlicht) | 203 |
| Abbildung 78 | Dauermethode: ununterbrochene Belastung über längere Zeit. Grafische Darstellung nach Zintl/Eisenhut 2004, S. 114 | 206 |
| Abbildung 79 | Intervallmethode: systematischer Wechsel zwischen Belastung und Erholung. Darstellung nach Zintl/Eisenhut 2004 S. 115 | 206 |
| Abbildung 80 | Intervallmethode nach dem Serienprinzip: 4 Serien zu 4 Wiederholungen. Darstellung nach Zintl/Eisenhut 2004, S. 115 | 206 |
| Abbildung 81 | Wiederholungsmethode: systematischer Wechsel zwischen Belastung und «vollständiger» Erholung. Darstellung nach Zintl/Eisenhut 2004, S. 115 | 207 |
| Abbildung 82 | Wiederholungsmethode bei sehr kurzer Wiederholungsarbeit. Darstellung nach einer Skizze von Leitner 2003 (unveröffentlicht) | 207 |
| Abbildung 83 | Test- und Wettkampfmethode. Darstellung nach Zintl/Eisenhut 2004, S. 116 | 207 |
| Abbildung 84 | Methoden des Dehnens | 214 |
| Abbildung 85 | Pausengestaltung. Darstellung nach Weineck 2002, S. 46 | 227 |
| Abbildung 86 | Liniendiagramm zur Interpretation des 4×1000-m-Lauftests für Frauen. Grafik aus Zschr. Mobile. Praxisbeilage 6/00, S. 8 | 236 |
| Abbildung 87 | Liniendiagramm zur Interpretation des 4×1000-m-Lauftests für Männer. Grafik aus Zschr. Mobile. Praxisbeilage 6/00, S. 8 | 236 |

# Tabellen

| | | |
|---|---|---|
| Tabelle 1 | Endogene Bedingungen sportlicher Leistungen und Erfolge in Anlehnung an Röthig 2003, S. 520 | 21 |
| Tabelle 2 | Energieverbrauch bei unterschiedlicher Belastung auf dem Fahrradergometer (nach Nuescheler, M. in Schweiz. Zschr. für Sportmedizin und Sporttraumatologie 3/2000, S. 117–118) | 27 |
| Tabelle 3 | Zeitbedarf bei unterschiedlicher Leistungsfähigkeit für die Umsetzung einer Energiemenge, die einem Kilogramm Fett entspricht (in Anlehnung an Nuescheler, M. in Schweiz. Zschr. für Sportmedizin und Sporttraumatologie 3/2000, S. 117–118) | 27 |
| Tabelle 4 | Energieverbrauch für diverse Tätigkeiten. Zusammenstellung von Roland Schütz nach Angaben von Zintl 1994 und Berry in Zschr. Der Läufer 11/94 | 28 |
| Tabelle 5 | ATP-Bildung durch unterschiedliche chemische Prozesse in den Muskelfasern | 78 |
| Tabelle 6 | Beitrag zur Deckung des Energiebedarfs bei unterschiedlichen Belastungen. Ungefähre Angaben in Prozenten nach Moosburger in: Zschr. Sportmagazin 1/1995 | 78 |
| Tabelle 7 | Gegenüberstellung: dynamisch-konzentrisches und dynamisch-exzentrisches Krafttraining | 140 |
| Tabelle 8 | Gegenüberstellung: dynamisches und statisches Krafttraining | 142 |
| Tabelle 9 | Trainingsmittel im Krafttraining | 144 |
| Tabelle 10 | Aerobe Leistungsfähigkeit und aerobe Kapazität | 186 |
| Tabelle 11 | Anaerobe Leistungsfähigkeit und anaerobe Kapazität | 187 |
| Tabelle 12 | Aufbau des Ausdauertrainings im Gesundheitssport (nach Vorschlägen von Roland Schütz 2001) | 192 |
| Tabelle 13 | Grundlagentraining im Leistungssport (nach Vorschlägen von Roland Schütz 2001) | 192 |
| Tabelle 14 | Aufbautraining im Leistungssport (nach Vorschlägen von Roland Schütz 2001) | 193 |
| Tabelle 15 | Dauermethoden: Beispiele und prospektive Wirkungen | 198 |
| Tabelle 16 | Intervallmethoden: Beispiele und prospektive Wirkungen | 199 |
| Tabelle 17 | Wiederholungsmethoden: Beispiele und prospektive Wirkungen | 201 |
| Tabelle 18 | Intermittierendes Training: Beispiele und prospektive Wirkungen | 202 |
| Tabelle 19 | Test- und Wettkampfmethoden: Beispiele und prospektive Wirkungen | 203 |
| Tabelle 20 | Trainingsbelastungen im Laufsport nach einem Vorschlag von Toni Held 1979 (unveröffentlicht) | 204 |
| Tabelle 21 | 12-Minuten-Lauftest: Leistungsbewertung für Kinder und Jugendliche (Knaben), für Mädchen gelten jeweils 200 m weniger. Nach Zintl/Eisenhut 2004, S. 226 | 231 |
| Tabelle 22 | 12-Minuten-Lauftest: Leistungsbewertung für Erwachsene (nicht für Leistungssportler) | 231 |
| Tabelle 23 | Vergleichswerte für 12-Minuten-Lauftest-Leistungen und maximale Sauerstoffaufnahmefähigkeit (nach Cooper in: Schuerch 1987, S. 12) | 232 |
| Tabelle 24 | Umrechnungstabelle Zeit – Geschwindigkeit im 4 × 1000-m-Lauftest. Aus Zschr. Mobile. Praxisbeilage 6/00, S. 7 | 237 |
| Tabelle 25 | Schätzung der maximalen Sauerstoffaufnahme ($VO_2max$) aufgrund der maximalen Laufgeschwindigkeit beim 4 × 1000-m-Lauftest. Aus Zschr. Mobile. Praxisbeilage 6/00, S. 9 | 237 |
| Tabelle 26 | Beurteilung der aeroben Leistungsfähigkeit aufgrund der maximalen Sauerstoffaufnahme ($VO_2max$, ml/kg/min): Standards für Frauen, ermittelt durch das Bundesamt für Sport. Aus Zschr. Mobile. Praxisbeilage 6/00, S. 9 | 238 |

| | | |
|---|---|---|
| Tabelle 27 | Beurteilung der aeroben Leistungsfähigkeit aufgrund der maximalen Sauerstoffaufnahme (VO$_2$max, ml/kg/min): Standards für Männer, ermittelt durch das Bundesamt für Sport. Aus Zschr. Mobile. Praxisbeilage 6/00, S. 9 | 238 |